제 커리어에
육아는 없었습니다만

회계사 아빠의 대한민국 현실 육아 보고서

제 커리어에 육아는 없었습니다만

초판 1쇄 펴낸날 2024년 11월 20일

지은이 이총희
펴낸이 고성환
펴낸곳 (사)한국방송통신대학교출판문화원
　　　　(03088) 서울시 종로구 이화장길 54
　　　　전화 1644-1232
　　　　홈페이지 press.knou.ac.kr
　　　　출판등록 1982년 6월 7일 제1-491호

출판위원장 박지호
책임편집 이두희
북디자인 김민정

ⓒ 이총희, 2024

ISBN 978-89-20-05204-0　03330
값 18,800원

회계사 아빠의 대한민국 현실 육아 보고서

제 커리어에 육아는 없었습니다만

이총희 지음

지식의날개

더 나은 세상을
물려주고 싶습니다

아기가 백일이 지나고부터, 아기 옆에 누워 아기와 같이 모빌을 보고는 했다. 아기가 보는 세상이 궁금했기 때문이다. 물론 이미 탁해진 내 눈으로 아기의 세상을 볼 수는 없겠지만, 가능하면 아이의 입장에서 생각하려 노력했다.

관점을 달리하니 다르게 보이는 것이 많았다. 경쟁사회의 규칙에 충실했던 나에게 낯설고 이질적인 시간이기도 했지만 그렇게 나의 자아를 조금 내려놓고 부모의 자아를 갖추면서 우리 사회가 아이에게 얼마나 어려운 사회인지 생각하게 됐다. 아니, 아이에게만 어려운 사회라면 키우는 동안만 잠깐 참으면 될 것이다. 그냥 우리 사회는 개개인에게 매우 가혹한 사회다.

원고를 넘기고 여유가 생겨 책도 읽고, 공연도 볼 기회가 있었다. 피아니스트 조성진의 연주회에 다녀왔는데 운이 좋게 꽤나 가까운 자리에서 그의 연주를 감상할 수 있었다. 무아지경으로 건반을 치는 그의 손가락을 바라보고 있자니, 저렇게 하기 위해서 얼마나 많은 시간을 노력했을지 상상하게 됐다. 엉뚱하지만 그의 빠른 손놀림은 직장인들이 사무실에서 키보드를 치는 모습과 닮아 있다는 느낌이 들었다. 우리 역시 업무를 끊임없이 하기에 숙련을 유지하는 셈인데, 육아를 하는 동안은 필연적으로 뒤처질 수밖에 없나 싶었다.

도서관에서 박찬일 셰프가 쓴 《노포의 장사법》을 읽었다. 노포의 성공비결이란 어찌 보면 단순했다. 그만큼 시간과 열정을 갈아넣은 것이다. 새벽에 일어나서 밤늦게 닫는다. 어떤 주인은 자신은 없었다고 고백했는데, 어쩌면 성공을 향한 길이란 그런 것인가 싶다.

사람들은 성공을 원하고 성공을 향한 길이란 어렵고 힘들다. 누구나 성공할 수는 없으니. 문득 책을 돌아보게 된다. 과연 우리 사회에서 가능한 이야기일까? 성공하려면 자식을 포기해야 하는 게 비정상적인 게 아니라 어쩔 수 없는 것이라면, 성공을 향해 경주하는 분위기를 바꿔야 하는 것일까. 지금 나는 거창한 성공을 바라는 것도 아닌데 육아는 왜 이리 힘들었을까. 어느 유명한 작사가가 자신은 딩크DINK를 장려하는 게 아니라며 육아는 사람이 할

제 커리어에 육아는 없었습니다만

수 있는 가장 고난도의 일이라, 자신은 아이를 책임질 자신이 없었을 뿐이라고 말했다. 그런데 우리 사회는 너무나도 쉽게 일과 가정의 양립을 말한다. 누구나 힘드니까 힘들어도 당연하게 여겨야 하는 우리 사회는 정말 괜찮은 것일까.

이런 사회에서 아이가 살아가야 한다고 생각하니 이런 세상을 물려주는 게 너무 미안했다. 특히 환경 문제가 심각하게 대두되는 요즘은, 내 딸이 살아갈 세상은 정말 괜찮을지 심각하게 걱정이 된다. 미래를 희생해 가며 현생의 편리를 누리는 지금 세상에서 아이를 낳으라고 말하는 것이 아이러니로 느껴진다. 아이가 살아갈 세상이 조금은 나아지길 기대하며 적어 나갔다. 내가 하는 이야기가 정답도 아닐 것이고, 이미 많은 사람들이 아이를 키우며 알고 있을 거라는 생각도 든다.

좁아진 나의 인식과 마음이 드러날까 책을 내는 게 망설여지기도 한다. 그럼에도 이렇게 책을 쓰게 된 것은 아이가 살아가는 세상은 조금 더 나아졌으면 하는 생각에서다. 육아하는 아빠로 고립되어 있었기에 누군가 한 명이라도 이런 이야기를 보며 공감을 받았으면 좋겠다는 마음도 든다. 뉴스에도 신문에도 책에도 SNS에도 다들 잘하는 사람들의 이야기만 있으니 위축된다. 그런데 나처럼 잘 못 키워서 자책하는 사람도 있고, 그건 당신이 부족해서가 아니라 우리 사회가 가진 문제라는 것을 꼭 이야기해 주고 싶다.

육아하며 일도 하고, 책까지 쓰려니 책의 완성도가 조금은 부족할지 모르겠다. 부족함은 그 자체로 육아와 일을 병행하는 것의 어려움이라고 너그러이 이해해 주셨으면 한다. 부정적이고 냉소적인 모습도 있을 수 있다. 사회에 대한, 사람에 대한 비판은 아이를 키우기 전의 내 모습에 대한 비판이기도 하다. 비판의 강도가 강한 건 그렇게 읽어 주시면 좋겠다.

아내가 출산과 육아를 하며 고생을 했고, 아기가 부족한 아빠와 2년 이상 함께해 주었기에 이 책이 나올 수 있었다. 부족한 아빠와 남편을 이해해 주는 사랑하는 아내 눌과 아기 봄에게 고맙다는 인사를 전한다. 지금의 내가 있게 해 준 부모님과 형, 그리고 육아를 하며 일도 병행할 수 있게끔 도와주신 장모님과 처남에게도 감사의 인사를 드린다.

부족한 책이지만 이를 통해 우리 사회 최대의 문제인 저출산 문제를 같이 논의할 수 있는 사회가 되길 바란다.

봄이가 맞이할 세 번째 겨울을 기다리며
봄이 아빠

제 커리어에 육아는 없었습니다만

차 례

제1부

아이를 낳을 수 없는 까닭은

너무 좋아진
세상의 역설

좋아진 세상의 역설.
너무 좋아진 세상, 아이 키우기는 더 어려워졌다.

제1장

부모는
저절로 되는 게
아니었다

부모가 되기 위해
포기해야 하는 것들

아기는 기쁨이고 축복이다. 그런데 왜 아기가 생긴 걸 알게 된 순간 머리가 하얘졌을까. 나와 아내는 각자의 계획이 있었고 그것을 어떻게 포기해야 할지 몰랐다. 아기를 키운다는 건 희생과 양보, 개인의 입장에선 포기의 연속인데 경쟁사회를 '버텨 온' 우리는, 쉽게 포기하는 법을 배우지 못했다. 경쟁에서 져서 낙오할지언정, 포기는 잘못됐다고 배웠으니 쉽지 않을 수밖에. 세상이 너무 좋아진 만큼, 부모가 되어 포기할 것도 늘어난다. 부모가 되는 기회비용은 점점 커져 가는데 우리 사회는 여전히 부모의 희생에 기대고 있는 것은 아닐까.

머리가
하얘지던 날

더운 여름의 주말, 아침 일찍 운동에 다녀오는 내게 아내는 임신 테스트기를 사 오라고 했다. 예전에도 몇 번 그랬던 적이 있어 대수롭게 생각하지 않고 테스트기를 샀다. 결혼을 한지 3년이 지났기에 아기를 가질 수도 있는 시점이었지만, 아내는 출산에서 오는 경력단절에 고민이 컸다. 마침 새로운 직장으로 옮긴지도 반년밖에 되지 않았기 때문에 나도 아내가 새 일터에서 자리를 잡기 전에는 아기를 갖지 않으리라 생각했다. 그래서 나도 한 스타트업의 CFO로 가는 논의를 하고 있던 시점이었다. 둘 다 임신이라는 선택지는 없었기 때문에 아무 생각이 없었다.

집에서 해 본 테스트 결과는 판독 불가였다. 이제 와 돌아보니 판독 불가가 아니라, 그렇게 믿고 싶었던 것 같다. 첫 번째 테스트기에서는 임신 판정이 나왔고, 확실한지 다시 해 본 테스트기는 결과가 애매하게 나와서 우리는 그냥 그 테스트기를 불신해 버렸다. 마침 동네에 멀지 않은 곳에 산부인과가 있었고, 토요일 오전에는 진료를 보아서 바로 병원에 가 보았다. 괜히 불안해하며 시간을 보내기보다 빨리 확인하고 마는 쪽이 나을 것 같았다. 이때까지 나는 확실히 아니라고 생각하고 있었기에 더욱더 빨리 가서 확인하고, 혹시 있을지 모를 아내의 잔소리에서 탈출하고 싶었다.

산부인과에서 아내는 피를 뽑았고, 우리는 초조하게 결과를 기다렸다. 아니라고 생각했지만 혹시나 싶은 생각에 괜히 두근거렸다. 의사 선생님은 딱하다는 듯, 아니면 한심하다는 듯이 "이 정도 수치면 임신이네. 모를 수가 없네."라고 말씀하셨다. 그러면서 바로 초음파도 보일 것 같다며 초음파실로 이동했다. 생각지도 못한 처음 겪는 상황에 그야말로 멘붕이었다. 나도 초음파실에 들어갈 수 있는지 아닌지 우왕좌왕하고 있는데, 남편도 들어오라고 하여 캄캄한 방에서 흑백화면으로 우리 아기의 존재를 처음 확인하게 되었다.

소설에서나 읽었던 머리가 하얘진다는 기분을 그날 처음으로 느꼈다. 우리 둘 다 예상하지 못했던 일인데, 우리의 인생이 송두리째 달라질 수 있는 일이라는 느낌을 받았다. 이제는 기억조차 가물하지만 우리는 멘붕에 빠져 집으로 걸어왔고, 우울해하는 아내에게 낳기만 하면 아기는 내가 보겠다며 위로했다. 그것이 위로가

제 커리어에 육아는 없었습니다만

되었는지도 모르겠지만 이제와 돌아보니 그런 엄청난 말을 아무렇지 않게 했던 내 자신이 참으로 한심하기도 하다. 그때의 나는 머릿속이 하얘져 아무런 생각을 하지 못했던 것 같다. 그렇게 나는 사회에서 생각하는 '정상'인의 궤도로 돌아올 기회를 또 한번 놓치고 말았다.

나는 인구 20만을 갓 넘기는 중소도시에서 태어나 고등학교까지 그곳에서 자랐다. 우리 동네는 고교 입시가 있어서 중학교 때부터 자율학습을 하는 삶을 살았다. 오후 6시면 끝났으니 그 강도가 강하지는 않았지만, 한창 뛰어놀아야 할 중학생에게 그 시간까지 학교에 있어야 하는 것도 쉬운 일은 아니었다. 작은 도시에서 경쟁하는 것이기에 어렵지 않게 고등학교에 진학하였고 고등학교에 가서는 본격화된 경쟁의 삶을 살았다. 야간 자율학습은 1학년 때는 10시, 그 이후에는 12시로 이어졌고 고3 때는 토요일도 밤 10시까지 자습을 하고 일요일조차 한 달에 하루만 쉬는 삶을 살았다. 이 모든 과업을 한 번의 낙오 없이 성실히 이행했다. 이제와 생각해 보면 한 번쯤 도망갈 법도 한데, 그냥 그렇게 주어진 길이라고 생각되면 묵묵히 이행하는 모범생의 삶을 살았다.

대학에 진학해서도 마찬가지였다. 경영학과에서 회계사시험CPA을 준비했고, 아침 8~9시에 도서관으로 '출근'해서 밤 11시에 '퇴근'했다. 그렇게 시험에 합격하고 군대를 제대하고 학교를 마치고 취업을 하고, 우리나라 젊은이 대부분이 그렇지만 우리는 게임을 하듯 미션이 있으면 그 미션을 클리어하고, 하나의 미션을 클리어하면 다음 미션이 생기는 삶을 살아왔다. 어쩌면 육아는 그 미션의 끝판왕일지도 모르겠다.

이렇게 대략 30년을 나는 우리 사회가 요구하는 '정상'의 범주에서 평범하게 살았다. 물론 그 정상의 범주 내에서 다양한 관심을 가지고 살았지만 어디까지나 정상의 경계 안이었다. 지금도 그냥 그렇게 살았다면 어땠을까 하는 생각을 가끔 한다. 그러나 회계사가 된 후 내가 기대했던 회계사의 업무와 현실이 너무나도 달랐기에, 그때부터 나는 정상(?)에서 조금씩 벗어난다. 시작은 「외부감사법」의 개선을 위해 젊은회계사들의모임을 결성하면서였다. 처음에 나는 바보 같았던 것인지, 순진했던 것인지 세상이 이러한 부조리를 몰라서 바뀌지 않는 것이고 알면 바뀔 것이라고 생각했다. 그래서 부조리한 현실만 알려 주고 조용히 물러날 생각이었다. 하지만 세상은 부조리함을 알면서도 바뀌지 않고 있었던 것이고, 세상 자체가 거대한 부조리극이라는 것을 깨닫는 데는 그리 오래 걸리지 않았다.

국회 토론회에 토론자로 나가면서 원치 않는 커밍아웃을 하게 되었고, 그때부터 정상의 궤도에서 완전히 벗어나 버렸다. 그렇게 청년회계사회 활동을 하면서 멀쩡한 회사도 그만두었고, 국회의 공청회에 진술인으로 나가는 등 남들이 해 보기 어려운 경험을 어린 나이에 많이 해 보았다. 사명감은 있었지만 딱히 내 인생에 도움은 되지 않고, 정신없이 바쁘지만 10년 가까이 늘 세상과 불화하는 삶을 살다 보니 나는 다시 '정상' 궤도로 돌아가야 하지 않을까 하는 생각이 들었다. 따지고 보면 잘못된 것을 바꿔 보겠다고 했던 것이 나쁜 일도 아니고 그렇게 바뀐 법 덕분에 나를 비난하고 내쫓은 이들은 다 수혜를 보고 있었는데 멀쩡했던 나의 인생만 꼬여 있을 필요도 없지 않은가.

그렇게 사람들이 생각하는 보통의 궤도에서 벗어난 삶을 살다가 스타트업의 CFO라는 정상적인 자리를 통해 다시 정상 궤도로 돌아오려고 생각하고 있었다. 그런데 갑자기 육아라니. 그것도 2년이나. 그때의 나는 몰랐다. 이게 직장이라는 궤도에서 벗어나는 것보다 훨씬 더 큰 경로의 이탈일 줄. 한편으로는 여기서 2년 더 쉬어 간다고 큰일 나지 않을 것이라는 생각과 함께, 나 역시 육아에 무지한 젊은 남자였기에 '내' 아이를 보는 것이 '남의' 돈을 벌기 위해 힘들어도 견뎌야 하는 직장보다 나을 것이라 여겼던 것도 있었던 것 같다. 무식해서 용감했기 때문인지 그게 그렇게 큰일인 줄도 모르고 덥석 2년을, 아니 계획보다도 더 긴 기간을 쉬게 됐다. 덕분에 세상을 보는 눈은 더 넓어졌는지 모르겠다. 세상과의 불화를 접고 평화롭게 살아가려던 내가 다시 이렇게 불만 가득한 글을 쓰고 있으니.

미리 말하지만 아기를 키우며 느끼는 행복은 무엇과도 바꿀 수 없다. 이런 책을 쓴다고 해서 아기를 키우는 게 힘들기만 한 일은 아니다. 당연히 행복하고 좋은 점이 더 많지만, 다른 책처럼 그런 말로만 끝내고 싶지는 않다. 아기를 키우며 느낀 행복만큼 우리 사회를 보면서 느낀 분노와 힘듦 또한 컸기 때문이다. 우리가 저출산이 위기라고 아이를 낳으라고 외치는 이면에는, 아이를 낳고 키우는 것을 돕지 않고 오롯이 부부의 희생에만 기대고 있는 우리 사회의 문화가 있었음을 아기를 키우며 뼈저리게 느낄 수 있었다.

아기를 키우는 것은 생각보다 더 힘든 일이지만, 아기는 정말 빨리 자라서 사실 그전의 불만을 어느 정도 지나면 잊어버리기도 하고 더 이상 불만이 아닌 게 되기도 한다. 더 정확히는 아기가 자랄 때마다 계속 새로운, 더 큰 문제가 나타나 그 이전의 문제들은 별것 아닌 것처럼 보인다. 예를 들면 처음 아기와 여행을 다니며 공공수유실이 없다는 사실에 엄청나게 분노했지만, 어느 순간 나 역시 익숙해져서 아기에겐 힘들고 불편하겠지만 차 뒷자리에서 기저귀를 갈고는 했다. 익숙해지면 문제가 없어진 것일까? 그래서 더 기록으로 남기고 싶었다. 모두가 잊고 지나가면 계속해서 바뀌지 않을테니. 먼 훗날 우리 아이가 이 책을 보고, 혹시나 자신을 키우는 것에 아빠가 불만만 있었다고 오해하지 않을까 미리 밝혀 둔다. 행복은 오롯이 아이로부터 온 것이고, 불만은 오롯이 사회에서 왔다고.

제 커리어에 육아는 없었습니다만

누가 키울래?

―기회비용이 커진 세상

직업이란 무엇일까? 단순한 돈벌이 수단이라고 생각하는 경우도 많겠지만, 일을 놓고 육아를 하며 지내 보니 꼭 그런 것 같지는 않다. 그렇다고 거창하게 자아실현의 도구라고까지 말하지는 않겠다. 일은 일이고 나는 나이며, 직업을 통해 자아실현이 가능한 사람은 많지 않을 것이다. 현실은 분명 저 사이의 어딘가에 있지 않을까. 돈이 많은 사람도 일을 하는 것을 보면 직업을 통한 자아실현이 있을 수도 있고 직업을 통한 사회활동의 기능도 있을 것이다.

문제는 이러한 직업의 지위를, 우리 사회가 너무 격상해 놓은 것에 있다. 이게 과연 우리 개개인을 위한 것인지 모르겠지만, 우리는 직업에 많은 의미를 부여하고 모두가 일하는 것을 권장한다.

'일하지 않은 자 먹지도 말라'는 말이 과거부터 있던 것을 생각하면, 노동을 통해 이익을 얻어야 하는 지배층이 피지배층에게 강요한 이데올로기가 아닌가 싶기도 한데, 육아를 하는 입장에서 일을 하고 싶기도 하니 꼭 부정적으로 볼 필요만은 없겠다. 어쨌든 시대가 발전하며 계속해서 노동력이 많이 필요해졌고 지금은 성별 구분 없이 일터에 나가는 사람들이 많아졌다. 이런 사회에서 아이를 낳는다는 것은, 곧 일을 포기해야 할 수 있음과 연결된다.

포털 댓글을 보면 가끔은 여성들은 출산만 하고 나면 다 직장을 그만두고 싶은 사람들로 표현되기도 하고, 또 반대편에선 주체적으로 일하고 싶은데 일할 수 없는 사람들로 표현되기도 한다. 아내는 후자였다. 주위를 보면 고학력 여성일수록 후자에 가깝다. 생각해 보자. 열심히 공부해서 남들보다 뛰어난 능력을 갖췄는데, 그 능력은 아이를 보는 데선 활용도가 낮다. 그렇다면 뭣하러 재능을 낭비하겠는가? 경제학자들은 저출산을 기회비용으로 말한다. 우리 사회의 저출산 문제가 발전과 함께 찾아왔으니 어느 정도는 맞는 설명이다.

육아는 고귀하고 중요하다고 말하지만 우리 사회의 속내는 그렇지 않아 보인다. 육아는 결코 쉬는 게 아니지만 세상에서는 쉰다고 받아들인다. 실제로 그런 이야기를 정말 많이 들었다. 오랜만에 연락하는 지인이 일을 부탁하려고 하면서 "요즘 뭐하고 지내냐?"고 물을 때 "집에서 육아해요."라고 답하면 나이 많은 남성일

수록 "좋겠다. 노네?" 이런 반응이 많았다. 육아하는 사람을 바라보는 우리 사회의 적나라한 시선이다. 그러니 능력 있는 누가 쉬고 싶겠는가. 물론 직장을 다니다가 잠시 잠깐 힘들어서 쉬고 싶을 수도 있다. 그러나 그게 영원히 쉬는 걸 원하는 건 아닐 것이다.

직접 육아를 해 보니 여성들의 입장이 충분히 이해된다. 한 번 쉬어 보니 왜 사람들이 휴직하고 돌아오면 커리어가 무너진다고 하는지 이해하게 됐다. 나는 육아를 하기 이전에 이미 커리어가 무너졌다고 생각했다. 법 개정을 위해 뛰어다니며 회사도 관두었고, 회계사로서 잘 나가는 트랙은 분명 아니었다. 그런데 육아로 인한 단절은 비교할 수 없는 수준의 박탈감이었다. 아무리 내 커리어가 무너졌다고 한들, 그건 사회가 생각하는 '정상'의 경로에서 조금 벗어난 것이지 나는 나대로 무언가 열심히 하고 있었다. 분야가 다를 뿐 일도 하고 있었고, 공부하며 학위도 받았다.

반면 육아를 택한 순간 커리어라는 측면에서 열심히 할 수 있는 것은 아예 없었다. 물론 사람들은 내가 자격증이 있어서 육아라는 선택이 가능하다고 이야기하기도 하고, 어느 정도는 맞는 말이다. 하지만 그래서 상대적 박탈감은 더 컸다. 시험에 합격하여 자격을 얻은 사람들은 경쟁을 더 강도 높게 해 온 사람들이고, 그래서 낙오됐을 때 밀려나는 정도도 더 크다. 물론 자격증이 없는 입장에서 바라보면 그래도 먹고살 수 있는 게 어디냐고 생각할 것이다.

아내와의 관계에서도 그랬다. 아내는 평범한 사무직이었던 데 반해 나는 자격증이 있었으니, 아내는 나에게 그래도 종이방패가 있는 게 어디냐고 말했다. 게다가 나는 출산을 망설이고, 경력단절을 걱정하는 아내에게 내가 아기를 볼 테니 낳기만 하라고 했으니, 우리는 누가 키워야 할지 너무나 명확했다. 아기를 키우면서 힘들 땐 '내가 왜 그런 소리를 했을까. 그땐 철이 없었다'라는 생각이 들기도 하지만, 아기와 행복한 순간도 많았기에 그때의 내 판단을 후회하진 않는다.

함부로 장담했던 나의 입 때문에 그리고 남들보다 사회생활을 일찍 시작해서 지쳐 있던 내 마음 때문에 우리 집은 쉽게 교통정리가 되었다. 아내는 당초에는 출산휴가만 쓰고 복직할까도 생각했지만 아기를 보다 보니 엄마의 마음이 그렇기가 쉽지 않기도 했고, 직장에도 이런저런 사정이 생겨 출산휴가(3개월)와 육아휴직(6개월)을 더해 9개월을 쉬고 복직했다.

주변에서 많이 이야기하는 것은, 지금 이 선택으로 손해가 너무 크지 않냐는 것이다. 다들 그냥 아기를 맡기고 네가 일하는 것이 경제적으로 합리적인 선택이라고 말한다. 그것을 모르는 바는 아니다. 그러나 경제적인 합리성만으로 우선순위를 따질 수 있을까. 경제적 비교우위에 따라 내가 일을 하고 아내가 아기를 봐야 했다면, 아내는 출산을 더 망설였을 것이다. 우리 사회의 시선이란 참 모순적이어서, 사회는 여성의 노동력을 활용하기 위해 일하는 여성상을 만들어 둔 것은 무시하고 여성이 아이를 낳으면 '엄마'의 모습을 강요하며 육아를 여성의 몫으로 떠맡긴다. 실제로 키워 보니 나보다 아내가 아기를 훨씬 더 잘 보는 것도 사실이지만(가끔 아기를 더 못 보는 내가 아기를 보는 게 아기에게 미안하기도 하다), 그렇다고 양육을 여성에게 강요하는 것은 저출산의 한 이유일 것이다. 일과 육아를 병행하는 여성이 욕심이 많은 게 아니라, 그것이 멋진 삶인 것처럼 강요하는 이 사회가 끝없는 욕심을 부리는 것 같다(나 역시 그런 시선의 피해자가 되어 있다).

회계사란 늘 엑셀을 가지고 이런저런 것을 만들어 보는 직업이라, 사람들의 이야기를 듣다 문득 키우는 것의 기회비용이 궁금해져 직접 그려 보았다. 우리나라의 현재 평균 취업연령이[1] 30.9세라는 기사에 따라 31세에 일을 시작한다는 가정하에 중견기업 평균초임 3,566만 원으로 시작하여[2] 임금상승률 3.8%를 적용하였고,[3] 5년마다 승진이 이루어진다고 보고 승진 시의 임금상승률은 임의로 10%를 적용하였으며 승진이 누락되는 경우 3.8%의 연간 임금상승률을 그대로 적용하고, 승진이 이루어질 때는 정상적으로 승진된 이의 급여와 동일하다고 가정하여 계산해 보았다.

정년까지 일하는 경우가 많지 않은 세상이지만 정년인 60세까지 계속 일한다는 가정하에 경력단절이 있는 경우에는 아이가 초등학교에 입학하는 시점에 퇴직한다고 보고 경제활동인구조사의 비정규직 월평균임금(2022년 8월 조사 기준)을 적용하여 해당 임금이

육아에 따른 생애소득의 변화 (단위: 만 원)

	기준점	육아휴직 1년	육아휴직 1년 + 승진누락 1회	육아휴직 2년	육아휴직 2년 + 승진누락 2회	육아휴직 + 경력단절
생애소득	231,058	217,041	209,009	203,537	190,453	93,871
기준점과 차이		14,017	22,049	27,521	40,605	137,188

유지된다고 추정하였다.[4] 실제로는 아이를 육아하느라 일하지 못하는 기간도 존재하겠지만, 손해액을 산정하기 위해 비정규임금은 유지된다고 가정했다. 급여나 이런저런 가정에 이견이 많겠지만 어디까지나 개략적인 추정임을 감안하고 보자. 그렇게 가정하여 임금표를 만들어 보면 생애소득의 차이가 명확히 나타난다.

회사를 약 30년 다니면 순수한 급여만 대략 23억 원을 번다(세전 기준). 육아휴직을 하면 휴직기간 만큼 미래소득이 줄어든다. 퇴직 전 고임금을 받는 시간이 1년 감소하니 말이다. 일각에서는 이러한 이유로 육아휴직 기간만큼 정년을 늘리자는 주장도 나온다. 합리적인 주장이지만 정년까지 일할 수 있는 직장이 많지 않다는 점을 고려하면 크게 효과는 없을 것 같다. 단순히 육아휴직 1년을 하고 돌아온다고 하면, 근로시간이 적어 급여가 줄어드는 부분만 차이가 있기에 차이가 커 보이지 않을 수 있다. 문제가 되는 것은 육아휴직 1~2년에 그치는 경우가 아니다. 육아휴직으로 인해 남들에 비해 뒤처지고, 궁극적으로는 그게 커져 경력단절까지 가는 경

제 커리어에 육아는 없었습니다만

우 생애소득의 차이는 기하급수적으로 벌어진다. 경력이 단절되어 비정규직 평균임금을 받고 계속 경제활동을 한다고 하면 아기를 낳는 것의 경제적 효과는 (−)14억일지도 모른다. 이런 현실 속에 1억을 준다고 한들 저출산이 해결될 리는 만무하다.

아이를 잠시만 키우고 금방 직장으로 복귀할 수 있다면 별다른 문제가 없겠지만, 아이가 성인이 되려면 상당한 시간이 필요하고 그 사이에도 아이에게 손이 가는 일은 매우 많다. 결국 사람들은 잠시만 아이를 맡기고 직장으로 복귀하는 것이 아니라 경우에 따라서는 일을 포기하게 된다. 이 경우 경력에 공백이 생긴다. 그리고 돌아간 일자리는 처음과 같이 좋은 일자리가 아닐 가능성이 높다. 급여가 인상되는 정규직과 달리 비정규직의 경우 임금상승률이 미미하다. 이러니 아이를 출산하면 사람들이 경력단절을 두려워할 수밖에 없다. 실제로 육아휴직에 불이익이 있고 없고를 떠나, 불이익이 있다는 믿음과 소득의 차이가 크다는 것만으로도 청년들이 아이를 낳기 어려운 충분한 이유가 된다. 어느 누가 불확실한 믿음에 큰돈을 걸고 도박을 하겠는가.

치열한 경쟁사회에서 휴식을 취한 사람이 승진을 하고 급여가 인상되는 것이 불공정하다고 생각하는 이들도 많고, 그들의 말도 틀리지 않다. 다만, 치열한 사회 속의 공정이 공정하게 저출산을 만드는 것도 부인할 수 없는 사실이다. 당장 십수억을 포기해야 한다고 생각한다면 사람들이 선뜻 아이를 낳을 수 있을까?

물론 키워 보니 아이를 키우는 데서 오는 행복은 말할 수 없이 크다. 경험해 보고 나니 그만한 돈과 바꾸라고 해도 바꿀 만한 가치가 있다는 생각이 든다. 그러나 아이는 자라고, 돈 없이 행복만 가지고 살아가기는 어려운 곳이 우리 사회다. 반대로 지금의 행복으로 인해 나중에 아이가 불행해질 수 있다고 생각하면 우리 역시 경제적 조건을 포기하기 어렵다. 나 역시 아이를 낳고 키우기 전에는, 사람들이 말하는 행복이 와닿지 않았다. 내가 잃는 것은 명확하지만 얻는 것은 추상적이니 그런 선택을 하기가 쉽지 않다. 아이를 낳더라도 잃는 것이 없는 사회가 되어야 우리는 더 큰 행복을 위해서 아이를 낳지 않을까. 자본주의의 효율성이 가득 찬 우리 사회에서는 불가능한 일일까.

처음 떠올렸던 이 글의 제목은 〈누가 쉴래〉였는데, 여기서부터 우리 사회의 한계를 알 수 있다. 아이를 보는 것은 쉬는 것이 아니다. 아이 돌보기라는 다른 일을 하는 것이다. 그런데 아이를 본다고 누가 돈을 주는 것도 아니니 사람들은 대부분 이것을 쉰다고 표현한다. 누가 '회사를' 쉴래인 것이다. '회사를'이 축약되어도 통용되는 것은 그만큼 직장 일에 비해 육아나 가사의 가치를 저평가하고 있기 때문 아닐까? 자본주의적인 효율성 측면에서 말이다. 이제 정말 저출산으로 국가의 경쟁력이 떨어지고, 국민소득이 감소한다고 하면 줄어드는 소득을 늘려 주는 만큼 육아나 가사에 대한 가치부터 확실히 인정해 주는 사회로 거듭나야 할 것이다.

젊은 세대의 남녀갈등이 심하다고 한다. 그 주제 중 하나가 임금격차다. 그런데 이것이 남녀갈등의 원인이 되는지는 잘 모르겠다. 《국세통계연보》를 보면 남녀의 임금격차가 30세 미만에서는 높지 않다. 현실에서 임금격차가 전혀 없다고 생각하지 않지만, 젊은 세대, 동일 직무에 한정된 격차는 언론에서 이야기하는 것만큼 심각하지 않다. 젊은 남성들의 믿음대로 야근이 더 많거나, 험한 직무에 남성들이 더 많이 종사한다고 하면 10%의 급여차이는 오차범위 이내일 수 있다. 노벨경제학상을 받은 클라우디아 고딘도 자신의 책에서 임금격차가 남성이 생각하는 것처럼 없지는 않지만, 여성이 생각하는 것처럼 심각하지도 않다고 말했다.

더 시급한 문제는 경력의 단절, 탈락에서 오는 임금격차다. 출산과 육아로 많은 여성의 경력이 단절되거나 탈락된다. 핸디캡을 가지고 시작하기 때문에 유리천장을 겪기도 한다. 그러니 나이가 들수록 여성들의 평균급여는 상대적으로 낮아지고, 성공한 남성의 급여가 높기 때문에 전체적인 평균급여도 차이가 날 수밖에 없다. 50세 이상, 60세 이상에서는 남성의 평균급여가 여성의 2배까지 상승한다. 젊은 세대의 남성들이 성별격차에 대해 역차별이라 주장하는 이유가 바로 여기에 있다. 기성세대가 누리는 임금격차를 자신들은 구경도 하지 못했는데 대책은 자신들에게 집중된다.

세대별 연령에 따른 급여와 남녀 임금격차　　　　(단위 : 명, 원, 백 만원)

	인원	급여	평균급여	남성/여성 급여비(%)
남성	11,342,343	584,313,184	52	
30세 미만	1,875,746	48,535,659	26	110
30세 이상	2,619,908	126,097,455	48	135
40세 이상	2,726,782	174,075,709	64	167
50세 이상	2,417,205	167,282,184	69	209
60세 이상	1,359,514	57,405,135	42	197
70세 이상	343,188	10,917,042	32	211
여성	9,186,734	284,901,264	31	
30세 미만	1,932,746	45,596,689	24	
30세 이상	1,942,227	69,324,044	36	
40세 이상	2,041,502	78,020,295	38	
50세 이상	1,993,094	65,879,506	33	
60세 이상	1,071,739	22,980,044	21	
70세 이상	205,426	3,100,686	15	

* 자료: 《국세통계연보》의 근로소득 연말정산 신고현황(2022년) 재가공

　　황당했던 경험이 있다. 학위를 받고 대학 채용에 지원하려는데, 채용 분야의 지원자격이 '여성'으로 제한되어 있었다. 오류인가 싶었지만 정말이었다. 교원의 성비 균형을 맞춰야 하는데 기존 인력은 이탈하지 않으니 신규로 채용하는 사람의 성별을 여성으로 제한한 것이다.

　　본질은 성별갈등이 아닌데, 좁은 자리를 두고 젊은 세대가 성별로 갈라져 다투게 됐다. 여성들이 지원자격이 여성이라 지원하는 걸 비난할 수

제 커리어에 육아는 없었습니다만

없다. 문제는 이런 정책을 만든 기성세대이다. 그런데 온라인에서는 결국 여성과 남성이 서로 여자라서/남자라서 이익을 본다고 싸우고 있다. 남성들은 여성이 할당제로 유리하다 하고, 여성들은 기득권 남성들이 남성을 선호한다며 비난하는데 문제의 근원이 과연 젊은 세대 때문일까.

기성세대는 저출산의 원인이 남녀갈등, 젊은 세대의 이기심 등이라 생각하는 경우가 많아 보인다. 그런데 그런 사회는 누가 만든 것인지 진지한 반성이 필요하다. 모두에게 일하라고 하는 사회가 되어 버리니, 일자리를 향해 가는 사람은 많은데 문은 좁아진다. 그러니 경력단절도 어찌 보면 당연한 이야기이다. 이런 사회에서 저출산은 마땅한 결과 아니겠는가? 저출산의 해소를 위해서라도, 남녀갈등의 해소를 위해서라도 경력단절의 문제에 더욱 집중할 필요가 있다.

러닝머신 위에 멈춰서다
—경망남이 되다

우리 사회는 마치 러닝머신 같다. 제자리에라도 있기 위해서는 끊임없이 뛰어야 한다. 성공의 순위는 아니겠지만, 성실한 삶을 기준으로 나는 순위가 꽤 높았을 것이라고 여겼다. 잘하진 못했지만 끊임없이 뛰었다. 그런데 육아를 하면 아기를 봐야 하니 뛸 수가 없다. 그렇게 서서히 뒤로 미끄러진다. 원래 생각했던 제목은 '경단남이 되었다'였다. 곰곰이 생각해 보니 경력이 단절된 것은 아니었고, 실제 단절된 사람들의 고통을 가볍게 생각하지 않을까 싶어 새로운 제목을 지었다. 경망남. 경력이 망한 남자.

아내는 아기가 태어나고 9개월이 지나 복직했다. 함께 육아하던 시기는 평화로웠다. 함께하니 힘듦도 덜어지고, 서로 으쌰 으쌰! 하며 해 나갈 수 있었으니 마음의 여유가 있었다. 아내의 복직

제 커리어에 육아는 없었습니다만

도 진심으로 응원해 주었다. 도움이 될 수 있을까 해서 아내와 같은 직장에 다니는 후배를 만나 이야기도 들었다. 그런데 그 후배가 고요하던 내 마음에 돌을 던졌다. "오빠는 그럼 애 키우고 뭐할 거야?"

어려운 질문도 아니었고, 근거 없는 자신감도 있었다. 다시 하면 되는 거지 뭐가 어렵나. 나는 그렇게 부정적이지 않았다. 자격증이 있으니 그냥 다시 업무로 돌아가도 되고, 아이가 태어나기 전에는 스타트업에 CFO로 합류하라는 제안을 받기도 해서 그런 것을 놓고 고민하면 될 줄 알았다. 그러나 후배의 질문에 구체적인 답변을 생각하니 막막하기 그지없었다. 경기는 위축되어 호황일 때처럼 자리가 있을지도 모르겠고, 나이가 들어가니 누군가의 밑에서 일하는 회계사로는 수명이 짧을 터였다. 그때부터 고뇌에 빠졌다. 그러나 아내는 여느 남편들이 그렇듯, 나의 그런 고민에 대해 별로 깊게 생각하지 않았다. 일단 본인의 이직이 가장 중요한 일이기 때문에 그럴 수밖에 없겠지만, 아내가 보는 나는 자격증이 있는 사람이었다. 자격증도 있고, 육아하면서 일도 했다는 사람이 뭐가 힘들다는 것이지? 하지만 돈을 벌기 위해 닥치는 대로 하는 일과, 장기적인 나의 커리어를 쌓는 일은 아예 다른 것이다.

아내가 복직을 하고 혼자만 남아 있으니 더 생각이 많아지고 복잡해졌다. 농담처럼 아내가 돈을 많이 벌어 오면 내가 전업주부를 하고 싶다고 했다. 나이가 들수록 그 '많이'라는 눈높이가 올라가고 있다. 나름대로 초탈한 삶을 살려고 해도 쉽지 않다. 그리고 내 아기라고 언제까지 나와만 있지는 않을 것이다. 아기가 품에서 벗어날 때, 그때의 나는 무엇을 할까를 그려 보면 할 일이 필요하단 생각도 든다. 거창하게 직업에서 자아실현을 생각하지 않고 무언가를 이뤄 내고 싶지 않더라도, 그게 꼭 돈을 버는 일이 아니더라도 무슨 소일거리라도 있어야 하는 게 아닐까.

나는 멈춰 있지만 세상은 계속 돌아가고 있었다. 어느 여름날, 아침에 일어나 아기 이유식을 만들고 설거지를 하는데 회사 동기가 임원이 됐다는 소식이 단체 톡방에 올라왔다. 그간의 고생을 알기에 축하해 주는 것과 별개로, 멈춰 있는 나와 달리 저만치 앞서가는 사람들을 보면 내 상황이 답답하게 느껴지기도 했다. 이런 감정은 이미 익숙하다고 생각했었다. 회계법인에 입사했을 때, 동기 중 가장 나이가 어렸고 그래서 원하는 본부에 배정을 받는다거나 성과평가를 받는다거나 하는 부분에서 유리한 경우가 많았다. 그런데 청년회계사회 활동을 한 이후로는 법인을 퇴사하고 남들과 다른 삶을 살게 되었기에 나만 뒤처지는 것 같은 기분을 많이 느꼈다. 동기들의 모임에서 안타깝다는 이야기를 듣고 집으로 돌아오던 길에 쓸쓸함을 느껴 보았기에, 내심 경력단절에 대한 내성은 있을 줄 알았다.

남들과 다른 삶을 선택한 것은 비교하기 어려운 삶을 살게 된 셈이니 뒤처지거나 멈춰 있는 것은 아니었다. 남들은 그렇게 생각하지 않겠지만, 스스로는 다른 삶을 살며 다른 세계에서 나아가고 있는 것이라 생각했다. 그런데 육아를 하면서 멈추어 보니 같은 세상에서 나만 멈추어 있는 기분을 느끼는 셈이라, 멈춰 버린 시간이 더 크게 다가왔다. 게다가 멈춤이 길어질수록 괴리감이 더 커지는 것도 문제였다. 아기를 어린이집에 보낼 즈음에는, 경력이나 복귀 같은 것들이 낯설게 다가오기까지 했다.

한번은 오랜만에 다른 자격증이 있는 친구를 만났다. 그 친구는 나와 비슷한 시기에 아기를 낳아 키우고 있었는데, 차이가 있다면 육아도우미가 아기를 보고 부부는 모두 일을 하고 있다는 점이었다. 친구는 시험 합격이 나보다 몇 년 늦었지만, 지금의 상황은 나와 차이가 많이 났다. 자기 사업을 하면서 성공의 경험이 있는 그 친구는 확신에 찬 어조로 대화를 했고, 세상과 한발 떨어져 있는 나는 비판적이라지만 사실은 방어적인 언행을 하고 있다는 것을 스스로 느낄 수 있었다. 돌아갈 직장이 없는 사람이라 더 그렇겠지만, 돌아갈 직장이 있더라도 장기간 쉼에서 오는 경력공백은 결코 작지 않겠다는 것을 몸소 깨달았다.

결정적인 깨달음은 아기가 어린이집에 간 뒤에 찾아왔다. 그 전까지 나에게는 희망이 있었다. 아기를 어린이집에 보내고 복직할 것이라고 기대했다. 아빠가 처음이라 언론에서 보여 주는 것이 다 사실인 줄 알았다. 그렇게 어린이집에 가면 아기를 연장반에 맡기고 나는 일하러 가면 되는 줄 알았다. 아기를 '적응'시키겠다고 점점 더 빨리 맡기고, 더 천천히 찾아가면서도 별 생각이 없었다. 아기도 어린이집에서 즐거운 것 같았다. 그런데 어느 순간부터인가 아기는 어린이집의 소파에 앉아 부모가 올라오는 계단을 우두커니 바라보고 있었다. 그러다 나와 눈이 마주치면 울음이 터지며 안아 달라고 팔을 높이 들었다. 그런 아기를 보니 연장반에 맡기고 일을 가겠다는 생각을 차마 할 수가 없었다.

이래서 육아휴직을 한 엄마들이 복직을 못하는 경우가 생기는 것 같다. 사람에게는 관성이 있다. 아마 나도 회사를 계속 다니고 있었다면 어쩔 수 없다고 생각하며 맡겼을 것이다. 그런데 내가 쉬고 있었으니 다시 무언가를 하러 나가는 게 더 미안해졌다. 경력단절이 오는 것은 기본값이 멈춤이었기 때문에 그런 것이었구나 싶다. 지금도 나는 "1년만 더"를 외치고 있다. 조금 더 크면 아기도 부모가 일하다 늦게 오는 것을 이해할 수 있지 않을까? 연장반에 남을 수 있지 않을까? 하며 말이다. 하지만 이제는 깨닫고 있다. 1년 후에도 쉽지 않을 것이다. 4시에 끝나 아기를 찾을 수 있는 직장을 찾거나, 아니면 잠시만 참으면 평생 아기랑 놀고먹어도 될 만한 돈을 주는 곳이 아닌 이상에는 직장을 찾는 것은 한동안 어렵지 않을까 싶다.

이렇게 많은 갈등을 겪고 나니 비로소 경력단절여성들의 마음을 조금이나마 이해할 수 있었다. 모든 엄마들에게는 각자의 고민이 있겠지만 그 고민의 근원이 불안인 것은 비슷할 것 같다. 아기

제 커리어에 육아는 없었습니다만

를 재우고 누워 웹툰을 보는데 그런 대사가 있었다. 해외 주재원 이야기였는데 "한국보다 속도가 느린 나라에 산다는 게 참 어려워 보이더라구요. 기다림이란 게 업무의 큰 부분을 차지하고 그 틈을 비집고 들어오는 낙오 같은 감정들…"⁵이라는 대사가 지금의 나를 가장 잘 설명해 주는 것 같았다.

아기를 보는 일은 상당 부분 기다려야 하는 것들이다. 아기는 성인보다 속도가 늦고, 나는 아기가 잘 크고 있는지 지켜보며 위험을 방지할 뿐 가능하면 아기에게 직접 개입하지 않으려고 했다. 아기를 보는 것은 그래서 어려운 일이면서, 또 어려운 일이 아니다. 어찌 보면 가만히 있는 것 같지만 가만히 있기에 어렵기도 하다. 불쑥불쑥 비집고 들어오는 저 낙오의 감정 때문에. 나 역시 한번 균열이 생긴 마음에 계속해서 다른 생각이 스며드는 것이 괴로운 일이었다.

게다가 어떤 사람에게는 육아가 잘하는 일이 아니라는 점에서 더 그렇다. 누구나 잘하는 일을 할 때 더 신이 나고 그래서 더 잘하는 선순환이 일어난다. 아기를 데리고 나가 보면, 육아는 내가 잘하지 못하는 부분이라는 걸 자각하게 된다. 동네에 있는 키즈룸에 아기를 데려가 보면 아기와 잘 놀아 주는 엄마들이 많은데 나는 아무리 노력해도 그렇게까지는 잘 되지 않았다. 아기를 데리고 여기저기 돌아다니고 새로운 걸 보여 주고 하는 것은 남들보다 잘할 수 있었지만 일상적으로 아기와 놀아 주는 것이 나에게는 쉬운 일이 아니라 그것도 아기를 키우며 죄책감이 드는 부분이었다. 많은 부모들이 갑자기 바뀐 자신의 역할에 잘 적응하지 못하고 괴로울 수도 있지 않을까 싶다.

저출산을 해결하기 위해 여러 대책이 나오는 것은 반가운 일이지만, 제도가 있어도 쓸 수 없다면 허울뿐이다. 궁극적으로는 부모가 되어도 뒤처지지 않는 사회가 되어야 한다. 특히 요즘처럼 이직이 잦은 사회에서는 출산/육아가 경력관리 면에서 좋지 않고, 그렇게 자리를 잡는 시기가 늦어지는 만큼 결혼과 출산이 늦어지기 때문에 사회적으로 출산율이 하락하는 문제가 생긴다. 물론 얻는 것이 있으면 포기하는 것도 있는 것인데 일과 육아를 다 잡으려 한다는 것은 지나친 욕심일지도 모른다. 그러나 욕망이 가득한 사회에서 누군가의 엄마, 아빠에게만 욕망이 없기를 바란다는 것도 모순 아닐까? 시대는 그 어느 때보다도 사람들의 욕망을 긍정하고 부채질한다. 젊은 세대에게 이기적이라고 손가락질하기 전에, 우리 사회의 욕망부터 되돌아보았으면 좋겠다. 극심한 경쟁 속을 살아오던 세대는 어떻게 멈춰야 할지도 모르고 멈출 수도 없으며 멈추고 싶지도 않다. 근데 세상이란 컨베이어벨트는 계속 돌아가며 우리더러 멈추라 하니 가능한 것인가.

통계로 톺아보기 경력단절

아이를 키우면서 돈을 포기하는 것은 경력의 포기와 밀접한 관련을 갖는
다. 경력이 유지된다면 돈은 언제든 벌 수 있는 셈이라 휴직으로 인한 금
전적 손해와 비교해, 경력이 유지되지 않을 경우 생애소득 자체가 크게
감소하게 된다. 게다가 '일'이라는 것이 단순히 돈벌이의 수단이 아니라
고 한다면 경력단절은 금전적 손해 그 이상을 가져온다.

통계청 고용조사에서 여성의 경력단절 사유를 조사하니 육아-결혼-

여성의 경력단절 사유 (단위: 천 명, %)

연도		합계	결혼	임신/출산	육아	자녀교육	가족돌봄
2017	인원 수	1,831	633	454	586	77	82
	구성비	100.0	34.6	24.8	32.0	4.2	4.5
2018	인원 수	1,847	634	445	619	71	78
	구성비	100.0	34.3	24.1	33.5	3.8	4.2
2019	인원 수	1,699	522	384	649	69	75
	구성비	100.0	30.7	22.6	38.2	4.1	4.4
2020	인원 수	1,506	414	321	640	62	69
	구성비	100.0	27.5	21.3	42.5	4.1	4.6
2021	인원 수	1,448	396	320	626	55	50
	구성비	100.0	27.4	22.1	43.2	3.8	3.4
2022	인원 수	1,397	368	318	597	50	64
	구성비	100.0	26.3	22.7	42.8	3.6	4.6

임신/출산-가족돌봄 순으로 나타났다. 아이를 낳고 일도 하라는데 그것
이 쉽지 않음을 보여 준다. 경험해 보지 않은 사람들은 어린이집도 있고
연장반도 있는데 왜 경력단절을 말하는지 이해하기 어렵겠지만, 겪어 보
니 육아와 관련한 제도라는 것들이 외관만 그럴 듯한 경우가 많아 구조
적으로 단절을 막기 어렵겠다는 생각이 든다.

눈에 띄는 점은 2018년을 정점으로 경력단절 여성이 줄어들고 있다
는 것이다. 이렇게 보면 세상이 살 만해지는 것 같지만 이것은 기혼여성
자체의 감소에 기인하고 있다. 지역별 고용조사에서는 15~54세 기혼여
성을 대상으로 조사를 하고 있는데, 5년마다 시행하는 인구총조사에서
15~54세의 기혼여성 수는 급격히 감소하고 있는 것으로 나타났다.

15~54세 기혼 인구 및 미혼율 (단위: 명, %)

연도	여성			남성		
	미혼	유배우자	미혼율	미혼	유배우자	미혼율
1985	4,030,201	7,393,188	35.3	5,523,920	6,671,187	45.3
1990	4,511,624	8,287,049	35.3	6,109,053	7,636,599	44.4
1995	4,445,101	8,789,819	33.6	6,099,812	8,093,581	43.0
2000	4,598,715	9,001,823	33.8	6,301,156	8,242,772	43.3
2005	4,863,428	8,808,782	35.6	6,551,054	7,950,493	45.2
2010	5,210,663	8,461,747	38.1	6,983,504	7,614,592	47.8
2015	5,612,377	7,761,222	42.0	7,475,838	7,110,837	51.3
2020	5,641,470	7,036,898	44.5	7,557,182	6,199,284	54.9

제 커리어에 육아는 없었습니다만

혼인이 늦어지고, 결혼을 하지 않으려고 하는 분위기 자체가 저출산의 원인이 되는 것은 외면할 수 없는 현실이다. 그렇다면 왜 결혼을 하지 않을지, 왜 아이를 갖지 않는지 그 원인을 생각하고 제거해야 하는데 경력단절은 중요한 원인 중 하나일 것이다. 결혼 자체가 경력단절 사유가 되는 경우는 감소하고 있으나 여전히 1/4가량이며, 육아의 경우는 증가하여 40%를 넘는다. 임신/출산까지 포함하면 2/3가량이고, 결혼까지 합산하면 90%를 넘는데 결혼, 임신, 출산이라는 이 과정이 경력단절의 주 원인이 되고 있는 것이다.

이런 현상은 가속화될 수밖에 없다. 새로 사회에 진입하는 사람들일수록 치열한 입시경쟁을 거쳤고, 점점 더 살기 어려워진 세상을 보아 왔기 때문에(살기 편리해진 것과 별개로 경쟁이 치열해진 세상을 말한다), 낙오에 대한 두려움도 크고, 고학력화 하면서 자신의 삶에 대한 욕심도 더 클 것이다. 게다가 갈수록 높아진 학력으로 사회에 진출하여 높은 성취를 이루는 경우도 많아지니 이런 상황에서 결혼이나 출산을 선택하는 것은 점점 더 어려워진다.

육아를 하면서 가장 많이 들었던 말은 역설적이게도 부럽다는 이야기였다. 치열한 경쟁에서 낙오하는 것이 나에게는 더 크게 다가올지언정, 사람들이 보기에는 '육아도 하면서 가끔 돈도 벌 수 있다니!' 라고 부러워하는 경우도 많았고, 육아가 힘든지 모르는 사람들은 노는 줄 알고 부러워하기도 했다. 기회비용이 큰 걸 아는 사람들이라면 그런 용기를 낼 수 있음이 부럽기도 했을 것이다. 이렇게 단절에 대한 두려움은 개인적 차원과 사회적 차원의 맥락 차가 크다. 막연히 개인의 능력으로 치부하거나, 개인의 선택으로 돌리지 않는 제도적인 해결책이 있어야 저출산 위기를 타개하는 데 조금이라도 도움이 될 것이다.

제 커리어에 육아는 없었습니다만

천국의 무인도
─고립된 삶

육아는 매우 노동집약적이다. 아기는 아직 스스로 할 수 있는 것이 없기 때문에 하나에서 열까지 모두 부모의 손이 필요하다. 아기가 일어나면 밥을 먹이고 치우고, 낮잠을 재우고 아이와 놀이를 하고 등등. 비슷한 루틴을 매일같이 반복하는 것이 회사생활과 비슷할지도 모르겠다. 아기를 맡길 수 없다면 부모는 한동안 아기에게 메어 있을 수밖에 없고, 그렇게 사회적 위치뿐 아니라 인간관계마저 잠시 멈추게 된다.

외부에서 바라보는 육아는 그렇게 바쁘지 않은 일이다. 사람들은 육아를 하면 대체로 노네? 편하겠네? 라는 반응을 보인다. 회사마다 다르겠지만, 365일 24시간 내내 바쁘기만 한 회사는 많지 않을 것이다. 회사에서도 분명 한숨 돌리는 시간이 있고 멍 때리는 시간이 있을 텐데, 육아는 마치 그런 시간이 대부분인 것처럼 인식되는 것이 신기하다. 물론 아기가 크는 속도를 생각하면 기다림의 시간이 길기도 하다. 노동집약적인 과업이지만, 그 시간의 밀도는 떨어지는 면도 있다. 문제는 사회에서 기다리는 시간과 다르게 육아를 할 때의 기다림은 주위에 사람이 없다는 점이다. 그래서 이런저런 상념이 찾아오는 시간이 많고 아기와 둘만 있는 경우가 많다 보니 답답하고 고립되는 느낌을 받는다.

아기를 키우는 초반이 특히 그랬다. 이런 고립 상태를 겪는 것도 처음이었고, 코로나19로 더 고립된 것처럼 느껴졌다. 일상에서 누군가를 만나는 것도 약속을 잡고 나가는 것도 쉽지 않았다. 집에서 혼자 아기를 보다가 창밖으로 보이는 직장인의 바쁜 발걸음에 갑자기 답답해지기도 했다. 그 사람의 힘든 점은 볼 수 없기에 나에게는 한동안 오지 않을 그의 일상이 마냥 부러웠다. 그래도 아내와 함께 육아를 할 때는 서로 의지가 되었으니 그나마 나았다.

아내가 복직하고 얼마 지나지 않아서 송년회 약속이 갑자기 취소되었다. 별생각 없이 집에서 설거지를 하는데 까닭 없이 우울한 기분이 몰려들었다. 그냥 약속 하나가 취소된 것뿐인데 답답한 마음이 몰려왔다. 군대에서 힘들지만 곧 휴가 나간다는 생각으로 버티고 있는데 갑자기 휴가가 취소된 느낌이랄까.

아기가 조금 크고 나서는 약속을 잡고 나갈 수 있는 정도가 되긴 했다. 그런데 도리어 이렇게 사람을 만나고 돌아오는 길에 우울감

제 커리어에 육아는 없었습니다만

이 배가되는 경우도 있었다. 친구들은 모두 자기의 길을 뚜벅뚜벅 나아가는데 나는 멈춰 있다는 것을 평소에도 모르는 것은 아니다. 그저 눈으로 직접 보지 못한 일에는 아무런 생각이 없다가, 그것을 직접 체감하고 온 느낌이랄까? 오히려 사회와 조금씩 연결되며 고립감은 더 커진 것 같다. 육아를 하며, 일하는 친구들과 삶의 관심사가 달라지고 대화 주제에서 벗어난 삶을 살다 보니 군중 속에서 더 고독감을 느낀다. 분명 같이 있는데 나만 세상의 속도에서 뒤처지는 느낌이다. 육아를 하며 느끼는 고독감은 단순히 혼자 있어서 느끼는 외로움에 더해 멈춤에서 오는 상실감도 크기 때문에 나가서 사람을 만나는 것만으로 해결되지 않았다.

특히 남자로 육아를 하기에 더 그랬다. 아무리 남성의 육아가 늘었다고 하지만 전업으로 육아를 하는 사람을 만난 것은 몇 번 되지 않았다. 아빠가 육아를 하는 순간 아기도 함께 커뮤니티에 끼기가 어려워진다. 여전히 엄마들끼리 모이면 육아 이야기가 자연스러운 화두가 되지만 내 친구들에게는 주된 화두가 아니었을 뿐 아니라 서로 다른 입장이기도 했다. 친구들은 직장에서 고생하고 왔는데 육아도 해서 힘든 것이고 나는 오히려 친구들 아내의 입장에서 직장에 다니는 게 훨씬 편한 것이라고 이야기하고 있었다.

나는 정신건강은 괜찮은 편이라고 생각하며 살았다. 고등학교, 대학교 입시를 거치면서도 회계사 수험생활을 거치면서도 특별히 문제가 없었고 군생활이나 회사생활에서도 심리적인 문제를 겪어 본 적이 없었다. 박사논문을 쓰면서도 그랬다. 생각해 보면 이 모든 일에는 퇴로가 있었다. 성격의 차이겠지만 '이것이 안 되면 끝장이다' 이런 생각으로 살진 않았다. 입시에 실패하면 다른 학교를 가면 되고, 회계사시험에 떨어지면 회계사를 하지 않거나 다음 해에 다시 도전하면 되었다. 그렇게 한발 물러서서 생각하고 살다 보니 특별히 심리적으로 힘들 일이 없었다. 그런데 육아는 그렇지 않았다. 아기의 인생을 책임져야 한다는 막중한 책임감이 나의 퇴로를 막아섰다. 실제로도 그럴지 모르겠다. 아기에게 문제가 생긴다고 시간을 되돌릴 수는 없을테니. 지나고 나서 돌아보니 완벽에 대한 압박이 나를 힘들게 했다는 생각이 든다.

사람들은 아기가 예쁘고 귀여운데, 왜 힘들고 우울한지 잘 이해하지 못한다. 물론 아기는 예쁘고 소중한 존재다. 아기를 보고 있노라면 육아를 하며 우울한 기분이 드는 것 자체로도 죄책감이 들 지경이다. 감정이 아기에게 전달될까, 가능한 부정적 생각도 하지 않으려 노력한다. 형도 나에게 아기가 예쁜데 아기 보는 게 뭐가 힘드냐며 타박했다. 분명 아기를 키우며 후회하거나 좋지 않은 것은 아니다. 그러나 양육자도 우울할 수 있다. 《죽고 싶지만 떡볶이는 먹고 싶어》라는 제목의 책이 유행한 것처럼, 감정이란 복잡한 것이다. 이런 감정을 글로 풀어내는 것이 쉽지 않다. 남태평양 한가운데 천국 같은 섬이 있다. 혼자서 이곳에 살아야 한다면 얼마나 지낼 수 있을까? 천국 같은 경치가 있는 대신 사람도 만날 수 없고, 텔레비전도 유튜브도 없다. 집순이, 집돌이 스타일인 사람들은 잘 지낼 수 있겠다고 생각하지만 그것도 일주일, 길어야 한 달 아닐까? 아이를 키우면 1~2년 이상을 그렇게 지내야 한다.

아기만 키우는 삶은 비유하면 천국의 무인도에서 지내는 삶과 같다. 사람들은 지상낙원은 날씨가 늘 좋다고 오해한다. 미디어를 통해 그런 이미지만 보고, 실제로도 우리가 휴가를 떠나는 시기는 날씨가 좋을 때지만, 사실은 지상낙원에도 태풍이 불고 비바람이 내린다. 아기와 서로 웃고 있을 때는 지상낙원이지만 아기가 아프거나 까닭 모르게 울면 태풍이 부는 기분이다. 게다가 이곳에는 아기 말고 소통할 대상도 마땅히 없다. 천국이라도 그곳이 무인도라면, 정말 천국일까? 아기를 보며 보라보라나 몰디브의 외딴 섬에 혼자 있는 것과 같다는 느낌을 받았다. 신혼여행에서 만난 한국인 버틀러는 그 좋은 휴양지에서 일하면서도, 휴가 때면 무조건 대도시로 나간다고 했다. 아기는 예쁘지만 자유시간을 가지고 싶어 하는 부모의 마음도 이와 다르지 않을 것이다.

어쩌면 발전하는 세상만큼, 아기가 태어났을 때 우리가 고립되는 무인도와 세상의 거리는 멀어지고 있는 것이 아닐까. 아기가 줄어들고 육아를 다른 사람 손에 맡길수록 이러한 고충을 이해해줄 사람마저 더 줄어들 것이다. 비대면으로도 연결되는 사회라고 하지만 아기를 키우는 부모는 여전히 고립되어 있다. 이 거리를 어떻게 좁혀갈지가 우리에게 주어진 숙제다.

육아의 교훈
─포기는 배신하지 않는다

회사생활을 하던 중 휴가를 내서 히말라야 트레킹을 다녀온 적이 있다. 여행사를 통하지 않고 가이드는커녕 포터도 없이 아버지를 모시고 둘이 다녀왔는데 특이한 풍경이었는지 산행을 하며 한국에서 오신 아저씨들과 많은 대화를 나눌 수 있었다. 히말라야에서 한국에 대해 다시 깨달은 점은 우리는 그렇게 여유로운 민족이 아니라는 것이다. 아저씨들은 누가 안나푸르나 베이스캠프까지 더 빨리 다녀오는지를 가지고 종종 자랑인지 싸움인지 모를 이야기를 나누었다. 목표까지 얼마나 빨리 다녀오느냐가 우리에게 중요한 덕목이기에 많은 팀이 베이스캠프까지 가서 라면만 먹고 하산하기도 했다. 산행을 하며 외국인 등산객들을 관찰해 보니 그들은 우리보다 일정도 2, 3배 길었고 좋은 곳이 있으면 머물러 책도

제 커리어에 육아는 없었습니다만

보고 하루에 긴 거리를 가려고 애쓰지 않는 것이 여유로웠다. 그들이 개인주의를 내세우며 살 수 있는 것은 어쩌면 그렇게 개인에 대한 관찰을 할 수 있기 때문은 아닐까 싶었다.

그러나 우리는 개인주의를 내세우면서도 정작 개인에 대해 잘 모르는 사회다. 그래서 개인의 심리에 대한 책도 많이 팔리고, MBTI가 유행하고 그러는지 모르겠다. 나 역시 평범한 한국 사람이었기에 나라는 사람에 대해 생각할 기회가 많지 않았다. 혼자 지낼 때는 그냥 내 한 몸 건사하고, 자식 노릇만 잘하면서 살아왔다. 결혼을 하니 부모님이 또 생겼다. 역할이 늘었지만 늘 해 왔던 일이니 할 수 있었다.

그런데 아기가 태어나고 나니, 단순히 과업이 늘어난 게 아니었다. 아기를 키우면서 비로소 나를 발견하게 되었다. 아기를 키워야 하는데, 경험이 없으니 내가 어떻게 자랐는지 돌아보게 되고 그렇게 몰랐던 나를 발견하는 것에 더해, 나라는 기존의 자아에 아빠라는 자아가 생겨 버렸다. 그리고 이 자아들은 다툰다. 예전 같으면 부모는 희생의 상징이었기에 자아의 충돌이 적었을지 모르겠다. 물론 그때도 자신이 소중하지 않은 것은 아니었겠지만, 지금에 비해 개인에 대한 자각이 덜한 시대였다. 그러나 지금은 나라는 자아와 아빠라는 자아를 섞어 가는 것이 쉽지 않은 세상이다.

우리 아기는 3월생이라 태어난지 얼마 지나지 않아 벚꽃이 피었다. 우리는 운 좋게도 벚꽃이 아름답게 보이는 집에 살고 있었다.

기분 탓인지 모르겠지만 직접 나가서 볼 수 없으니 벚꽃이 더 예뻐 보였다. 꽃을 보고 싶은 나와, 꽃은 내년에도 핀다는 아빠의 자아가 마음속에서 치열하게 다투었다. 결국 나의 자아와 아빠의 자아가 타협했다. 집에서 가까우니 준비를 잘하고 나가면 될 것이라 생각했다. 하지만 엘리베이터를 나와 걷는 순간, 5분이 5시간 같은 길이 되었다. 온 신경은 아기에게 곤두서 있었고, 혹시 아기가 춥거나 아니면 나에게 밀착되어 숨 막히는 게 아닐까 하는 걱정, 아기가 모로 반사로 몸을 파닥거렸는데 이게 불편해서 그런 것은 아닐까 하는 생각, 그렇게 발걸음은 조급해졌고, 우리는 벚꽃길 초입에서 그냥 집으로 돌아가자고 마음을 돌렸다. 다리를 건너 벚꽃길 바로 앞까지 왔는데, 거기에서 길 사진만 찍고 돌아섰다. 우리 사진을 찍는다고 시간이 몇 초 더 걸리지도 않았겠지만 괜한 걱정에 그만한 마음의 여유조차 없었다.

이제와 돌이켜 보면 정말 별일도 아니었다. 둘째를 키웠다면 능숙하게 다녀왔을 것 같다. 처음이었기 때문에 잘 모르고, 그래서 더 조심할 수밖에 없었다. 나도 아기를 키우지 않았으면 별일 아니라 생각했을 것이고, 쿨하게 그냥 다녀오라고 했을텐데 막상 내가 그 상황에 처하니 갈등하게 된다. 이런 자아의 충돌이 아기를 키우며 계속된다. 커리어가 중요한 사람들은 아기를 맡기고 일을 나가고 싶겠지만, 아기를 맡기자니 부모로서 미안한 부분이 생기고, 남들처럼 여행 다니고 싶지만 아기와 함께 다니면 아기가 피곤하거나 힘들지 않을까 걱정되고, 이런 데서 심적 갈등이 없느냐, 아니면 쉽게 한쪽의 손을 들어주느냐에 따라 육아의 난이도는 달라질 것 같다. 흔히 여성이 더 섬세하고 감정이 풍부하니 이런 측면에서 육아하는 엄마들이 더 힘들 것 같다는 생각도 든다.

아기가 태어나고 하루하루는 아빠가 되어 가는 과정이었다. 아기가 태어나면 저절로 아빠가 되는 것이 아니라 다양한 일을 겪고 끊임없이 갈등하고 고뇌하며 아빠가 되어 갔다. 사람들은 아이는 알아서 큰다고 말하지만 이제는 육아를 위해 공부도 해야 하는 세상이다. 시대는 변했는데 사람들은 여전히 예전과 같다 착각하고 있다. 물론 아기가 가장 소중한 존재이기 때문에 당면한 일에서 무언가 포기하는 것은 어렵지 않았다. 그러나 포기하고 나서도 끊임없이 갈등하고, 그 갈등이 나와 아기를 저울질하는 것 같아 죄책감에 시달리는 시간이 길게 이어졌다. 혼자 살면 1차방정식이고 둘이 사니 2차방정식이었는데, 아기가 태어나니 고차방정식이 되어 가장 적합한 답을 찾기가 더 어려웠다. 게다가 사회가 나에게 요구하는 것과 아빠에게 요구하는 것은 동시에 달성하기 힘드니, 더 어려울 수밖에 없다.

의사들은 아기에게 이유식을 사 먹이지 말고 만들어 먹이라고 권한다. 직접 이유식을 만들다 보면 시간이 많이 든다. 육아를 하면서, 남는 시간에 이유식을 만들면 나에게 주어지는 시간은 더 줄어들고 그렇게 나라는 자아는 다시 희미해진다. 언제든 사회로 돌아갈 수 있도록 칼을 잘 벼리고 있을 생각이었는데 거기서 오는 압박감도 컸다. 나를 찾자니 부족한 아빠가 되어 미안하고, 아빠가 되면 나 자신은 희미해진다.

모든 것을 다 충족하는 건 지나친 욕심일까? 아기가 태어난 후에 이렇게 계속된 갈등상태에 놓이게 된다. 아기는 소중하지만 그렇다고 내 삶도 소중하지 않은 것은 아니다. 어쩌면 사람들은 욕심을 버리고자 결혼이나 출산을 포기한 것일지도 모른다. 기성세대들은 '아니 왜 결혼과 출산을 포기하냐, 너를 포기해야지'라고 말할지 모르지만, 기성세대는 우리가 스스로를 소중히 여기도록 길렀고, 욕심 많고 자아실현이 중요한 상을 만든 것 역시 기존의 사회였다. 덕분에 사회는 진보하고 발전했다. 사회 역시 얻는 것이 있으면 잃는 것이 있다. 그렇게 저출산은 찾아온 것이다. 물론 많은 부모들이 자식이 포기하는 것이 안타까워 육아를 대신 맡기도 한다. 그렇게 육아를 하는 분들을 종종 만나기도 했는데, 즐거워하는 분도 계셨지만 내심은 힘들어 하는 분이 더 많았다. 포기의 주체만 달라졌을 뿐이지 누군가 포기해야 한다는 것은 달라지지 않은 것임에도 우리 사회는 너무 쉽게 이를 개인에게 전가한다.

육아를 하면서 가장 많이 생각했던 말 중 하나가 '포기는 배신하지 않는다'였다. '노력은 배신하지 않는다'는 옛말이, 세상이 살기 힘들어지고 노력이 배신하는 경우가 많아지니 젊은 세대를 중심으로 자조적인 의미에서 이런 말로 바뀌었다. 그래도 나는 노력하면 된다고 어느 정도는 믿고 살던 사람이었기에 육아 초기에도 노력을 통해 많은 것을 해결해 보려 했다. 40년 가까이 포기하지 말라는 것에 길들여진 내게 포기도 쉬운 일은 아니었다. 노력하면 내 삶도 찾고, 아기도 잘 키울 수 있지 않을까? 그러나 2년이 지난 지금, 많은 것을 포기하고 또 포기한다. 포기는 어려운 일이지만 그럴 때마다 포기는 배신하지 않는다는 말을 떠올린다.

돈, 경력, 여행, 사회활동 등등 포기할 것을 많이 이야기했는데 사소한 것 하나조차도 아기를 키우면서는 포기의 연속이었다. 사회는 아이에게 집중한 나머지 부모도 사람이라는 것을 놓친다. 막상 아기를 낳고 보니 부모도 욕망을 가진 인간이라는 것을 깨닫는다. 대부분의 것에서 아기를 위해 내가 한발 물러서지만, 그 물러서는 과정이 쉽지만은 않을 뿐 아니라 이따금 참고 견디는 것에도 한계가 찾아온다. 지금은 초연결사회가 되어 비교도 쉽고, 사회는 경쟁적인데 부모에게만 정신승리를 하며 버티라고 요구하는 것은 부조리하다. 정작 자신들은 다 앞으로 달려가면서, 가만히 있어도 괜찮다고 하는 것을 누가 믿을 수 있겠는가. 개인의 자유가 확대될수록, 세상이 좋아질수록 아기 키우기는 힘들다. 부모의 자리만 그대로이니.

부모가 되어 하나도 포기하지 않겠다는 게 아니다. 문제는 얼마큼 포기하는 게 적정하냐는 것이다. 세상은 좋아지고 있으니 부모로서 포기할 것은 많아지고 포기해야 하는 게 많아질수록 출산율은 당연히 떨어질 수밖에 없다. 세상이 너무 좋아져서 부모에게만 좋지 않은 세상이 되었기에 저출산이 도래하였다고 생각한다.

아기의 돌이 지나고 두 돌이 지났을 때, 아기와 함께 원 없이 벚꽃 구경을 다녔다. 벚꽃 구경 하나에 죄책감을 느꼈던 그때의 일이 시간이 지나니 아무일도 아닌 것 같지만, 부모는 계속 새로운 어려움에 부닥치고, 그래서 과거의 어려움을 망각하는 것일뿐, 문제가 해결된 것은 아니다. 포기는 배신하지 않는다. 그래서 많은 사람들이 부모 됨을 포기하고 있는지도 모르겠다.

통계로 톺아보기 기회비용이 크다?

저출산이 심각하다는 이야기가 많으니 언론에서도 다양한 방향으로 저출산을 조명한다. 당연히 개개인이 생각하는 이유가 다르겠지만, 아기를 키우기 위해 잠깐 멈춰 보니 세상이 좋아진 만큼 기회비용이 커진 것이 출산에 장애물이 되었다는 결론에 도달한다. 기사 등을 통해 확인한 인상 깊었던 조사 몇 가지를 살펴보자.

한반도미래인구연구원이라는 단체에서 15~59세 남녀 2,300명을 조사해 발표한 결과에 따르면 여성은 '육아에 드는 개인적 시간·노력을 감당하기 어려워서(49.7%)'를 출산을 고려하지 않는 이유로 가장 많이 꼽

제 커리어에 육아는 없었습니다만

았다. 남성의 경우 1, 2위가 자녀교육비 부담과 경제적 여유가 없어서로 1, 2위 모두 경제적 요인을 들었다. 인구보건복지협회가 19~34세 청년 1,047명을 대상으로 한 온라인 설문조사에서는 출산을 꼭 하겠다는 응답은 17.1%에 불과했으며 출산을 기피하는 이유로는 경제적 이유가 57%로 가장 컸고, 그다음으로 내 삶을 희생하고 싶지 않아서(39.9%), 사회가 아이를 잘 키울 수 있는 환경이 아니어서(36.8%) 순으로 나타났다.

《한국경제》가 입소스에 의뢰해서 25~45세 남녀 800명의 〈결혼·출산 인식〉을 2주간(3월 30일~4월 12일) 온라인으로 설문조사한 결과에 따르면 고소득층은 육아에 구속되기 싫어서를(60%) 가장 많이 꼽았으며 저소득층은 경제적 부담(75.0%)을 출산 기피 사유로 꼽았다고 한다.《중앙일보》가 에스티아이에 의뢰해 전국 20~39살 남녀 800명을 대상으로 실시한 〈결혼과 출산에 대한 인식〉 조사에서는 "출산율 감소의 가장 큰 원인이 뭐라고 생각하느냐"는 질문에 응답자의 27.4%가 양육비용 부담을 꼽았으며 일자리 불안정(20.7%), 주거 불안정(19.9%) 순이었다.

한국보건사회연구원이 만 19~49세 남녀 2천 명을 대상으로 설문조사를 했더니 저출산 원인으로 일과 육아를 병행하기 어려운 구조에 가장 높은 8.72점을 매겼다.

다른 이야기를 하는 듯하지만 행간을 읽어 보면 비슷한 이유가 드러난다. 결국 출산 이후에 자신의 삶을 유지하지 못할 것으로 생각하는 것이다. 젊은 세대라고 해서 아이를 키워야 하는데 아무것도 포기하지 않으려는 것은 아닐 것이다. 그러나 적정한 선이라는 것이 있을 텐데, 세상이 너무 좋아진 덕분에 포기해야 하는 것이 많아져서 그 선을 넘고 만다. 역설적으로 세상이 좋아질수록 출산율은 떨어질 수밖에 없는지도 모른다.

결혼하면 직장을 그만두던 시대에는 경력단절이 공포가 아니었다. 하지만 지금은 경력단절이 큰 두려움이다. 여행이 흔하지 않던 시대에는 육아를 하며 여행이 그립지 않았을 것이다. 지금은 너도나도 해외여행을 떠나는데 육아를 하면 이것을 포기해야 한다. 이런 사소한 것을 포기 못한다고 비난하면 안 된다. 일에, 여행에 가치와 상징을 부여한 것은 우리 사회다.

주가지수가 오른다고 모든 주식이 같이 상승하는 게 아니듯, 세상이 좋아지는 영향이 모두에게 공평하지 않고 반대로 나빠지는 세상 역시 모두에게 같지 않다. 세상이 좋아지는 만큼 부모도 살기가 좋아진 것일까? 포기할 것만 많아지는 것은 아닐까? 좋아지는 세상의 속도를 부모들도 함께 맞추어 갈 수 있게 해 주자.

제2장

~~~~~~~

애 가진
죄인

이등시민으로
강등

자발적으로 죄인이 되고 싶은 사람이 있을까? 한국 사회가 신분제사회라면 신분의 하락을 겪고 싶은 사람이 있을까? 그렇다면 쉽게 설명할 수 있다. 아기를 낳고 보니 이등시민이 되어 버렸다. 그 누구도 이등시민이 되고 싶지 않기에, 낳지 않는 것이다. 이등시민이라는 용어는 너무 자극적일까? 그러나 부모가 되고 이 사회에서 살아가며 느낀 기분은 이등시민이라는 표현도 과분하다는 것이다.

아이와 함께
이동하는 건 어렵다

살면서 이동권이라는 단어를 떠올릴 일이 몇 번이나 있을까? 나에게 이동권이라는 단어는 대학생 때 시위에서나 볼 수 있던 단어에 불과했다. 그런데 아기를 데리고 다니면서 이동권이라는 단어가 떠올랐다. 우리가 이동권이라는 단어를 생각하지 않는 것은 살면서 이동에 제약이 없기 때문이다. 신체 건강한 남성이, 혼자 이동하는데 이용하지 못할 수단이 없었다. 교통수단이 없다면 걸어서 가면 된다. 대학 때 기숙사는 언덕 꼭대기에 있었는데, 운동 삼아 셔틀버스를 타지 않고 걸어갔던 경우도 많았다.

아기가 태어나고 나니 180도 달라졌다. 불편도 대중교통을 이용해야 느끼는데 아기와 함께 외출하려면 대중교통을 타는 것 자체가 쉽지 않았다. 일단 버스는 급출발/급정거 상황이 많이 생기기

도 하고, 버스에 유아차를 가지고 타는 것 자체가 쉽지 않다. 저상
버스가 아닌 경우에는 아기를 안고, 동시에 유아차는 들어야 하는
데 그 상태로 내가 자리를 잡을 때까지 기다려 주길 바라는 건 언
감생심이다. 여기는 빨리빨리의 한국이 아닌가. 게다가 겨우 탄다
고 하더라도 만원 버스에 유아차를 둘 곳도 없을 것이고, 아기가
끼어 다치지 않을지도 걱정해야 한다. 사람들은 말한다. 왜 아기
를 데리고 버스를 타냐고. 아기를 데리고 버스를 타는 게 문제라
면, 버스를 타는 내가 잘못하는 것일까? 아니면 우리 사회의 환경
이 잘못된 것일까? 온라인 댓글은 사회 탓을 싫어하며 택시 탈 능
력도 없으면 애 낳지 말라고 할지 모르겠는데, 어쩌면 그래서 혼
잡한 서울의 합계출산율이 최저인지도 모른다.

그나마 수월한 것이 지하철이다. 지하철은 돌아가야 하더라도
엘리베이터가 있는 출입구를 찾아서 탈 수 있고, 정거장에서만 멈
추면 되기에 출발/정지도 어느 정도 예측이 가능하며 최대 10칸
이나 있으니 버스보다 빈자리를 찾기도 조금 더 수월하다. 그러나
이것도 '그나마' 수월할 뿐이다. 유아차를 가지고 지하철을 타려다
가 지하철을 그냥 보낸 적이 한두 번이 아니다. 한 번은 지하철 세
칸을 이동하면서 자리가 있는지를 보고 겨우 탈 수 있었는데, 만
원 지하철에 유아차를 들이미니 어찌나 눈치가 보이던지. 그 자리
에 있는 사람들이 눈치를 주지는 않았지만, 부모는 미디어를 통해
아이와 가족에 대한 부정적인 시선을 워낙 많이 접하기 때문에 습

제 커리어에 육아는 없었습니다만

관적으로 죄인이 된다. 그래서 부피가 작은 아기띠로 아기를 안고 지하철에 타 보기도 했지만, 만원 지하철에 아기띠로 안은 아기와 타는 것은 위험할 수 있기에, 이 역시 쉽지 않다. 출퇴근 지하철에 치여 본 경험이 있는 사람의 입장에서 아기를 안고 지하철에 타는 것은 상상하기 어려운 일이다. 나는 아내가 아기와 함께 약속을 갈 때면 대중교통 대신 승용차로 태워다 준다. '내가 해 봐서 아는 데' 엄마 혼자 가기는 더 힘들다.

사람들은 장애인들의 시위에 분노했다. 분노할 이유로 따지면 나도 만만치 않다. 우리 동네는 4호선만 다니며, 심지어 경기도라 4호선을 타지 않으면 지하철로는 서울로 갈 방법이 없다. 어느 날 아침 회의에 가려고 지하철을 탔는데 지하철이 움직이지 않았다. 전국장애인차별철폐연대전장연의 시위였다. 나와서 바로 택시를 잡으려 했지만 나 같은 사람이 한 트럭이었을 것이다. 당연히 택시도 잡히지 않았다. 버스를 타고 3호선 방향으로 돌아가서 3호선을 타고 서울로 가려고 했는데, 다들 그런 생각으로 차를 몰고 나온 것인지 차도 막혔다. 중간에 버스에서 내려 겨우 택시를 잡아서 회의장에 도착하니 집에서 그냥 한숨 자고 시위가 끝난 후에 나온 것과 도착시간이 다르지 않았다. 그날의 나도 화가 많이 났기에 다른 시민들의 분노를 이해하지 못하는 바는 아니다.

그런데 아기를 키우며 이동의 제약을 겪은 후라 차마 그들에게 화를 낼 수가 없었다. 그들의 일상은 아기를 키우며 내가 잠시 겪었던 일상보다 훨씬 더 엄혹했을 테니. 부모는 아기가 자란 뒤에는 대중교통을 편히 이용할 수 있지만 그들은 상황이 개선되지 않으면 사는 내내 영원히 불편을 감수해야 한다.

우리는 누군가로 인해 내가 입는 불편에 민감하지만, 반대로 모두가 편하기 위해 누군가는 불편하다는 생각을 하지 않는다. 다수이기 때문에 그것이 당연하다고 여기기도 한다. 효율성이 중시되던 사회에선 그럴 수 있다. 우리 사회가 그렇게 고속성장해 온 것도 부정할 수 없는 사실이다. 하지만 이제 우리 사회는 국민소득 3만 달러를 넘어 4만 달러를 향해 가고 있다. 언제까지 그들에게 기다리라고만 할 것인가? 우리는 점차 나아지고 있으니 기다리라고 아무렇지 않게 말하지만, 과연 자신의 불편함도 그렇게 기다려 줄 수 있을까? 당장 하루의 출근만 어려워도 그렇게 화가 나는데.

장애가 있는 아이를 위해 지하철의 환승지도를 만든 엄마의 이야기가 감동적인 기사로 소비되지만, 더 좋은 세상은 엄마가 그렇게 노력하지 않아도 되는 세상이다. 약자를 배제하고 빠르게 가려고 하는 우리의 습관이 약자인 아이들이 세상에서 뛰어놀지 못하게 막고 있다. 누군가의 편리와 누군가의 생존이 충돌하면 당연히 생존이 우선되어야 한다. 주말이나 휴일의 지하철은 양쪽 끝으로 자전거탑승 공간을 운영하는데, 유아와 장애인을 위한 공간은 찾아볼 수 없다. 가끔 휠체어가 타기 편한 객차가 오는데 이게 무슨 기준으로 어떻게 편성되어 오는지도 알 수 없다. 그렇게 약자들은 대중교통에서 배제된다. 생존경쟁이 극심한 우리 사회에서는 바쁜 시간에 혼잡한 지하철에 장애인이, 유아차가 탑승하는 것을 이해하려 하지 않는다.

　모두가 빠르게 달려가는데, 부모가 되니 아기를 안고 뛰어야 한다. 남들보다 더 힘들고, 어렵다. 그런데 이런 힘든 점이나 어려운 점에 대해 우리 사회는 모두가 힘드니 참으라고 한다. 아니면 기다리라고 한다. 앞으로 나아질 거라면서. 그래서 사람들은 나아질 때까지 출산을 미룬다. 나아지지 않으면 낳지 않으면 된다. 심각한 저출산은 그냥 온 것이 아니다. 우리 사회는 그저 앞으로 빨리 뛰어나가려고만 하는데, 같이 가는 사회가 되지 않는 이상 저출산은 바꾸기 어려울 것이다. 저출산은 원인이 아니다. 우리 사회가 만들어 낸 결과다.

통계로 톺아보기　이동권 해결을 위해서는

교환학생 때 이집트에 간 적이 있다. 카이로에서 지하철을 타는데 한국 사람의 버릇을 버리지 못하고 계단을 뛰어 내려가 열차에 겨우 탑승했다. 곧 무언가가 잘못된 것을 깨달았다. 열차 내에 여성들만 있었고 나를 이상한 듯 쳐다보고 있었다. 객차 간 이동이 불가능해 다음 정거장에서 내려 알아보니 이집트의 지하철에는 여성전용칸이 있었다. 우리나라에서도 여성전용칸 도입을 두고 갑론을박이 벌어지다 도입되지 않은 것으로 아는데, 저출산 해결을 위해서는 여성전용칸보다도 유아동반칸을 만드는 것이 필요하다는 생각이 든다. 바쁜 출퇴근시간까지 모든 지하철에 있지 않아도 된다. 세 대에 한 대, 네 대에 한 대라도 있는 것을 알고 탈 수만 있다면 아이 키우는 부모 입장에서 조금 편안하게 이용할 수 있지 않을까.

우대칸으로는 부족하다. 아무도 우대하지 않을 수 있다. 전용칸이어야 그나마 효과가 있을 것이다. 바쁜 시간에 지하철에 우대칸을 설치해 봐야 다들 자기 사정이 우선될 것이다. KTX가 현재 비슷한 방침을 가지고 있는데 객차에 유아동반칸이 있고 유아동반칸 전후로 유아동을 동반한 사람들을 위한 편의시설이 있다. 이것도 유아전용칸은 아닌지라 한 번은 아기를 데리고 부산에서 서울로 돌아오는 열차를 탔는데 주말이라 그런지 유아동반 승객이 아닌 성인 승객들만 잔뜩 있어서 아기가 울지는 않을까 노심초사, 눈치를 보며 올라온 기억이 있다. 저출산의 상황에서 유아동은 점점 줄어들테고, 이들에게 우선권을 주는 것을 '배려'의 영역으로 남겨 두면 배려할 여유가 부족한 우리 사회에서 무의미한 제도가 될 것이다.

그렇게 해도 대중교통 탑승이 획기적으로 늘어날지 의문이다. 아기를 데리고 다녀 보면 지하철에 타는 게 다가 아니다. 아기는 약한 존재이기 때문에 부수적으로 필요한 것들이 더 많다. 하지만 우리 사회는 약자를 배려하기보다 배제하는 방식으로 성장해 왔기에 이런 시설들이 턱없이 부족하다. 아기를 데리고 다니다 보면 기저귀를 갈아야 할 일이 생긴다. 당연히 화장실로 가서 기저귀를 갈아야겠지만, 화장실에서 기저귀를 잘 갈 수 있을까? 일단 기저귀교환대가 어디에 있는지 확인되지 않는다. 수유실을 찾지 못해 분노했듯, 공공통계로 기저귀교환대의 여부를 찾기가 쉽지 않다. 겨우 공공데이터포털에서 서울교통공사의 역사 공중화장실 정보를 찾아볼 수 있었다.

지하철 1~8호선의 기저귀교환대 장소(서울교통공사 관할)

남자화장실/여자화장실	257
여자화장실	34
확인 불가	9

9호선은 민자라 그런지 통계에는 포함되어 있지 않다. 수도권의 1~8호선 지하철역 수는 275개[6]지만 통계에서 확인할 수 있는 지하철 역명은 268개로 7개는 확인되지 않는다. 또한 법률 개정으로 남자화장실에도 기저귀교환대가 설치되어야 하지만 여자화장실에만 설치된 곳이 여전히 34곳이며, 9곳은 기저귀교환대가 없는 것인지 확인되지 않는다. 예상보다는 나은 수치다. 예상보다 낫다는 것은 다니면서 체감한 기저귀교환대의 숫자에 비해 많다는 것이다.

아마도 이건 실질이 통계를 따라오지 못해서 그럴 가능성이 높다. 2018년의 기사라 이제는 나아졌길 바라지만 화장실 밖에 기저귀교환대가 설치된 곳도 있으며[7] 무엇보다도 더러워서 이용이 어려울 가능성이 높다. 2022년 기사에 따르면 지하철의 기저귀교환대가 변기보다 16배 더럽고, 기준치보다 오염도가 67배 높았다고 한다.[8] 성인도 공중화장실이 찝찝해서 변기를 손으로 내리냐 발로 내리느냐가 논란이 되는 상황에서 면역력이 떨어지는 아기에게 화장실 한켠에 기저귀교환대를 만들어두고 사용하라고 하면 믿고 사용해도 괜찮은 것인지 모르겠다.

결국 이 모든 것은 비용의 문제다. 아기들을 위해 전용칸을 만들고, 기저귀교환과 수유가 가능한 별도의 시설을 만드는 데는 예산이 필요하다. 효율성이 지배하는 사회이니, 인구가 줄어서 받는 충격과 지금 드는 비용을 잘 계산해서 착수하리라 생각한다. 그나마 다행인 것은 지자체에서 임산부전용 택시사업을 실시하며 이런 문제에 관심이라도 갖게 되었다는 것이다. 새로운 사업으로 소진되는 비용/효익과 인프라를 개선하는 비용/효익을 생각해 보면 무엇을 해야 할지 우리는 알 수 있을 것이다.

제 커리어에 육아는 없었습니다만

인프라의 상실
―공중화장실이 없는 세상에서 산다면

무더운 여름은 아기를 키우는 데 쉽지 않은 시간이다. 너무 더우니 바깥 외출이 어렵고 집안에만 있다 보면 더욱더 고립감을 느끼게 된다. 특히 우리는 코로나19가 한창이던 시기에 아기를 키웠기 때문에 아기를 데리고 실내공간으로 외출하는 것도 신중해야 했다. 그렇게 조심했음에도 아기는 코로나19에 걸렸고 우리 가족은 1주일간 격리되었다. 격리 기간 동안 창밖을 바라보며 답답해 했던 나는, 격리가 끝나고는 아기를 데리고 어디로든 가 봐야겠다고 생각했다.

그렇게 아기와 함께 세상으로 나와 보니, 왜 아기 낳기가, 키우기가 힘든지 이해가 가기 시작했다. 한편으로는 지금도 그런 생각을 한다. 아기가 있는데 집 밖에 나서려 했던 내가 비정상인가?

우리 사회는 아기를 가지라고 등을 떠밀면서, 아기를 가지면 당연히 많은 것을 포기해야 한다고 이야기한다. 지금의 젊은 세대는 반문할 수밖에 없다. 이런저런 것들을 포기해 가면서, 그럼에도 불구하고 아기를 가져야 하는 이유가 뭐냐고. 여전히 설득력 있으면서도, 당위적인 설명을 들어 본 적이 없다. 물론 아기를 키우며 깨닫고 알게 되는 것은 있다. 하지만 이 추상적인 감정을 사람들이 이해할 수 있게 설명하기란 어렵다.

아이를 데리고 여행하며 육아 인프라가 절대적으로 부족하다는 것을 느꼈다. 회계사 생활을 하며 지방으로 출장을 다니는 일이 많았다. 포항에 출장을 갔던 적이 있는데, 역에서 회사가 있는 공단까지 4차선 도로가 잘 깔려 있었다. 4차선 도로에는 우리가 탄 차 뿐이었다. 하지만 몇 년간 그 회사에 계속해서 감사를 가면서 보니 도로를 이용하는 차들은 점차 늘어나고 있었다. 10년도 넘게 지난 지금, 가 보지는 않았지만 이제는 꽤나 많은 차가 다니지 않을까 싶다.

우리 사회는 기업과 관련한 일에는 인프라를 깔아 놓는데 주저하지 않는다. 낭비가 아니라 투자라고 생각하기 때문이다. 당장 사용하지 않더라도 공급이 수요를 창출할 수 있다는 생각으로 아낌없이 투자한다. 그런 인프라는 포항의 도로처럼 추후에 정말 유용하게 쓰이기도 한다. 그런데 아기와 관련한 시설은 별로 없다. 그리고 세상은 아기와 관련한 것을 만드는 데 인색하다. 아기는

제 커리어에 육아는 없었습니다만

금방 자라고 크면 필요가 없을테니 잠시만 참으면 된다고 생각하고, 아기에 대한 것은 투자가 아니라 낭비라고 여기기 때문일 것이다. 아기가 저절로 크던 시절에는 그 이야기가 통했을지 모르겠다. 그러나 출산율이 낮아진 지금은 인프라를 확대해야 한다. 부모들이 아기를 낳아도, 낳기 전과 다르지 않은 삶의 질을 누릴 수 있어야 출산율이 조금이라도 회복될 것이다.

　그렇지만 여행하면서 느낀 것은 가능성보다는 절망이었다. 아기를 데리고 밖에 나오는 것 자체가 죄악인 것처럼, 아기를 데리고 외출하는 사람에 대한 배려는 전무했다. 배려라는 용어로는 적절하지 않다. 아기의 생존을 위한, 기본권 해결을 위한 인프라부터 턱없이 부족했다. 일단 아기의 생리적인 욕구를 해결해 줘야 하는데, 가장 기본적인 생리적 욕구 해결부터 잘 알아보고 가야 한다.

　처음 여행할 때는 휴게소마다 수유실이 있는지 미리 인터넷으로 검색을 해 보고 갔다. 그때만 해도 이런 데이터조차 없는데 무슨 아기를 낳으라고 난리냐며 투덜댔는데 IT분야에 종사하는 친구가 공공수유실 정보를 찾아 알려 주었다. 정보가 있는데 널리 알려지지 않은 것도 문제겠지만 알고 나서도 한숨이 나왔다. 시설이 턱없이 적었다. 전국에 공공수유시설이 3천 곳인데 3천 곳이면 많은 것일까? 1년에 태어나는 아기가 30만이라고 하면 100명에 한 개다. 수유실은 여행을 가는 이들만 이용하는 게 아니라 일상을 살아가는 사람들도 이용한다. 그렇기에 턱없이 부족한 숫자다.

전국 공공수유시설 현황[9]

수유시설 현황					
전국 3,004	강원 92	경기 639	경남 170	경북 174	광주 69
대구 99	대전 58	부산 282	서울 524	세종 28	울산 98
인천 208	전남 111	전북 141	제주 68	충남 145	충북 98

  게다가 이것은 전국에 산발적으로 존재한다. 강원도는 92개, 전북은 141개다. 강원도 전체 면적은 16,829.67km²이다. 92개로 나누면 거의 183km²에 하나가 있는 셈인데 서울시에서 면적이 가장 넓은 서초구의 면적이 47km²라고 하니 자치구 5개 정도를 붙인 곳에 수유실이 하나 있는 것이다. 외딴 곳에 가도 성인에겐 식당이 있고 공중화장실도 있는데 아기에게만은 그런 것이 없다. 그렇다고 예전처럼 노상방뇨를 하거나 아무렇게나 먹일 수 있는 세상도 아니다. 우리 사회의 의식은 예전에 비해 많이 높아졌는데 시설은 그에 따라오지 못하니 부모들의 입장에서는 아기 키우는 게 더 힘들어졌다고 여길 수밖에 없다.*

---

* 책을 쓰려고 생각하고 원고를 정리한 게 2023년 봄인데 그때 전국의 수유시설이 3,004개였다. 그런데 원고를 재정리하며 2024년 4월 30일을 기준으로 다시 검색하니 수유실은 3,023개였다. 1년간 정확히 19개가 증가했다. 사회는 급속도로 좋아지지만, 육아와 관련한 인프라가 나아지는 속도는 이렇다. 결국 세상이 살기 좋아지는 속도와 부모가 살기 좋아지는 속도는 격차가 점점 벌어지고 있다.

제 커리어에 육아는 없었습니다만

사람들은 부모가 식당에서 기저귀를 간다며 개념 없는 부모라 욕하지만, 아기를 키워 보니 그 부모에게 다른 선택지가 없었을지도 모르겠다는 생각도 든다. 물론 높은 확률로 이런 것을 알아보기 귀찮았을 것이다. 하지만 흡연자도 몇 발 걷기 귀찮아 식당 앞에서 담배를 핀다. 둘 다 비난받을 일이다. 다만, 부모라는 이유로 더 크게 비난받아야 할 이유는 없지 않을까. 세상에 이상한 사람이 있을 확률과 부모가 이상할 확률은 크게 다르지 않을 텐데 우리는 일반적인 이상함에 비해 부모나 아기에 대해서는 성급하게 일반화하고 더 크게 비난한다. 성인이 노상방뇨를 하면 비난받는 것은 공중화장실이 있음에도 노상방뇨를 하기 때문이다. 반대로 우리는 강아지가 길거리에 소변을 보는 것을 가지고 아무도 뭐라 하지 않는다. 그런데 아기를 위한 공공시설은 없는 데도 아기를 기르는 부모에게는 따가운 시선이 쏟아진다.

　아기에게 밥 먹일 곳을 찾는 것이 어려운 것은 둘째 치고 아기를 데리고 있으면 부모가 밥을 먹는 것도 쉽지가 않다. 거창하게 여행까지 가지 않아도 일상생활에서도 제약이 많다. 식당에 가려면 아기의자가 있는지 미리미리 잘 알아보고 가야 한다. 눈치도 안 보고 알아보지도 않아도 되는 방법은 배달/포장을 이용하는 것이다. 자녀에게 좋은 세상을 물려주려면 일회용품 사용을 줄여야 하는데, 아기를 데리고 식사하기 어려우니 일회용품으로 포장을 해 와야 하는 아이러니다. 노키즈존은 아닌지, 아기에게 이유식을

먹여도 괜찮은지, 혹시 이유식을 데워 줄 수 있는지도 확인해야
한다.

이렇게 아기를 데리고 나오는 것은 난관의 연속이니, 대부분의
부모들은 집안에 머물러 있을 수밖에 없다는 걸 여행을 떠나고 나
서야 깨달았다. 포기는 배신하지 않으니 포기하면 편하지만, 그렇
게 포기하고 말면 아마 저출산은 점점 더 심각해지지 않을까. 결
국 민간과 공공이 모두 육아 인프라를 확충하는 데 나서 아기를
키우는 부모들이 삶의 질이 크게 하락하지 않았다고 느끼게 해 주
어야 한다. 얼마 쓰지도 않는데 거기에 돈을 낭비하냐는 효율의
관점에서는 이해할 수 없는 일이겠지만 산업단지에 도로를 닦아
두니 나중에 이용하게 되는 것처럼 때로는 공급이 수요를 창출할
수도 있다.

말 못하는 아기들이라서, 나오지 않는 부모라서 계속 외면한 결
과가 0.7로 상징되는 초저출산이란 사실을 잊지 않았으면 좋겠다.
말하지 않는다고 해서 불편하지 않은 것은 아니다.

제 커리어에 육아는 없었습니다만

생활권의 제약
—약을 찾아 삼만 리, 지역육아의 현실

아기를 데리고 잠시 남해에 머물 때다. 코로나19에 걸린 것을 제외하면 아프지 않고 컸던 아기이기에 아기가 아플 상황을 생각해 보지 못했는데, 남해에서 아기가 장염 증세를 보였다. 서울에서도 잠깐 그런 적이 있지만 약을 먹고 금세 나았기에 남해에서도 처음에는 별일이 아니라고 생각했다. 병원을 가려고 검색해 보니 남해에 소아청소년과는 남해읍에만 있었고, 면 지역에는 아예 없었다. 남해읍보다 사천시로 가는 것이 더 가까웠기 때문에 삼천포에 있는 소아과에 방문했다. 아침 일찍 도착했는 데도 대기 줄이 엄청났다. 저출산이 문제이고 지역에선 아이 울음소리 듣기 어렵다고 하지만 소아과에는 아이들이 넘쳐 난다. 누군가는 이런 모습을 보고 저출산이 아니라고 생각할지 모르겠지만, 지역에 아동병원이 얼마 없다 보니 아이들이 몰리는 것이다.

병원에서 약을 받고 아기의 증상은 조금 나아지는 듯했다. 병원에서도 괜찮아졌다고 해서 더 약을 받아 오지도 않았는데, 며칠 후에 아기의 증상이 재발하였다. 서울에서 처방받았던 약이 아기에게 더 잘 맞았기 때문에 그 처방을 다시 받아서 약을 먹여 봐야겠다고 생각했다. 코로나19로 비대면진료가 가능해졌던 덕분에 서울에 있는 병원과 유선으로 연락해 상황을 설명하고 처방전을 받기로 했고, 처방전을 받아 줄 약국만 찾으면 되었다.

서울과 달리 약이 아무 곳에나 있는 것이 아니었다. 가까운 약국부터 전화를 걸어 약이 있는지 확인했는데 머무르던 면 지역을 넘어 남해읍까지 연락해도 처방전에 적힌 약을 찾을 수 없었다. 마음씨 좋은 약사님께서 다시 전화를 주셔서 왜 그 약을 찾느냐고 물으시더니, 이 동네는 아이가 없기 때문에 그런 약을 구비해 두지 않는다며 대도시 약국으로 문의할 것을 권유하였다. 아이가 없으니 아이를 위한 약이 없고, 아이를 위한 약이 없으니 다시 아이가 사라지는 악순환이다.

그때부터 전화기를 붙잡고 수십 곳의 약국으로 전화를 돌렸다. 가까운 삼천포의 약국에도 찾는 약은 없었다. 진주에 있는 약국까지 찾아보려고 했는데 사천 시내에 있는 어린이병원이 소아과 의사가 4명이나 있어 제법 큰 규모인 것 같아, 그 병원과 같은 건물에 있는 약국으로 전화를 걸었더니 다행히도 약이 있다고 했다.

그 약국도 비대면처방은 해 주지 않는 분위기였지만 나의 목소리에서 간절함을 느꼈는지 처방해 주겠다고 했다. 아픈 아기는 엄마에게 맡기고 차를 몰고 왕복 두 시간이 걸려 겨우 약을 구해 돌아왔다. 아기의 약을 구하는 것이 이렇게도 힘든 일이었다니. 서울에 살 때는 느끼지 못했던 오만 가지 생각이 밀려왔다.

연봉 4억 원을 줘도 지역 병원에서는 의사를 구하기 힘들다는 기사를 본 적이 있다. 이젠 돈 문제를 떠나 사람들이 지역으로 내려가지 않으려고 하니 이런 문제는 더욱더 심각해질 것이다. 코로나19 때도 느꼈지만 아기가 귀하다면 아기와 관련한 일을 하는 사람에게도 귀한 대우를 해 줘야 할텐데 그렇지는 않은 모양이다. 의료전문가가 아니라서 소아과 의사들이 얼마나 버는지는 알 수 없다. 가끔 정말 밀어내듯 진료를 보는 소아과 의사도 있기 때문에 저렇게 진료해서 최대한 많은 사람을 보면 그래도 나쁘지 않겠다고 생각하기도 한다. 하지만 의사들이 기피하게 된 데는 다 이유가 있을테고, 평범한 사람에 비해서야 수입이 낮겠지만, 그들은 의사집단 내에서 비교하게 될테니 성에 차지 않을 것이다.

저출산을 해결하기 위해서는 사회 전반적으로 아이를 귀하게 여기는 분위기도 있어야 하지만, 귀하기 때문에 희생하도록 하는 것이 아니라 귀한 아이를 지키는 사람들에게 제대로 된 대우를 해 주는 분위기를 조성해야 한다. 의사들에게 욕심이라고 비난만 해서는 결코 해결될 수 없는 것이 우리가 살아가는 사회의 모습이다. 비단 의사와 같은 직업뿐 아니라 부모도, 보육교사에게도 말이다. 말로만 귀하다고 하는 건 소용이 없다. 행동이 필요하다.

통계로 톺아보기 소아청소년과 현황

통계는 바라보는 관점에 따라, 어떻게 정리하느냐에 따라 매우 다르게 나타난다. 보건의료빅데이터개방시스템에 나타난 전국의 소아청소년과를 시각화하면 다음과 같다. 의외로 전라남도가 인구 대비 소아청소년과가 두 번째로 많다. 아이 키우기 가장 좋다는 세종시는 의원 수가 가장 부족하다. 확증편향일 수도 있지만, 데이터가 잘못 가공된 것이 아닌지 의구심이 들어 통계를 더 찾아보았다.

보건의료빅데이터개방시스템에서 전국의 병·의원 및 약국 현황을 확인할 수 있다. 이 자료의 병원 정보와 진료과목 정보를 결합하여 전국의 소아청소년과 진료 병원과 소아청소년과 전문의 현황을 정리해 보면 그 다음(80쪽 표 참조)과 같다. 0~19세 인구는 주민등록 연령별 인구 현황을 참고하였다. 병원당 인구와 전문의당 인구 모두 서울이 가장 우수한 지표를 나타내고 있다. 그럼에도 서울의 출산율은 가장 낮다. 병원당 인구에서 2위인 전남이 전문의당 인구로 보면 뒤에서 2등으로 나타난다. 내가 겪었던 일처럼, 여러 과목을 진료하는 병원의 근처에서 영유아를 위

이름	0~19세 인구 10만 명 대비 소아청소년과 의원 수
서울	237.48
전남	198.03
대전	196.89
부산	190.64
대구	183.56
광주	172.78
충북	169.32
인천	169.12
경남	159.53
경기	158.36
전북	155.55
강원	151.08
제주	148.37
경북	148.25
충남	148.14
울산	122.25
세종	116.48

서울	237.48개
전남	198.03개
대전	196.89개
부산	190.64개
대구	183.56개
광주	172.78개
충북	169.32개
인천	169.12개
경남	159.53개
경기	158.36개
전북	155.55개
강원	151.08개
제주	148.37개
경북	148.25개
충남	148.14개
울산	122.25개
세종	116.48개

한 약을 항상 구비할 확률은 낮지 않을까.

인구가 줄어드니 시장이 줄어들고, 시장이 줄어드니 사람들이 떠나고. 악화가 양화를 구축하는 일은 현 시점에도 계속되고 있다. 그럼에도 불구하고 세종시의 출산율이 높다는 것은, 반대로 살기 좋아 보이는 서울에서는 아기 울음소리를 듣기가 더 힘들다고 하는 것은 의료 인프라도 저출산의 한 원인이지만, 그것만이 전부는 아니라는 것을 보여 준다. 게

전국 소아청소년과 진료 병원 및 전문의 현황 (0~19세 기준)

지역	소아청소년과	전문의	인구	병원당 인구	전문의당 인구
서울	3,206	1,285	1,284,824	401	1,000
광주	493	220	254,778	517	1,158
대구	764	321	371,825	487	1,158
대전	511	207	240,434	471	1,162
부산	1,031	399	469,323	455	1,176
전북	486	186	274,554	565	1,476
인천	889	310	479,922	540	1,548
경기	4,002	1,502	2,352,815	588	1,566
세종	116	59	95,136	820	1,612
경남	1,011	333	541,988	536	1,628
강원	372	138	225,945	607	1,637
제주	194	68	124,294	641	1,828
울산	269	104	193,069	718	1,856
충북	458	133	252,925	552	1,902
충남	577	170	352,165	610	2,072
전남	609	129	273,319	449	2,119
경북	642	176	381,362	594	2,167
합계/평균	15,630	5,740	8,168,678	523	1,423

다가 가장 병원이 많다는 서울에서도 아이가 아프면 몇 시간씩 기다려야 한다는 기사를 볼 때마다, 마음이 답답하다. 아이가 그렇게 소중하다면 이렇게 방치해서는 안 되는 것 아닌가? 말뿐인 저출산 위기를 현실에서 다시 한번 느낀다.

기준의 상실
─감사무새가 되다

유럽으로 교환학생을 가서 놀랐던 건 횡단보도 앞에 서면 차가 멈추는 모습이었다. 한국에서는 당연히 차가 먼저 지나는데 유럽에서는 보행자가 우선이었다. 나는 습관이 있어 운전자에게 꾸벅 인사를 하고 지나가고는 했는데, 그들의 눈에는 내가 이상해 보였나 보다. 그럴 수밖에 없다. 그것은 문화이지 배려가 아니었다. 그들은 당연한 일을 한 것이고 배려를 했다고 생색을 내거나 감사함을 강요하지 않는다. 아기를 키우면서 이때 생각이 많이 난다. 늘 죄송하고 늘 감사해도 아이와 있으면 불편한 시선을 받는 느낌이다.

지역에서 유명하다는 식당을 방문했다가 아기의자의 위생상태나, 아기를 대하는 태도를 보고 기분이 상한 적이 있다. 아기를 데리고 여행을 다니면 아기의자가 있는 곳이 많지 않기 때문에 관리가 안 되고 더러워도 울며 겨자 먹기로 이용하는 경우도 많았다. 또 대부분의 식당에서 아기의자는 부모가 알아서 가져다가 사용하고, 알아서 치우고 가는 시스템이다. 아기는 매상에 도움이 안 되니 그럴 수 있겠다고 이해한다. 그런데 아기의자가 유독 더러운데, 식탁만 닦고 가는 것을 보니 언짢았다. 물론 대충 닦고 가 봐야 부모인 내가 찜찜해서 결국 다시 닦겠지만 아기는 손님이 아니라는 말인가.

최근 온라인상에서 식당에서 이유식을 먹이거나, 데워 달라고 요청하는 부모에 대한 논쟁이 벌어졌다. 노키즈존도 그렇고, 아기와 관련된 일은 쉽게 비난의 대상이 되는 느낌이다. 이런 분위기가 우리 사회의 저출산 문제 해결에 가장 큰 걸림돌이다.

자본주의사회에서는 분업을 통한 효율성을 강조한다. 혼자 여행을 다닐 때는 사람들이 농담처럼 신용카드만 있으면 걱정이 없다고 했다. 배가 고프면 식당에서 밥을 사 먹으면 되고, 필요한 게 있어도 어디서든 장을 볼 수 있다. 그러나 육아를 하는 부모는 그런 것을 기대하기 어렵다. 아기가 먹을 이유식을 아무 데서나 살 수 있는 것도 아니고, 아기가 사용할 수 있는 물건도 아무 데서나 구할 수 없다. 아기는 취약한 존재이기 때문에 물도 끓여서 먹여야 하고, 음식도 아무거나 먹일 수 없다. 과거의 시선으로 보면 유난을 떤다고 하겠지만, 이것은 모두 엄연한 의사의 권고사항이다. 물론 나도 아기를 낳기 전에는 이런 것을 잘 몰랐기 때문에, 사람들이 쉽게 이해하긴 어렵겠다고 생각한다(저출산 타파의 첫걸음으로 육아와 관련한 교육이 정규교육과정에 필요하다고 생각한다).

그래서 부모는 아기와 함께 외출하려면 준비해야 할 것 투성이다. 수많은 준비물 중에서 밖에서 가장 구하기 쉬운 것이 전자레인지라서 무언가 데워 달라고 부탁하거나, 뜨거운 물을 달라고 하는 것인데 이것이 그렇게 논란이 된다는 사실이 놀라웠다. 대체로 이런 문제에서는 사람들이 무조건 문제라기보다 태도가 문제라는 이야기를 많이 한다. '전자레인지에 데워 달라고 할 수 있지만, 맡겨 놓은 것처럼 데워 달라 하는 부모들이 문제다'와 같은 식이다. 스스로는 "죄송하지만"이 입에 붙어 있는 사람이라 문제 있는 사람에 해당되지 않는다고 생각한다. 하지만 나만 문제가 아니면 되는 것이 아니라, 태도는 핑계일 뿐 부모들의 행동 자체를 비난하는 것에 가깝다는 생각이 들어 위축된다. 일부 부모는 무례하기도 하지만 이건 아이 부모의 문제가 아니라 일반적인 성인 중 무례한 사람이 있을 확률의 문제다. 그렇다고 해서 그것이 이런 사회적 논란거리가 되는 경우는 보지 못했다. 부모 입장에서는 논란이 되기만 해도 행동이 위축되고 자기검열을 하게 된다.

논란을 접한 뒤로, 카페나 식당에서 온수를 달라고 하여 중탕시키는 것도 눈치를 보게 됐다. 결국 부모들이 아기 키우기는 더욱 힘들어지고 출산율에 악영향을 미칠 것이다. 물론 부모가 온수를, 전자레인지를 맡겨 놓은 것은 아니기에 식당이나 카페에서 그런 요구를 받아들여야 할 이유는 없다. 그냥 문화의 문제이다. 우리 사회 자체가 약자에 대한 배려가 부족하다.

부모가 되니 죄송할 일만 넘쳐 나는데 누가 스스로 죄송해지고 싶을까. 부모들도 그저 평범한 사회의 구성원이었다. 그런데 갑자기 부모가 되었다는 이유로 배제돼 버린다. 이따금 을질이 문제라고 하는데 부모의 을질과 세상의 갑질의 경계가 어디인지 궁금하다. 분명한 건 현재의 경계로는 0.7도 과분하다는 것이다. 아이는 온 마을이 키우는 것이라고 하는데, 이런 간단한 부탁조차 망설여지는 사회에서 부모는 어느 마을에 기대야 하는 것일까.

물론 이것은 부모의 입장일 뿐이고, 직접 장사를 해 보면 생각이 달라질 수도 있다. 바쁜 와중에 저런 부탁을 들어주기도 쉽지 않고, 때로는 호의가 문제가 되는 경우도 있을 것이다. 부모의 입장을 떠나서, 이 사회의 지속 가능성 관점에서 생각해 보면 식당에서 서비스에 대한 정당한 대가를 받는 대신 배제하지 않았으면 좋겠다. 식당에서 이유식을 먹이지 말라고 하면, 부모는 외식을 할 수 없다. 여행을 가기도 힘들고, 외출을 하기도 힘든 부모가 밥마저 밖에서 먹기 힘들다면 자발적 감옥살이를 하게 되는 셈인데 누가 아기를 낳겠는가. 당장 문화가 바뀌어 배려나 매너의 영역으로 해결하기 어렵다면, 서비스에 가격을 책정해서 배제하지 않는 쪽이 모두에게 이롭지 않을까 싶다.

초기에는 논란이 많겠지만 원칙을 세우면 대부분 그것을 따라갈 것이다. 그게 싫으면 방문하지 않을 것이고. 노키즈존에 아기를 데리고 가서 왜 안 되냐고 따지는 부모는 드물다. 옳고 그름은 차후의 문제이고, 일단은 예측 가능한 상황이 되었으면 좋겠다. 너무 바빠서, 돈을 받아도 해결이 안 될 정도라면 요청하지 말아 달라고 하거나 취식이 불가능하다고 안내하는 것도 방법이다. 대부분의 부모는 필요한 경우라면, 비용을 지불하라면 지불할 것이다. 미리 정보만 공개되어도 많은 사회적 비용을 줄일 수 있다.

아이를 키우다 보면 연대가 실종된 세상이라는 느낌을 받는다. 당연한 도움은 없고 고마워해야 하는 시혜만 있다. 아이에게도 지금 너에게 차가운 시선을 준 이들에게 꼭 감사를 받고 도움을 주라 가르쳐야 하는 것일까. 그래도 나는 아이에게 연대를 가르치고 싶다. 우리 사회가 조금 더 서로에게 관대해졌으면 좋겠다. 당신도 한때는 아이였다는 사실을 잊지 말자.

이등시민의 배제

—노키즈존? 노키즈타임!

아기를 키우느라 하루하루 힘들고 허덕이는 초보 부모이지만, 그 래도 서로 간에 최소한의 것이라도 챙겨 보려고 노력하는데 우리 의 경우는 그것이 생일이었다. 엄마, 아빠의 생일에는 좋은 곳에 가서 식사라도 하려고 한다. 그때마다 우리를 갈등하게 하는 건 아기와 함께 가야 한다는 것이다. 아기는 예측할 수 없는 존재이기 때문에 우리를 당황하게 만드는 경우가 종종, 아니 꽤나 많다.

아기가 태어나고 아내의 첫 생일 때, 고생한 아내를 위해 레스 토랑에 갔다. 일부러 붐비는 시간을 피해서 늦은 점심으로 예약했 음에도 고층의 식당에는 자리가 대부분 차 있었고, 모두가 조용한 분위기에서 식사를 하고 있었다. 아기와 함께 온 사람은 우리뿐이 었고 우리는 조심하고 눈치를 보았지만 아기는 마음대로 통제가

제 커리어에 육아는 없었습니다만

되는 것은 아니었다. 가끔씩 아기가 소리를 치거나 하는 경우가 있어 황급히 아기를 안고 밖으로 뛰쳐나가기를 몇 번 반복하면서 식사를 마칠 수 있었다. 코스 요리였지만 그냥 양푼비빔밥과 다를 바 없이 입에 넣기에 바빴다. 나중에는 이런 경우가 일상이라 아기가 내 품에서 잠들면 한 손으로 아기를 안고 다른 한 손으로 음식을 먹기도 했다. 누군가 우리를 보며 눈살을 찌푸렸을지 모르지만, 1년에 단 이틀뿐인 어쩌다 한 번의 일이다.

차라리 시끌시끌한 식당이었다면 마음이 더 편했을텐데 예약한 식당이 프렌치레스토랑이어서 너무 조용했다. 식사를 망친 것이야 어쩔 수 없지만, 남에게 불편을 줄 것 같은 마음이 나를 심적으로 더 피곤하게 만들었다. 아기를 키워 보니 노키즈존이 문제라는 생각이 들면서도 한편으로는 이해도 된다. 내가 다른 사람의 입장이어도 자신의 평화를 깨고 싶지는 않았을 것이다.

비슷한 문제는 여러 곳에서 발생한다. 대표적인 것이 비행기다. 아내와 지인의 블로그를 같이 보는데 일등석에 아기를 데리고 탔더니 다른 젊은 사람이 "아이씨, 아기 탔네."라고 다 들리게 이야기했다는 글이 있었다. 재벌 가족이 비행기를 돌리고, 대기업 임원이 기내난동을 부렸다고 해서 사람들이 그들의 탑승을 싫어한다는 이야기는 듣지 못했다. 물론 그들보다 아기가 시끄러운 확률이 높을 수도 있다. 게다가 비즈니스석이나 일등석은 매번 타는 사람들이 많지 않을테니 그들의 마음도 이해가 된다. 누군가가 이루고 싶은 버킷리스트로 평생에 한 번 일등석을 탔는데, 아기가 내내 울어서 여행을 망쳤다고 하면 그 심정은 또 어떻겠는가.

우리도 비슷한 상황에 처한 적이 있다. 아기를 데리고 처음으로 가는 여행에서 조금이라도 사람이 적은 좌석을 택하려고 프리미엄석을 탔다. 그런데 그 항공사는 사일런트존이라는 노키즈존을 운영하고 있었다. 아기를 데리고 타며 눈치를 덜 보려고 돈을 더 냈는데, 하필 우리가 앉은 프리미엄석은 그 사일런트존 바로 앞이었다. 안 그래도 아기가 낑낑대고 울면 눈치가 보이는데, 사일런트존 앞이라고 하니 더욱더 눈치가 보이고 부담이 되었다.

이렇게 노키즈존이 아닌 공간에서도 부모들은 압력을 받는다. 언론에서는 비정상적인 부모 때문에 노키즈존이 생긴 것으로 나오지만, 그것이 합리화될 일인지는 잘 모르겠다. 물론 이성적으로 이해가 되지 않는 것은 아니다. 나 역시 아기와 다니다 이상한 부모들을 만난 경우도 많고, 실제로 큰 피해로 연결될 뻔한 적도 있다.

아기가 물놀이를 좋아해서 수영장에 갔다. 0.5m 깊이의 유아풀이 있는 수영장으로 다이빙은 금지되어 있었다. 우리가 수영장에 도착했을 때 두 남자아이가 있었는데 정말 쉼 없이 다이빙을 했다. 처음 본 장면은 라이프가드가 아이들에게 주의를 주는 장면이었기에, 우리는 조심하겠지 하고 유아풀로 아기를 데리고 들어갔다. 하지만 그 아이들은 라이프가드의 이야기를 귓등으로 흘리고 신나게 다이빙했다. 우리뿐 아니라 풀에 있던 다른 아이들도 눈살을 찌푸리고, 풀을 떠나기도 했는데 아랑곳하지 않았다. 아이들의 엄마가 같이 있었지만 그냥 가만히 앉아 하지 말라는 이야기만 계속하고 있었다. 다른 아이들에게 미안하다고 하는 것도 아니고, 적극적으로 제지하는 것도 아닌데 어린아이들이 말을 듣겠는가. 물론 그 엄마도 힘들 것이라는 걸 같은 부모의 입장에서 이해도 하지만, 무언가 더 애쓰지 않으니 방관하는 것처럼 보였다. 그엄마도 나름대로는 노력했을 것이다. 마침내 아이들을 데리고 성인풀로 이동했다.

그런데 사고는 거기서 일어났다. 엄마의 말을 듣지 않는 아이가 성인풀에서 달려와 유아풀로 다이빙을 했고, 참다 못한 아내가 주의를 주는 틈에 우리 아기는 물에 빠지고 말았다. 하필이면 그때 아기가 구명조끼를 벗고 킥판을 가지고 놀고 있었는데 뛰어드는 아이들 때문인지 킥판을 가지고 놀다 미끄러져 허우적거렸다. 내가 계속 관찰하고 있었기에 바로 쫓아가 꺼내 주었지만, 아이가 물에 빠져서 도리질하며 허우적대는 몇 초가 나에게는 정말 슬로우비디오처럼 긴 시간으로 느껴졌다. 아기는 놀라서 엉엉 울었고, 그사이에 그 엄마는 아이들을 데리고 황급히 떠나 버렸다.

라이프가드는 물 한 컵을 들고 와 죄송하다고, 아무리 얘기해도 듣지 않더라고 사과했다. 아기를 키우며 다른 아이들에 대한 이해도를 높여 가던 나였지만, 그 순간만은 라이프가드가 진작 아이들을 제지하지 않은 것에 화가 났다. 라이프가드에게 화를 내면 같은 진상부모가 되는 것이기에 이해한다고 하고 나올 수밖에 없었지만, 그날 밤 많은 생각이 들었다. 저런 부모와 아이들이 결국 노키즈존을 합리화시키고, 내가 아무리 공을 들여 아이에게 주의를 기울여 키운다고 해도 사람들의 머릿속에는 저런 사례만 남을 것이다.

그럼에도 불구하고 노키즈존은 저출산의 관점에서는 문제가 많은 제도이다. 좋고 나쁨이 아니라 옳고 그름의 문제로 생각하면 옳지 않은 것은 자명하다. 쉽게 생각해 보자. 소수의 이상한 기업인이 물의를 빚는다고 모든 기업인의 활동을 금지하지는 않는다. 우리 사회는 술로 인해 음주운전을 비롯한 많은 사회적 비용을 치르고 있다. 그렇다고 술 판매를 금지해야 할까? 한라산에 등반객이 컵라면을 먹고 버리는 국물이 문제가 된다는 기사가 나왔다. 그렇다면 한라산에 입산을 금지시켜야 하는가? 다수의 평온을 위해 소수를 배제하는 경우는 약자일 때만 그렇기에 노키즈존은 바람직하지 않다.

제주도의 어느 식당이 노키즈존이 된 이유를 밝혀서 언론에서 화제가 되었다. 일부 부모가 없는 메뉴를 요구하거나 양념을 아기에게 다시 해 달라고 하는 등 무리한 부탁을 했다고 하는데 사람들은 또 부모의 행동에 많은 비판을 했다. 실제로 겪어 보니 그런 부모도 있겠지만, 과연 노키즈존이 최선이었을까? 노키즈존이 되기 전에 이런 요청은 들어줄 수 없다고 미리 공지를 했어도 그런

제 커리어에 육아는 없었습니다만

사람들이 많았던 것일까?

　많은 부모는 노키즈존이 아니더라도 알아서 분위기에 맞추어 조심할 것이다. 노키즈존이 없더라도 받는 사회적인 압력이 있는데 아예 노키즈존을 만들어 버리니 그 압력은 배가되고 부모들은 스스로 위축된다. 아이를 키우는 부모라고 그런 곳을 가고 싶지 않은 것도 아니고, 무엇보다 이렇게 구별하고 배제하면 결국 서로의 입장을 영원히 이해하지 못하게 된다.

　사람들은 업주의 자유를 말한다. 업주의 입장에선 모든 게 비용이다. 아기가 올 수 있게 하려면 아기의자를 구비하는 것도 비용이고, 아기의자를 보관해 두는 것도 업장의 자리를 차지하기 때문에 비용이다. 게다가 사고에 대비하는 보험이라도 가입하려면 그것 또한 비용이다. 아이를 데려오는 손님이 늘어난다고 해서 업장의 매상이 올라가는 것도 아닐 것이다. 그들이 아니라도 오는 손님이 많다면, 오히려 아이가 있음으로 해서 손님을 받을 자리가 줄거나 아이를 싫어하는 손님이 오지 않게 될테니 아이를 받지 않는 쪽이 합리적인 선택일지 모른다. 그런데 누구나 개인적 합리의 끝은 무출산이다. 합리와 효율의 끝판왕인 우리 사회가 그래서 이렇게 빠르게 저출산이 된 것이다.

　그래서 아이동반시간제도를 생각해 보았다. 황금시간대에는 방문을 불허하는 방식으로 아이의 부모에게도 양해를 구하는 것이다. 지금도 부모 입장에서는 다른 사람들에게 눈치가 보이기 때문에 황금시간대에 아이를 데리고 가는 것은 쉽지 않다. 편안한 자기만의 시간을 원하는 사람이라면 아기가 방문할 수 없는 시간대에 방문하고, 아기의 출입이 허용되는 시간에는 아기로 인한 소란에 지나치게 눈총을 주지 않는다면 어떨까. KTX의 유아동반칸은 예매과정에서 알림이 뜬다. 유아동반 고객을 배려하기 위한 객실이라며 불편한 고객은 다른 호차를 이용하기 바란다는 설명이다. 이 정도만 되어도 서로 조금씩 이해하고 차이를 좁혀 갈 수 있지 않을까.

부모의 입장에서 누가 내 아이를 예뻐해 주면 당연히 좋지만, 나 역시 아기를 예뻐하던 사람이 아니었기에 아기에게 무조건적인 환대를 바라지는 않는다. 다만 아이라는 이유로 냉대는 받지 않아야 한다고 생각한다. 그런 의미에서 장기적으로 노키즈존은 사라지는 게 맞지 않을까. 그러나 자유와 혐오, 권리와 배려가 혼란스러운 우리 사회에서 이렇게라도 서로 양보해 나가는 게 어떨까 하는 생각을, 조용한 레스토랑에서 아기를 안고 뛰쳐나가면서 해 보았다.

한마디 덧붙이면, 국내 최고의 호텔에도 아기의 기저귀를 갈 만한 공간은 레스토랑과 같은 층에 없었다. 아내는 아기의 기저귀를 갈러 호텔 수영장까지 다녀와야 했다. 물론 아기를 낳을 나이대의 사람들이 호텔의 주된 고객이 아닐 수도 있다. 호텔의 입장에선 고객층을 고려하여 시설을 갖추었을 것이다. 이런 부분에 정부

제 커리어에 육아는 없었습니다만

의 개입이 필요하다. 호텔 레스토랑은 아이 키우는 부모들이 가지 않을테니 그런 시설이 없어도 된다면, 동네 식당에는 그런 시설이 필요한가? 어느 곳에는 필요하고, 어느 곳에는 필요하지 않은 이유도 근거도 부족하다.

떨어지는 출산율을 잡으려면 아이를 키우는 부모가 '아이와 함께' 차별 없이 어디나 갈 수 있도록 바뀌어야 한다. 시설 규제로 일정 규모 이상의 건물이나 일정 인원 이상의 장소에는 수유실을 두도록 해야 한다. 물론 쓰는 사람이 얼마 없을 수도 있고, 낭비라고 생각할 수도 있다. 그러나 이젠 우리 사회도 그 정도의 여력을 갖춘 선진국에 진입하지 않았나. 현생에 가장 효율적인 것은 모두가 아이를 낳지 않는 것이다. 다들 자기 인생에 최선을 다해 경주하는 것이 낙오하지 않는 방법이다. 그들이 아이를 낳아도 낙오하지 않도록 만들어 주지 않는다면 우리나라의 미래는 없다.

규제는 효율적이지 않다는 것은 잘 안다. 그러나 효율만 생각하면 아이를 낳지 않는 분위기에서 아이 관련 시설은 계속 사라질테고, 아이 관련 시설이 없으니 다시 아이를 낳지 않게 된다. 그렇게 육아 인프라가 부족한 사회에서 부모는 이등시민이 될 수밖에 없다. 세상은 너무 좋아졌는데 부모의 자리는 오래전 그대로이다.

강아지만큼도
대우받지 못하는 아이들

당신이 영화를 보고 있다. 영화 속 지구는 멸망을 앞두고 있다. 우주로 탈출하려는데 비행기에 좌석이 단 하나 남았다. 한 부자가 자기가 키우는 반려견을 가족이니 같이 태우겠다고 한다. 다른 사람들은 아이를 태우라고 한다. 누구를 태워야 할까? 대체로 아이를 태워야 한다고 답하겠지만 현실도 그런지는 잘 모르겠다.

나도 동물을 좋아한다. 학교 앞에서 파는 병아리를 닭으로 길러냈는데, 큰 닭을 실내에서 키울 수 없어 시골의 할아버지 댁에 맡겼더니 닭을 잡아드셔서 펑펑 운 적도 있다. 그러나 아이를 키우면서 동물권에서는 앞서 나가는 우리 사회가, 아이의 권리에 대해서는 왜 이럴까 싶은 생각이 드는 것도 어쩔 수 없다.

아기와 함께 아동친화도시라고 하는 곳에 열흘가량 머물렀다.

제 커리어에 육아는 없었습니다만

아내의 친구가 비슷한 시기에 출산을 해서 아기를 데리고 만나기도 했고, 아동친화도시라고 하니 여러 가지 아기와 관련한 시설과 환경을 보고 누릴 수도 있었다. 이런 정보를 쉽게 얻었던 것은 아니었다. 그런데 숙소에서 여행안내책자를 보다 보니 반려견과 관련한 내용은 지도에 친절히 안내되어 있는 것을 보고 조금은 안타까운 생각이 들었다.

어느 지방자치단체를 가도 여행책자에 아기와 관련한 시설이 표기되어 있는 것은 보기 어렵다. 삼척의 관광안내책자에 아기와 관련된 표시가 있어 반가웠던 기억이 있다. 대개는 수유실이나 기저귀교환시설, 노키즈존 같은 정보들은 모두 직접 가서 알게 되거나 검색을 통해 알아내야 한다. 처음에는 반려동물도 비슷한 신세였는데, 반려동물을 키우는 인구가 급격히 증가하다 보니 이제 반려동물은 환영을 받는다. 노키즈이면서 예스펫인 곳도 있으니, 정말 애보다 개가 편한 세상이 되었다. 아이는 점점 줄어 가는데 더 환영받지 못한다. 아이가 늘어나면 아이를 환영해 줄까? 아닐 것 같다. 아이를 환영하지 않기 때문에 아이는 줄어 가는데, 우리는 점점 더 아이를 환영하지 않고 있다.

우리 사회는 각자의 개성을 존중해 가는 사회로 발전하고 있다. 그래서 젊은 세대가 원룸에 살며 고급차를 타는 것도, 급여와 무관하게 비싼 호텔에 가거나 명품을 구매하는 것도 많은 이들이 이해한다. 이해의 폭이 넓어질수록 경제는 더 활발히 돌아간다. 그런데 아이가 무언가 하는 것은 경제적 이익과 무관해서인지 점점 더 이해하지 못하는 사회가 되는 듯하다. 길을 가다 강아지가 짖어도 우리는 그러려니 한다. 개는 원래 그런 동물이기 때문이다. 그러나 공공장소에서 아이가 갑자기 울거나 소리를 지르면 사람들은 대체로 아이를 쳐다본다. 때로 제어하지 못하는 부모를 탓하기도 한다. 바다가 보이는 어느 카페에서, 잠든 아기를 보느라 차 안에 있었는데 카페 의자에 흙바닥을 걷던 강아지가 올라가는 것을 보았다. 아기가 신발을 신고 의자에 올랐다면 부모는 비난받지 않았을까. 아기를 키워 보니 너무 어린 아기는 훈육이 되지 않기 때문에 어쩔 수 없다는 것을 알게 되었다. 사람들이 각자의 특징을 이해하듯, 아기의 그런 모습도 이해하고 받아들여 주길 바라지만, 이해관계에 민감해지는 사회 분위기에서 무리인가 싶기도 하다.

어쩔 수 없는 흐름이다. 반려인구는 이제 1,500만이라는데 출생아 수는 30만은커녕 25만마저 무너졌다. 공정한 시장의 작용을 좋아하는 우리 사회에서 저출산에 대해서만 호들갑을 떠는 것도 아이러니다. 이보다 더 정확한 시장의 결과가 어디 있을까? 우리 사회의 출산율은 사회가 아이를 대하는 것에 비해 여전히 높다고 생각한다. 아직 '그래도 결혼은 해야지', '그래도 애는 낳아야지' 하는 관습 속에서 살아가는 사람들이 있기에 시장의 원리를 무시하고 모험을 하는 사람들이 있어 그렇지, 주어진 조건에 따라 아이를 낳았다면 지금의 출산율조차 언감생심일 것이다.

당장 이 글을 쓰다 검색이 필요해 포털을 켰더니 이런 광고가 나온다. 전국 아이동반지도 는 있을까?

    사람들은 자유지상주의를 외친다. 노키즈가 편하면 노키즈를 해 야 하고 장시간 근로가 효율적이라면 그렇게 하자고 한다. 그런데 왜 그 결과가 저출산인 것만 문제라고 하는 것일까. 인구가 줄어 들고 경쟁이 완화되어 다시 살 만해지면 그때는 또 인구가 늘어날 것이다. 각 세대가 자신들의 성장과정에서 겪는 아쉬움이 다음 세 대에 투영될테니. 세상은 각 주체가 이익을 위해 노력한 결과 좋 아졌는지 모르겠다. 그러나 세상이 좋아진 만큼 각자가 살기는 어 려워졌다. 나는 그래도 초·중등 시절에는 충분히 뛰어놀았는데 요 즘 아이들은 유치원부터 학원 뺑뺑이를 돈다. 과연 이 아이들이 세상이 행복하다 믿고 아이를 낳으려 할까. 지금의 이익을 위해 노력하면 누군가는 이익을 얻겠지만 그 짐은 후대에 지워진다.

    저출산은 우리 사회가 단기적 이익에 골몰해서 나온 결과다. 현 세대의 이익을 위해 다음 세대가 희생하는 것이고. 동물권과 인 권의 우열을 가리려는 것이 아니다. 그러나 우리 사회가 반려동물 에 이해의 폭이 넓어지는 만큼 아기에게도 같은 시선을 보내 주기 를 바랄 따름이다. 냉정한 시장에 무리한 부탁일까.

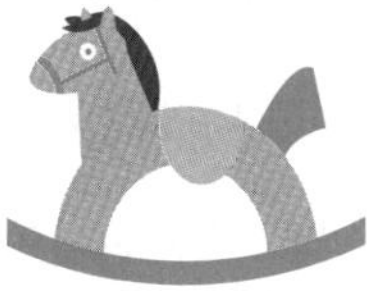

제2부

너무
어려워진 세상

복잡한 세상은
아이에게 더 가혹하다

너무 어려워진 세상은
부모와 아이에게 더 가혹하다.

제3장

우리 사회의
가스라이팅

일과 가정의
양립

우리는 일 중심의 사회에 살고 있다. 부모의 시간도 아기의 시간도 모두 일의 시계에 맞추어져 있다. 우리는 그것을 일과 가정의 양립이라 부른다. 같이 서 있다는 의미가 아니라 대립의 의미라면 맞을 것이다. 일을 위한 가정의 희생은 당연한데 가정을 위해 일의 희생을 말하면 이상한 사람으로 취급받는다. 일이 최우선인 사회에서 아이는 뒷전이 될 수밖에 없다. 저출산을 극복하자고 말하지만, 극복은 개인의 차원이다. 고통은 모두 개인이 오롯이 감내해야 하는데, 개인들은 이미 충분히 힘들다. 사회적으로 일·가정 양립과 보육 강화를 외치지만 현실은 일을 위해 모두 희생되는 대상에 불과하다. 노동력을 동원한 기업들이 이 부분을 책임져야 하지만, 효율이 앞선 기업생태계에서 쉽지 않은 일이다.

양립? 가정의 일방적 희생!
—일하는 아빠의 하루

아기를 키우며 일체유심조一切唯心造의 진리에 대해 많이 생각하게 된다. 힘든 것도, 즐거운 것도 어찌 보면 마음에 달려 있다. 하지만 나는 가만히 있더라도 나를 어디에서 바라보느냐에 따라 내가 달라지는 게 우리 사회이기도 하다. 이런 상황에서 스스로 중심을 잡고 육아를 하는 것은 쉽지 않다. 육아를 하면서 간헐적으로 일을 했다. 누군가는 육아를 하면서 돈도 벌 수 있다니 부럽다고 했다. 반면 누군가는 나를 보며 힘들겠다고 생각한다. 육아도 하며 돈도 벌어야 하니 얼마나 고되냐고. 둘 다 맞는 말이기도, 둘 다 틀린 말일 수도 있다. 이렇게 양쪽의 입장에 다 서 보며 깨달은 것은 뭘 해도 아이 키우기는 어렵다는 것이다.

내가 일을 할 수 있었던 건 나는 공식적인 육아휴직자가 아니었기 때문이다. 「공인회계사법」상 내가 작성한 보고서에 서명을 하기 위해서는 회사의 임원이어야 하기 때문에 근로자에게만 허용되는 육아휴직은 불가능했다. 또한 육아휴직을 하면 경제활동이 사실상 불가능해서 나 역시 그걸 원하지 않았다. 프리랜서에게 한번 못한다는 이야기는 영원히 안 하겠다는 이야기와 다름없다. 사람들에게 농담처럼 주업은 육아고 부업이 회계사라고 말했는데 그게 내 상황을 설명해 주는 적절한 표현이었다.

사회에서 늘 일과 가정의 양립이라고 말을 하길래, 그리고 가끔은 미디어에 훌륭한 롤모델들이 나타나기에 일과 가정의 양립이 가능한 줄 알았다. 아기가 태어나기 전엔 내 삶과 육아의 균형을 맞추겠다 생각했다. 하지만 주중에 낮에 아기를 보고 밤에는 일하고, 주말에는 아기와 놀고 가사를 하며 직접 육아를 해 보니 일과 가정의 양립은 둘이 함께 서는 것이 아니라 둘이 대립하는 것이었다. 누군가는 "저 사람은 하던데?"라고 말할 수도 있겠지만 이 둘을 해내는 사람은 아마도 엄마친구아들과 같은 존재일 것이다. 있다고는 하는데 내 주위에는 없고 끊임없이 비교대상이 되어 우리를 괴롭히는 그런 존재. 엄친아가 학창시절부터 계속 우리를 괴롭히는데, 출산과 육아를 하면서 일·가정의 양립이 가능하다는 건 엄친아 같은 소리다.

일하는 하루를 돌아보면, 강의가 있는 날은 보통 9시에 강의를 시작해 6시에 마친다. 그렇다고 8시에 출근을 하냐면 그렇지도 않

제 커리어에 육아는 없었습니다만

다. 보통은 아기가 자는 틈에, 새벽 6시경에 몰래 나와야 한다. 수업준비를 미리 하기 힘든 경우가 많고, 미리 하더라도 드문드문 보기 때문에 수업 전에 전체적으로 한 번 검토하고 들어가야 한다. 대충하는 방법도 있겠지만, 일과 가정을 양립하려는 사람이라면 그런 마음은 없을 것이다. 양립을 해 보겠다고 발버둥 치는 자체가 엄청난 노력이다. 아기가 자고 있을 때 도둑고양이처럼 슬금슬금 나와서 강의장으로 향한다. 강의가 끝나면 정말 총알같이 뛰어가서 차가 한 대라도 덜 막힐 때 집으로 가려고 노력한다. 가끔 너무 난폭하게 운전하고 있는 게 아닐까 싶을 정도로 빨리 가려 한다. 아무리 빨리 집에 가도 7시다. 아이에게 저녁을 먹이며 나도 저녁을 먹고 아기를 씻기고 재우는 게 일하는 날에 할 수 있는 육아의 전부다. 이건 일과 가정의 양립인가?

계산을 해 보면 일을 나가는 날은 한 달에 3~4일 정도였기에 일하는 아빠의 자아가 강하지 않았음에도 불구하고, 이것이 지속 가능하단 생각은 전혀 들지 않았다. 혼자 아이를 볼 때는 혼자 보는 대로 힘들었지만, 일을 마치고 와서 아이를 보는 것은 힘든 게 아니라 불가능한 일이었다. 일단 절대적인 시간이 너무 부족하다. 하루는 24시간이다. 여기에서 수면시간과 그 준비시간을 포함해 8시간을 떼어 놓는다. 그러면 나머지는 16시간인데, 업무시간이 8시간(중식시간을 포함하면 9시간)이고 출퇴근시간을 2시간으로 잡아도 벌써 11시간이 빠져나간다. 남는 시간은 고작 5시간인데, 여기에 아침/저녁식사를 1시간씩 잡으면 3시간이 남는다. 가정에는 일과 육아만 있는 게 아니라 가사도 있기 때문에 그 얼마 안 되는 시간을 또 배분해야 한다. 그렇게 일과 육아, 가사를 병행하면 결국 '쉼'이 없다. 지치는 줄도 모르고 살아가는 것이 일과 가정의 양립일지 모르겠으나, 분명한 것은 지속 가능하지는 않다.

그렇게 하는 일이 그럼 편하고 좋냐면 그렇지도 않다. 아기를 맡기고 강의를 가거나 잠깐 회의에 다녀올 때면 아기가 걱정되고 마음이 편하지 않다. 직장에 가는 워킹맘의 심정도 대부분 그럴 것이다. 그런데 우리는 직장에 가면 감정이 없는 사람인 것처럼, 이런 생각을 끊어 내고 업무에 집중해야 프로페셔널하다고 한다. 육아에 집중하느라 일에 소홀하면 프로답지 못한 것이다. 이것은 양립이 아니다. 일을 위한 가정의 희생이다. 모든 사람에게 시간은 24시간뿐인데, 일과 가정을 동시에 잘 챙긴다는 것은 모순이다. 어쩌면 무엇이든 잘해야 한다고 생각하는 것도, 우리가 살아오며 받은 일종의 학대가 아닌가 싶다.

아이를 키우면서 느낀 건 육아라는 것은 온전한 한 사람 몫의 일, 어쩌면 그 이상이라는 것이다. 가정 내에서 분업을 한다면, 외벌이와 전업육아가 가장 이상적인 양육모델일 수도 있겠다고 생각한다. 물론 그 외벌이가 꼭 남성이어야 할 이유는 없다. 특히 기술의 발전으로 잉여노동력이 많아지는 지금 사회에서는, 급속한 발전에 따라 인력이 많이 필요했던 과거의 모델이 맞지 않을지도 모른다. 지금은 맞벌이가 당연한 것처럼 느껴지지만 사실 맞벌이가 시작된 것도 그리 오래되지 않았다. 어쩌면 인류가 수천 년을 해 온 건 어리석어서가 아니라 그게 가장 효율적이기 때문일 수도 있다.

지금은 부부가 각자 일을 한다. 맞벌이를 해야 살아갈 수 있는 자체가 사회가 힘들어진 것이다. 옛날은 외벌이가 대부분이었다. 아마 가구 근로시간을 기준으로 보면 지금은 2명이 일하니 과거보다 근로시간이 늘었을 것이다. 주 52시간을 넘어 주 68시간을 이야기하는데 휴일 포함 하루 평균 10시간을 일해야 68시간이다. 맞벌이를 생각하면 한 가정에서 하루 20시간이 노동에 투입되는데, 외벌이로 아무리 많이 일한다고 해도 매일 20시간을 일하지는 못했을 것이다. 결국 그만큼의 시간이 육아에서 일로 향한 것이고 아이를 볼 수 있는 시간이 더 부족해진다. 쉽게 생각해서 예전에는 남성이 100% 일을 하고, 여성이 100%로 육아와 가사를 했다고 하면, 지금은 남성과 여성 모두 100%로 일을 하고, 50%의 에너지를 추가로 써서 육아와 가사를 해야 하는 시대다. 세상이 발전하고 좋아진 것이 있겠지만, 100%만 하면 되었던 세상에서 150%를 해 내야 하는 세상이 된 것은 세상살이가 더 팍팍해진 것이다. 게다가 분업의 효율성이 사라졌으니, 실제 노동강도는 2배가 되었을지 모른다. 그렇게 육아시간이 줄어든 만큼 아이도 줄어들고 있다.

주변에서는 나에게 외주를 주면 해결된다고 말했다. 부모가 좋아야 자식도 좋은 게 아니겠냐며 너무 힘들게 버티지 말라고 말해 줬다. 부모가 좋아야 자식도 좋다는 말에는 공감한다. 그러나 부모와 자식이 좋은 최선의 방법은 부모에게 시간을 주어 가족이 함께할 수 있도록 하는 것이다. 직장은 부모에게서 시간을 빼앗고, 그래서 부모는 직장에서 번 돈으로 외주를 준다. 사회와 직장은 행복할지 모르지만 아이의 행복은 줄어든다. 왜 굳이 우리는 돌아가야 하는 것일까. 직장에서 얻는 소득을 줄이더라도 외주를 주지 않을 수 있다면 아이는 더 행복할 것이다. 단순하게는 부모가 외주를 주어야 하는 일자리가 줄어드는 만큼, 부모가 덜 근무하며 생기는 일자리는 늘어나기에 사회의 일자리도 달라지지 않는다. 다만 아이가 부모의 손을 떠나느냐만 차이가 있을 뿐이다. 많은 문제에서 아이는 말할 수 없기에 그 목소리가 반영되지 못한다.

영국의 가수인 릴리 일렌Lily Allen이 두 마리 토끼를 잡는 것은 '개소리'라고 했다.[10] 일·가정의 양립이 어려운 건 비단 우리나라만의 문제는 아닌가 보다. 양립이 안 되는 사회에서 출산을 하면 일이나 가정 중에 한 가지를 포기해야 한다. 외통수에 걸리지 않으려 다들 결혼도 출산도 미루는 것 아닐까? 일 중심의 우리 사회가 사실은 저출산의 주범이다. 범인을 직시하고, 문제를 해결해야 한다.

제 커리어에 육아는 없었습니다만

내가 능력이 부족해서 일·가정의 양립을 어려워한 것만은 아니었다. 2021년 양성평등 실태조사에 따르면 전체 취업자 27.7%가 '가사·양육·돌봄을 병행하는 데 어려움이 있다'고 답했고 아이를 양육하는 연령대인 30, 40대에서는 이 비율이 더 높게 나타났다(30대(여성 43.1%, 남성 33.1%)와 40대(여성 41.7%, 남성 35.0%)). 특히 12세 이하의 아동 자녀가 있는 가구에서 가사·양육·돌봄 병행의 어려움이 가장 높게 나타났다(여성 54.7%, 남성 43.7%). 이를 통해 보면 일과 가정의 양립이 수월한 사람은 많지 않은 것이 분명하다. 사회는 우리에게 어려운 일을 자연스럽게 여기도록 하고 있다.

2021년 3,010명을 대상으로 한 가족과 출산조사에 따르면[11] 영유아기 자녀양육의 어려움 정도를 묻는 것에서 가장 어려운 것이 자녀양육과 가사노동에 따른 신체적 고단함으로 나타났다. 그다음이 자녀양육과 가사노동에 따른 시간관리와 일과 생활 균형 유지 어려움, 그다음이 자녀양육과 가사노동에 따른 사회적 단절과 고립감에 기인한 정서적 문제 순이었다.

첫 번째와 두 번째 어려움 모두 일·가정 양립과 관련한 것이라는 것은 시사하는 바가 크다. 특히 신체적 고단함의 경우 교육수준이 높을수록 더 높게 나타나 대학원 졸은 4.64점이었고 영유아 자녀 수가 많을수록 영유아기 자녀양육의 어려움   (단위: 점)

구분	어려움 정도 (7점 척도 평균)	표준편차
자녀양육과 가사노동을 둘러싼 배우자와의 갈등	2.70	1.47
자녀양육과 가사노동에 따른 사회적 단절과 고립감에 기인한 정서적 문제	3.09	1.63
학업, 취미(게임 등), 생활습관 등을 둘러싼 자녀와의 갈등	2.38	1.45
자녀양육과 가사노동에 따른 시간관리와 일과 생활 균형 유지 어려움	3.35	1.66
양육비 부담에 따른 경제적 문제	3.10	1.65
자녀양육과 가사노동에 따른 신체적 고단함	4.34	1.74

* 자료: 한국보건사회연구원(2021). 《2021년도 가족과 출산조사》. 원자료 분석.

높아져 자녀가 4명인 경우는 무려 5.67점(3명은 5.00점, 2명은 4.47점)으로 나타났다. 또한 자녀의 나이가 어릴수록 높아 0세에서 4.65점에 달했다. 일·생활 균형 유지와 관련된 문항 역시 교육수준이 높을수록, 자녀 수가 많을수록, 자녀연령이 어릴수록 높게 나타났다.

사회는 계속해서 일과 가정의 양립을 외치고, 이 둘을 다 잘하는 사람을 이상으로 상정한다. 우리 사회의 교육수준이 높아지고 일·가정 양립이 요구되면서 아이 키우고 살아가기는 더 어려워진 것이다. 하나만 하면 되는 세상에서 둘 다 해야 하는 세상이 되었으니 당연히 그렇지 않겠는가? 대학에서 가르치던 학생 중에도 특히 여학생들이 이런 고민을 많이 이야기하곤 했다. 일과 가정 모두 잡고 싶은데 회계사가 그런 직업으로 괜찮은지. 어쩌면 이렇게 육아를 할 수 있다는 자체만으로 우리 사회에서는 괜찮은 직업일 것이다. 그리고 외관상으로는 둘 다 해낸 사람들이 주변에 보이기도 한다.

그렇지만 누군가 해냈다고 해서 모두가 그렇게 해야 하는 것도, 할 수 있는 것도 아니다. 스티브 잡스가 애플을 창업했다고 해서 모두가 스티브 잡스처럼 될 수는 없다. 그런데 우리는 일과 가정의 양립에 대해서는 이런 생각을 가지고 있는 것 같다. 일과 가정의 양립이 가능한지, 아니 양립해야 하는지부터 다시 돌아볼 필요가 있다. 불가능한 일을 가능하다고 하는 것이 저출산의 원인일 수도 있다.

이러한 조사 결과만 봐도 일과 가정의 양립을 추구하는 분들은 그 자체로 대단한 것이다. 불가능한 일을 가능하게 하는 것이 대단한 것이지, 불가능한 일이라 불가능한 것에 대해 부모들이 너무 죄책감을 갖지 않고 살아갔으면 좋겠다.

양립이 가능한 환경인가?
─ 병원에 개근한 아빠

아내의 임신을 알았을 때, 운이 좋게도 코로나19로 재택근무/유연 근무가 가능한 시기였다. 그래서 아내가 병원에 갈 때 늘 함께 갔다. 당연한 일이었지만, 가끔은 의사가 남편을 백수라고 생각하지 않을까? 싶은 걱정도 들었다. 병원에서 아빠를 볼 수 있는 건 절반 정도인 듯 했고, 그 절반의 사람조차도 매번 오지는 않을텐데 항상 아내와 같이 갔으니 말이다.

출산의 과정에서 제도적으로 남편은 소외된다. 아이를 낳는데 남편은 나쁜 사람이 될 수밖에 없다. 예를 들어 임산부는 단축근 무가 가능하다. 하지만 아빠에게는 단축근무가 주어지지 않는다. 결국 병원에 가려면 휴가를 써야 하는데 후기에는 매주, 중기라도 4주에 한 번은 휴가를 내야 한다. 대략 12번 정도를 아내와 함께 병원에 방문했던 것 같다. 매번 반차를 쓰고 갔다면 연차휴가 6개를 차감하면 되니 이론적으로 가능은 하지만, 직장인이 번번이 휴가를 쓰는 것을 좋게 보는 경우는 별로 없을 것이다. 휴가가 그만큼 있는 것은 둘째 치더라도 직장에서 좋은 소리를 들을 수 없다. 있는 제도도 잘 못 쓰는데, 없는 제도와 관련된 일을 하려면 '유난' 소리 정도는 들어 줘야 할 것이다. 아마 "토요일에 가면 되잖아?"라는 이야기를 가장 많이 듣지 않을까. 그래서 토요일의 병원은 예약도 어렵고 사람도 많다.

저출산 대책으로 아빠의 육아휴직 의무제와 같은 이야기들이 나오고 있는데 아이를 키워 보니 부부가 함께해야 하는 일로 인식이 변화해 가는 것은 긍정적이라는 생각이 든다. 다만 이런 정책이 과연 얼마나 체감할 수 있게 전달이 될 것인지는 의문이다. 경쟁이란 게 그렇다. 모두가 주어진 룰을 지키는 게 아니라 이기기 위해서는 룰을 깨부수기도 한다. 우리는 경쟁을 통해 발전하기는 했지만 경쟁의 부작용도 있다. 모두가 직장에서 열심히 일하면 회사가, 사회가 발전할 것이다. 그러나 모두가 열심히 하는 상황에서도 누군가는 남들보다 돋보이고자 '더' 열심히 한다. 같은 시간을 공부하면 머리 좋은 친구가 나보다 공부를 더 잘할테니 더 오랜 시간 공부하는 것과 같은 이치이다. 이것이 나쁘다는 건 아니다. 하지만 누군가 그렇게 앞서 나가면 모두가 그렇게 하게 되고, 그것이 새로운 표준이 된다. 과도한 사교육이 그 예다. 회사에서도 그렇게 야근이 표준값이 될 수 있다. 우리는 그로 인한 성과에 환호했지만 지금은 저출산이라는 청구서를 받게 되었다.

회계사 초년병 때는 성공에 눈이 멀어 야근을 열심히 했었다. 하루는 주말인 데도 사무실 문을 따고 들어가서, 문을 닫고 나온 적도 있다. 그렇게 열심히 일했는데 육아로 먼저 퇴근하던 사람이 나보다 승진이 빠르다면 허탈할 수도 있지 않았을까? 기업은 당연히 최선을 다할 수 있는 사람과, 그렇지 못한 사람 중에 전자를 뽑을 수밖에 없다. 결국 출산이나 육아를 위해 자리를 비우는 사람은 최선을 다하지 못하는 사람이 되니 제도가 생겨도 마음 편히 쓰기 어렵다. 이런 문화가 변하지 않는 이상은 어떤 제도가 도입되어도 쉽지 않다. 결국 아이냐 내 삶이냐 선택을 해야 한다. 내 삶이 소중하니 아이를 낳고 포기할 것이 커 보이고 그래서 아이를 낳지 않거나 적게 낳는 게 지금의 현실이다. 제도가 있음에도 사용하지 않는 건 개인의 선택으로 포장하고 있지만 이것은 사실 개인의 문제가 아니다.

요즘 기업에서 중요한 문제로 떠오르는 것이 내부통제다. 단순하게 이야기하면 기업에서 직원들의 행동 유인을 만드는 것이 내부통제라고 생각한다. 예를 들어 기업이 매출 1등에게 성과급을 몰아준다면 직원들은 매출을 올리기 위해 수단과 방법을 가리지 않을 것이다. 한편으로 기업이 가장 윤리적인 직원에게 성과급을 몰아주면 직원들은 윤리적으로만 움직이다가 경쟁자에게 시장을

제 커리어에 육아는 없었습니다만

다 빼앗겨 버릴지도 모른다. 그래서 이런 규정들을 적절히 섞어 두기도 하고, 업무분장이나 승인절차 등을 통해 상호 견제도 하는 것이 내부통제다.

기업의 내부통제는 기업의 지속 가능성을 고려해야 할텐데 여기에 저출산에 대한 고민은 전혀 없다. 저출산이 심화되어 인구가 줄면 장기적으로는 기업도 도태된다. 따라서 기업에도 저출산을 해결하기 위한 적절한 역할이 필요하다. 단순히 제도를 도입하고 할 일을 다했다고 생각하는 게 아니라 실제로 사용할 수 있게끔 만들어야 한다. 육아휴직이나 양육 관련 제도를 사용할 수 있도록 유인책을 만드는 것까지 모두 기업이 생존을 위해 해야 할 몫이다. 최근 ESG 열풍이 사회에 거세게 불고 있는데 허황된 ESG가 아닌, 기업이 가장 잘할 수 있는 가장 큰 ESG는 가족친화일 것이다. 그만큼 지속 가능과 관련된 일이 또 어디 있겠는가. 기업에 저출산에 대한 의무를 부과하는 것은 전혀 낯선 일이 아니다.

당장 치열한 경쟁에서 이기기도 어려운데 무슨 저출산까지? 라고 말할 수도 있다. 우리 사회가 치열한 백 미터 달리기의 연속인 건 기업만 그런 게 아니다. 개인도 끊임없이 백 미터 달리기를 하고 있다. 게다가 백 미터 달리기를 하는데 아이를 업고 뛰어야 한다고 상상해 보자. 혼자 뛰는 사람과 경쟁이 되겠는가? 기업이 생존을 위해 출산과 육아를 배려할 수 없다면 생존을 위해 뛰어야 하는 개인 역시 사회를 위해 출산이나 육아를 생각할 겨를이 없음은 매한가지다. 결국 기업도 기업시민으로 우리 사회에서 살아가려면 개인이 지는 짐을 나누어 져야 한다. 문제는 저출산은 장기적인 과제인데 기업의 경영진은 모두 단기적인 이익에 매몰된다는 점이다.

기업만 비난할 것도 아니다. 농담처럼 사람들에게 인류는 멸종으로 향하고 있다고 이야기한다. 기후위기나 그런 거창한 이야기가 아니라도 사람들은 모두 단기적인 이익에 골몰하고 있어 공멸을 향해 간다. 독신인 친구집에 놀러 갔다가, 친구가 분리수거를 열심히 하지 않길래 뭐라 했더니 나 죽으면 없는 세상이라고 답했다. 부동산 폭등만 봐도, 일단 내가 잘 살고자 하는 욕망이 가장 크다. 능력주의가 한동안 화두였지만 출발선이 다른 것은 이야기하지 않는다. 결국 모든 사람의 마음에 자리하는 이기심이 당장 개인에게는 좋지만 장기적으로 사회에 좋지 않은 상황을 만들어 간다. 저출산도 이러한 이기심과 시장에서 만들어 낸 결과다.

연임이 필요한 경영진은 당장의 실적이 중요하다. 먼 미래에 우리 회사가 살아남고 말고가 중요한 게 아니라 당장 나의 생존이 급한 것이다. 이런 사람들에게 장기적인 안목으로 저출산을 타파하기 위한 방안을 세우라고 하면 세워질까? 물론 높은 자리에 있는 분들은 원론적으로 좋은 이야기는 많이 한다. 그러나 회사의 성과지표KPI가 그 '좋은 대로' 해서는 절대 달성할 수 없게 설계되어 있을 뿐이다.

제 커리어에 육아는 없었습니다만

모든 아빠들이 병원에 개근할 수 있는 사회였다면 저출산이라는 고민은 없었을 것이다. 일과 가정의 양립이 되지 않는 건 우리가 무능해서가 아니라 세상이 그렇게 설계되지 않아서다. 과연 설계를 바꿀 수 있을까? 당장의 손해를 감수해 가면서까지 일·가정 양립문화를 조성하는 기업이 나와야 한다. 경영진의 입장에서는 고양이 목에 방울을 다는 문제다. 결국 모든 이의 합리적인 선택의 끝은 무출산이 아닌가 싶다. 지금 같은 환경에서는 말이다.

통계로 톺아보기 배우자 출산휴가 유감

육아는 함께하는 것이다. 그러나 제도는 여전히 육아의 책임을 여성에게만 지우고 있다. 이것이 부당하다는 것에는 공감하지만 아빠가 육아를 하는 입장에서 보면 제도의 개선 없이 남성에게 육아를 맡으라고 하는 것도 남성에게 과도한 짐을 지운다는 생각이 든다.

여성의 출산휴가는 90일로 이를 산전/산후에 나누어 쓸 수 있으며, 산후에 45일 이상을 쓰도록 법제화되어 있다. 앞서 지적한 대로 남편이 산전에도 도움을 주려면 남편의 출산휴가도 늘어나야 한다. 백번 양보해서 출산 전에는 연차를 쓰건 알아서 하라고 하자(쓰게만 해 줘라). 출산 후에 남편의 도움이 필요한 것은 누구나 공감할 것이다. 선조들도 삼칠일이라고 하여 21일간은 금줄을 쳐서 타인의 출입을 삼가게 했다. 이 기간은 산모의 조리기간이기도 하다. 선조들의 지혜를 빌린다고 해도 21일은 남편에게 출산휴가를 주어야 산모의 회복을 돕고 아이를 볼 수 있을 것이다. 대가족제도하에서야 남성은 나가서 노동을 하고 할머니가 산후조리를 맡았겠지만 대가족제도가 무너진 지금은 산후조리원이라는 새로운 산업마저 생겨났다. 이제 산후조리는 남편의 도움이 필요한 영역이 되었으니 남편의 출산휴가도 제도적으로 확대하는 것이 맞다. 경험해 본 결과 21일도 짧고 최소한 한 달, 아니 부인이 산후에 출산휴가를 쓰는 기간까지는 동일하게 보장해 주어야 한다는 생각이 든다.

2019년에 규정이 바뀌어 3일의 유급이던 남편의 출산휴가가 10일로 증가했다. 2025년도 예산안에는 20일까지 유급으로 하는 안도 나왔다.[12] 이상적인 제도가 어느 날 갑자기 벼락같이 찾아오는 것은 아니고 이렇게 서서히 바뀌어 가는 것은 일견 이해가 된다. 그러나 저출산은 그 사이에 더 가속화될 것이고 어느 순간이 오면 되돌리지 못할지도 모르니(이미 지났을지도 모른다) 한가롭게 서서히 바꾸어 나가면 된다고 생각하고 있다면 저출산을 위기로 인지하지 않는 것이다. 출산휴가가 도입이 되어도 장벽은 결국 쓸 수 있느냐이다. 빛 좋은 개살구에 불과하다면 제도를 만든 쪽에서 생색이야 나겠지만 문제는 해결되지 않는다.

통계청의 출산휴가자 현황 통계를 보면 2021년 기준 채 9만 명이 되지 않는다. 2021년의 출생아 수가 26만 명인데 다태아인 경우가 있다는

제 커리어에 육아는 없었습니다만

성별 출산휴가자 현황 (단위: 명)

성별	2019	2020	2021
계	78,234	89,374	87,893
부	5,445	19,684	17,471
모	72,789	69,690	70,422

* 자료: 통계청(2021), 《육아휴직통계》(2023. 12. 20. 갱신자료).

것을 감안해도 출산휴가를 쓰지 못하는 경우가 상당히 많다는 것을 알
수 있다. 물론 고용보험 자료는 출산휴가(출산전·후휴가, 유·사산휴가, 배우
자 출산휴가) 급여를 받은 근로자를 기준으로 산출하기 때문에, 전체 출산
인구 중 고용보험에 속하지 않은 인구도 고려해야 한다. 통계설명자료를
보면 법률상 육아휴직 대상이 되는 근로자(사업주에게 고용된 사람) 및 공
무원을 대상으로 했고 군인의 경우 행정자료상 파악이 불가하여 제외되
었다고 설명하고 있는데 이를 고려하더라도 출산휴가를 사용하는 비율
이 급격히 높아지지는 않을 것이다.

　출산 전·후 모의 취업비중이라는 통계가 있는데 2020년 기준으로 출
산 1년 전의 취업비중이 54.1%다. 이를 고려하면 대략 15만 명 정도가
취업상태인 것으로 보이며 출산일에는 이 비중이 44%로 하락한다. 출
산휴가를 못 쓰고 사직하는 경우도 많다는 것이다. 취업통계에 들어간
'취업'은 사업소득이 있는 경우 등을 포괄하기 때문에 출산휴가를 갈 수
없는 사람도 포함된다. 그렇다고 해도 출산일을 기준으로 할 때 12만 명

의 취업자 중 절반이 조금 넘는 수준의 여성만 출산휴가를 쓰고 있는 것이 우리 사회의 현실이다. 그런데 남편이 출산휴가를 쓸 수 있을까? 제도 도입 이후 실질적인 첫해인(2019년 10월 1일부터 확대됨) 2020년에 그래도 2만 명의 남편이 출산휴가를 썼지만 여전히 여성의 28% 수준에 불과하다. 2021년에는 오히려 사용자가 더 줄었다.

기업체 규모별 출산휴가자 현황 (단위: %)

기업체 규모별	성별	2019	2020	2021
계	계	100.0	100.0	100.0
	부	100.0	100.0	100.0
	모	100.0	100.0	100.0
300명 이상	계	44.6	40.6	40.5
	부	18.7	19.8	17.7
	모	46.5	46.5	46.2
50~299명	계	21.8	25.8	25.5
	부	48.0	47.4	47.9
	모	19.8	19.8	19.9
5~49명	계	26.2	26.8	26.4
	부	29.6	28.9	29.8
	모	26.0	26.2	25.5
4명 이하	계	6.0	5.5	5.9
	부	2.3	2.6	2.6
	모	6.3	6.3	6.7
미상	계	1.4	1.3	1.7
	부	1.4	1.3	2.1
	모	1.4	1.3	1.6

* 자료: 통계청(2021). 《육아휴직통계》(2023. 12. 20. 갱신자료).

제 커리어에 육아는 없었습니다만

기업체 규모별 통계를 보면 여성의 경우 대기업에서 출산휴가를 쓰는 경우가 더 많이 나타나는데, 남성의 경우 오히려 중견기업에서 출산휴가를 쓰는 비중이 더 높게 나타나고 있다. 육아휴직 대상자가 규모가 큰 기업일수록 많다는 점을 고려하면 실제 사용비율도 유사할 것으로 보인다. 여성 출산휴가의 경우 이제 대기업에서는 어느 정도의 권리로 인식이 되었지만, 종사자 수가 낮은 기업으로 갈수록 이를 감당하지 못하는 것으로 볼 수 있는데 반해, 남성의 경우 대기업에서도 여전히 출산휴가 사용을 용인하지 못한다고 해석할 수 있다(고용보험 적용 사업체 수 및 근로자 수(성/종사자 규모별) 통계에 따르면 2020년 300인 이상 기업의 남성 근로자는 248만 명, 50~299명 기업의 종사자수는 171만 명으로 300인 이상 기업에 종사하는 남성 근로자가 더 많다).

신체적인 차이가 있으니 출산은 엄마가 하는 것은 어쩔 수 없다고 하더라도 출산 후에 양육에 대해 같이 책임을 지려면 제도적인 뒷받침이 필요하다. 산후조리원에 남편이 같이 들어가거나, 둘째를 출산하는 경우에 남편이 바깥에서 아이를 보고 있으려면 남성에게도 출산휴가가 넉넉하게 주어져야 한다. 한 명의 아기로 부족하다고 하면서, 둘까지 낳을 수 있는 정책을 펼치지 않는 이유는 무엇일까. 혹시나 네가 좋아서 낳는데 왜 이렇게 요구사항이 많냐고 한다면, 지금의 출산율을 보라고 말하고 싶다. 요구사항을 들어줘도 회복이 될까 말까 한데, 이런 생각조차 하지 않는 건 위기가 아니라는 것이다. 말뿐인 위기는 위기가 아니다.

양립이라는 기만의 결과는?
—돈이 없어 안 낳는 것이 아니다

아기가 태어나고 나서 정부의 지원책이 너무 자주 바뀌어 쫓아가는 것이 쉽지 않다. 아내가 임산부일때는 첫만남 이용권이라고 해서 200만 원의 바우처가 제공되었다. 2022년 출생부터 적용된다고 했는데, 아이의 출생신고를 하러 갔더니 서울시에서는 10만 원의 혜택이 있던 것이 첫만남 이용권이 제공되면서 소멸되었다고 한다. 국비와 지방비가 엄연히 다른데 이것이 왜 없어졌는지 이상하다고 생각했지만, 뭐 어쩔 수 없다. 아무리 위기라지만 중복 지출은 막아야 할테니. 저출산 타파를 위해 아낌없이 쓴다고 말하지만, 이곳은 효율을 중시하는 나라라 아낌없이 아껴 쓴다.

아기가 태어나고 1년이 지나자 이번에는 부모급여가 이슈가 되었다. 결국 도입된 부모급여는 첫해 70만 원, 둘째 해 35만 원으로 시작해서 현재는 100만 원/50만 원으로 인상되었다. 우리는 70만 원과 50만 원을 각각 두 달만 받아 본지라 혜택을 체감하지는 못해 큰 느낌이 없지만, 이렇게 직접 현금을 지원하는 것에 사회적으로 논란이 분분하다. 아이가 태어나면 계속 돈이 드는데 초기에만 집중 지원한다고 해서 해결되지 않는다는 주장도 있고, 육아휴직급여 등 여러 가지 제도와 중복된다는 이야기도 있다.

그럼에도 지원은 확대되고 있다. 최근에는 육아휴직급여를 확대하는 방안이 등장했다. 부부동반/순차 육아휴직의 경우 첫 6개월은 통상임금의 100%를 보장하며 상한액을 첫달 200만 원에서 시작해 6개월차에는 450만 원까지, 매월 50만 원씩 늘려서 지급한다고 했고, 선거철에는 이를 더 확대한다는 공약도 나왔다. 지원이 확대되는 것은 반가운 일이고 다행이다. 하지만 아쉬운 점도 여전히 많다. 부부가 순차적으로 6개월씩 휴식한다고 해도, 아이가 어느 정도 크기까지는 여전히 더 많은 시간이 필요하다. 만 2세 이후에 어린이집에 보육을 맡기는 경우가 가장 많은데, 순차 육아휴직 후에도 12개월의 공백이 있다. 물론 남은 기간도 부부가 나눠서 육아휴직을 쓰면 되겠지만, 이 기간에는 160만 원이 상한이다. 아이를 키운다는 것은 장기전인데 고작 수당이 6개월 늘어난다고 해서 출산율에 큰 변화가 있을 것 같지는 않다. 물론 점진적으로 확대해야 하는 상황을 이해하지 못하는 바는 아니나, 저출산이 정말 국가적 위기라면 더욱 파격적인 대책이 필요하다.

이러한 대책이 대대적으로 홍보가 되면 늘 걱정되는 것은, 돈 주는 것으로 모든 것이 끝났다고 생각하지 않을까 하는 우려다. 과연 사람들이 돈이 없어서 아이를 낳지 않을까? 육아를 하는 사람마다 고충은 천차만별일 것이기에 나의 사례가 정답이라고 단언할 수는 없지만, 아기를 키우면서 느끼는 것은 돈이 없어서 낳지 않는 것은 아니다. 돈을 더 주면 좋기는 하겠지만 그것으로 의사결정이 바뀌지는 않는다.

일과 가정의 양립이 사회적인 가스라이팅이고, 사회가 일·가정의 양립을 원하지 않는다는 점을 역설할 때, 누군가는 또 전부 다 사회 탓만 하냐고 할 것이다. 그러나 전적으로 사회 문제인 것도, 전적으로 개인의 문제인 것도 별로 없을 것이다. 대부분은 이것저것이 섞여 생겨나는 문제다. 이미 우리에게는 일이 육아보다 가치 있다는 인식이 주입되었기에, 사람들은 쉽게 일을 포기하기 어렵다. 나 역시 그랬다.

나는 육아를 하며 간간히 일을 하는 상황이었는데, 이 상황에서 오는 스트레스가 컸다. 좋게 생각하면 일도 하며 양육도 하는 것이지만 반대로 생각하면 일도 육아도, 죽도 밥도 안 된다는 생각이 들었다. 특히 일거리를 받아 두었는데 육아로 일할 시간이 나지 않는 경우 스트레스가 심했다. 일 생각을 하면 아기에게 소홀해지니 아기에게 미안하고, 동시에 굳이 일을 만들어서 스트레스를 받는 스스로에게 화가 났다. 아무것도 하지 않으면 아무 일도 일어나지 않는다. 일을 해야 한다는 부담이 없다면 스트레스는 없었을 것이다. 그런데 나는 왜 일을 하려고 했을까?

누군가는 부모의 자아실현을 말한다. 실제로 육아를 하며 일을 쉬었을 때 낙오하는 느낌에서 오는 박탈감도 심했으니 그것이 없다고 말할 수는 없다. 그러나 나는 우리 사회가 일을 통한 자아실현을 너무 과대 포장했다고 생각한다. 여가문화가 빈곤하고 다양성을 존중하지 않기 때문에 일 이외의 자아실현 방법을 찾지 못했을 뿐이다. 또 일을 통한 자아실현을 강조하면 노동의 공급을 값싸게 늘릴 수 있었을 것이다. 새벽까지 야근하며 일할 때 자아가 실현된다는 느낌은 크게 받지 못했다. 그저 소모될 뿐이었다.

그러나 이런 경쟁사회에서 살다 보니, 일을 하지 않으면 또 다른 불안감이 찾아온다. 육아를 '논다'고 생각하는 사람들, 혹은 육아가 편하고 좋을 것이라고 생각하는 사람들의 가정은 영원히 육아만 함을 전제로 한다. 나도 영원히 육아만 해도 괜찮은 상황이라면 일이 불필요하고, 아무것도 하지 않는 게 맞을지 모른다. 그런데 나는 사회로 돌아가야 한다. 우리는 육아를 하면서 편히 '쉬라'고 하지만 육아 자체가 쉬는 것이 아닐뿐더러 육아를 하면서도 산업예비군으로서의 자세를 유지하고 있어야 한다. 기술이 없고 능력이 없는 사람을 기업이 왜 써야 하느냐고 되묻는 이상, 육아휴직자가 복귀해서 적응하느라 업무공백이 생긴다고 불평이 나오는 이상, 업무에 복귀하기까지 역량을 유지해야 하는 것은 개인의 의무일 수밖에 없다. 특히 평생고용이 보장되지 않고 이직이 빈번한 요즘 시대에는, 이러한 역량 유지에 대한 사회적 압박이 더 크다.

기업이 개인에게 육아휴직을 충분히 보장해야 하고, 육아휴직을 끝내고 돌아오면 그들에게 기회도 충분히 줘야 한다고 주장하면 사람들은 기업이 자선사업가냐며 개인의 선택으로 출산/육아를 해 놓고 권리만 주장한다고 생각한다. 하지만 입장을 바꿔 보자. 사회가 개인에게 요구하는 것 역시 마찬가지다. 아이를 많이 낳으라고 하면서 사회에선 알아서 살아남으라고 하는 것 역시 개인에게 모순된 요구다. 자연 다큐멘터리만 보아도 출산한 직후나 어린 동물은 취약하기 때문에 쉽게 다른 동물의 공격 대상이 된다. 인간도 마찬가지로 아이를 낳고 기르는 동안은 상대적으로 취약할 수밖에 없다. 하물며 사람은 동물 가운데서도 독립에 가장 많은 시간이 소요되는 종鍾이다. 그럼에도 알아서 살아남으라고 하니 낳지 않는 것이고, 낳은 사람들은 힘들다고 말하는 것이다. '라떼는'을 말하면 안 된다. 예전에 기업은 평생고용을 보장했고 가정에서는 아빠의 노동과 엄마의 육아라는 분업이 철저히 이루어지던 시대였던 반면, 지금은 이 모든 것이 흔들리고 있다. 맞벌이 비중이 계속해서 올라가고 있는 것이 현실인데 한 명이 그만두고 육아를 전담하라고 말하는 것도 적합한 대안은 아니다.

지원이 확대되고 문제의식을 느낀다는 자체는 반가운 일로, 비판할 수 없다. 그러나 제도의 개선과정에서 충분히 의견수렴을 하고 있는지는 모르겠다. 육아를 하면서 육아를 하지 않는(혹은 해 보지 않은) 사람들이 대책을 세우기 때문에 공허한 대책이 나온다는 생각이 든다. 그냥 돈을 주면 낳을 거라고 생각하니 몇 년간 몇백 조를 쏟아부었다는 공허한 기사만 나부낀다. 돈을 받으니 좋기도 하고 돈이 많으면 당연히 더 좋겠지만, 절대적으로 경제적으로 어려웠던 기성세대에서 아이를 더 많이 낳았다는 것을 봐도 돈이 전부는 아닐 것이다. 자신의 자녀를 키운다는 특수한 상황에 대해 돋보기를 들고 자세히 들여다보아야 좋은 대책을 세울 수 있다.

선거가 있고 청문회를 할 때면 항상 자녀 문제가 입길에 오르고는 한다. 성공한 이들 대부분 자녀가 한국에 없거나, 한국에 있더라도 이러한 영향을 받지 않는다는 데 주목하게 된다. 물론 개인의 자발적인 선택으로 외국으로 떠났을 수도 있다. 그러나 분명한 건 당사자 문제가 아니라면 절박하지 않다는 거다. 이익의 대상이 아니라 내 자식이 겪는 문제라 생각하고 본다면 접근이 달라질 것이다. 돈으로 저출산을 해결할 수 있다고 생각하는 사람이라면 먼저 자신의 가족이, 한두 푼의 돈으로 의사결정을 바꿀 것인지 반문해 보자.

사회가 모든 것을 다 해결해 줄 수는 없고, 결국은 개인의 결심이 필요한 일이다. 하지만 최선을 다해 보지 않고 그냥 안 된다고 생각하는 것은 우리 사회의 방식이 아니지 않은가. 일과 가정을 양립시키는 가장 쉬운 방법은 개인이 쉬어 갈 수 있게 해 주면 된다. 그러나 우리 사회는 쉬운 해결책은 놔두고 계속해서 개인을 극한으로 내몬다. 여기에서도 효율이 작용하는지 계속해서 조금씩 돈을 올려 주면서 사람들을 시험한다. 사회가 요구하는 잔혹한 기준을 맞추려는 사람들은 결국 양육의 어려움으로 아이 낳기를 포기하고, 그것이 오늘날 저출산사회를 만든 것은 아닐까. 우리 사회에 의식의 대전환이 필요하다.

통계로 톺아보기 소득과 반비례하는 출산자녀

저출산 극복을 위해서는 다양한 측면을 고려해야 함에도, 지금까지 우리는 너무 단편적인 정책만 제시해 왔다. 현금 지원이 단순하고 효과도 좋겠지만 현금 지원이 전부는 아닐 것이다. 돈이 없어서 안 낳는 것이 아니라, 돈이 많을수록 더 낳지 않는다는 통계가 이를 보여 준다. 한국경제연구원의 분석에 따르면 저소득층의 출산율이 2010년에서 2019년까지 10년간 51%가 감소했고, 고학력층의 경우 48.1%가 감소했다고 밝히고 있다.[13] 전체 합계출산율은 25%가량 감소했으니 저소득층이나 고학력층에서는 그 감소폭이 두 배에 달하는 셈이다. 이렇게 극단적으로 다른 상황에 동일한 대책을 내놓아서는 효과를 보기 어렵다.

제 커리어에 육아는 없었습니다만

초혼 신혼부부의 소득(근로·사업소득) 구간별 출산자녀 현황 (단위: 명)

	2015	2016	2017	2018	2019	2020	2021	2022
합계	0.82	0.8	0.78	0.74	0.71	0.68	0.66	0.65
1천만 원 미만	0.89	0.9	0.86	0.81	0.81	0.76	0.77	0.77
1천~3천만 원 미만	0.87	0.85	0.84	0.82	0.79	0.76	0.74	0.71
3천~5천만 원 미만	0.85	0.84	0.82	0.8	0.77	0.72	0.73	0.72
5천~7천만 원 미만	0.78	0.77	0.75	0.73	0.7	0.67	0.66	0.66
7천~1억 원 미만	0.72	0.7	0.71	0.63	0.6	0.58	0.55	0.55
1억 원 이상	0.7	0.68	0.67	0.61	0.58	0.58	0.55	0.57

위의 표는 신혼부부의 소득구간별 출산자녀 현황이다. 2015년부터, 2022년을 제외하고는 일관되게 소득이 가장 높은 1억 원 이상에서 자녀를 가장 덜 낳고 있고, 소득과 출산자녀의 수는 반비례한다.

얼마 전 회계법인에 있는 지인에게 이야기를 들어 보니 육아휴직을 했던 회계사가 직장을 결국 그만뒀는데, 도저히 일을 하면서 아이를 같이 키울 수 없어서 퇴사했다고 한다. 결국 이렇게 커리어나 소득을 포기하지 않고서는 아이를 키울 수 없다고 생각하니 사람들은 아이를 낳을 수 없는 건 아닐까.

돈을 많이 버는 사람일수록 아이를 덜 낳는다는 단순한 통계만 보아도, 현재의 우선순위가 돈은 아니라는 것을 알 수 있다. 돈을 잘 벌면 더욱더 일에 욕심이 나고, 일과 가정을 양립하는 것이 힘든데 직장을 포기할 순 없으니 출산율이 하락하는 것이 우리 사회의 모습이다. 어쩌면 이들은 추락에 대한 두려움이 더 큰 게 아닐까? KDI의 연구에 따르면 경력 단절이 출산율 감소의 40%를 설명한다.[14] 이 연구 결과 역시 소득이 많을수록 아이를 낳기 어려워 한다는 것과 맞닿아 있다. 아이를 낳고 키우기 위해 많은 것을 포기해야 하는 사회가 아니기를 바란다.

제 커리어에 육아는 없었습니다만

맡기기도 힘든데,
맡기기는 불안해

일과 가정의 양립을 지원하기 위해, 우리 사회는 돌봄을 확대하고 있다. 이제는 밤늦게까지 아이를 봐 줄테니 마음껏 일해도 된다는 시성에 이르렀다. 그렇다고 해서 부모들이 아이를 편안히 맡기고 일할 수 있을까? 2년간 아기를 맡겨 보려 무던히도 노력했던 경험을 떠올리면 쉽지 않은 일이다. 물론 개인의 성향 차일 수도 있다. 주변에 맞벌이가 많다 보니 아기 맡기는 것을 많이 추천받았다. 하지만 나는 아기를 맡기는 것이 썩 내키지 않아 계속해서 갈 팡질팡했고, 24개월이 되어서야 겨우 아기를 어린이집에 맡길 수 있었다.

기회가 없었던 것도, 시도하지 않았던 것도 아니다. 아내의 복직 초기에 아기를 맡길 뻔했다. 초보 아빠라 별생각이 없었던 것인지, 회계법인은 보통 1~3월이 연중 가장 바쁜 시기인데, 이때 부지런히 일하면 경제적으로 조금 여유 있게 육아를 할 수 있지 않을까 생각했다. 그래서 아내가 복직하고 나서 시간제보육을 알아보았다. 아내가 재택근무를 하는 덕분에 시간제보육을 하는 분이 집으로 와서 아기를 본다면, 뉴스로 보도되는 학대와 같은 사건도 일어나지 않을 것 같다고 생각했다. 그렇게 시간제보육을 예약하려던 찰나에, 장모님께서 어린아이를 어떻게 맡기냐며 직접 봐 주시겠다고 하여 일이 있는 날에는 장모님이 아기를 보시게 됐다.

그것도 쉬운 일이 아니었다. 외할머니는 그래도 자주 봤기 때문에 아기가 적응에 어려움이 없을 줄 알았는데 10개월 정도로는 아직 기억력이 완전하지 않은지 장모님께 아기를 맡겨도 아기가 계속 울었다고 한다. 그런 이야기를 들으니 일을 나가서도 마음이 편하지 않고, 일을 하는 도중에 일찍 집에 들어가기도 했다. 물론 내가 다시 나갈 때 아기가 쫓아와서 통곡하는 바람에 더 난감했다. 다행인지 불행인지 2023년 초에 경기가 급격히 위축되면서 일을 줄일 수 있었다. 아쉬운 건 기껏 일을 줄이고 나니, 아기가 장모님께 익숙해져서 잘 지내기 시작했다. 그래서 종종 회의에 참석하거나 짧은 업무를 볼 때는 장모님 댁에 아기를 맡기고 가기도 하고, 강의와 같이 길게 빠져야 할 일이 있을 때는 장모님께서 직접 오시기도 하며 어찌어찌 버텨 나갔다.

제 커리어에 육아는 없었습니다만

그러다가 또 한번 큰 갈등의 시기가 찾아왔다. 우리 동네는 영유아 비율이 높아 아이 하나로는 어린이집 보내기가 어렵다. 그래서 어린이집 대기 순번이 턱없이 밀려 어린이집에 보내는 건 불가능하다고 생각하고 있었는데 어느 날 갑자기 벼락같이 연락이 왔다. 어린이집이라는 전화에 순간 보이스피싱이 아닐지 의심했을 정도다. 앞 순번에서 모두 포기했기에 기회가 왔다고 했는데 우리가 포기하면 다음 순번에 연락을 줘야 해서 고민할 시간은 단 하루뿐이었다. 결국 하루의 고민으로는 계획했던 흐름을 돌릴 수 없었고 어린이집도 집에서 가깝지 않았기에 우리도 포기했지만, 가끔씩 내가 거절한 일이라는 생각 때문인지 그때 어린이집에 보냈다면 어땠을까 하는 생각을 하기도 했다(지금 나는 안 보내길 잘했다고 생각한다. 육아상담을 하던 선생님도 어차피 아이는 지겹도록 가게 될 것이니 굳이 빨리 보내시 않아도 된다고 답변을 해 주셨다).

그렇게 또 아기와 함께 시간을 보내던 와중에 복잡하게 일이 꼬인 날이 있었다. 육아로 일을 많이 줄이다 보니 벌이에 대한 욕구가 높아졌는데 다른 강사가 취소를 했는지 갑작스레 강의 요청이 들어와서 별 고민 없이 수락해 버렸다. 장모님께서 봐 주실 수 있을 거라고 쉽게 생각했던 것도 있다. 그런데 강의를 수락하고 조금 지나 장모님께서 코로나19에 걸리셨다. 강의는 일정이 정해지면 변경도 어렵기 때문에 그때부터 다시 시간제보육을 알아보기 시작했다. 종일 하는 강의가 아니라 하루 2시간씩, 이틀에 걸쳐 하는 강의였기에 시간제보육을 통해 해결할 수 있을 거라 생각했다. 이번에는 지난 경험이 있기에, 맡기는 시간을 서서히 늘리며 아기가 적응할 기간을 주기로 했다. 그러다 보니 시간제보육 3~4시간 맡기겠다고, 적응을 위해 아기를 10시간을 맡겨야 하는 아이러니가 발생했다. 아기에게 미안했지만 어쩔 수가 없었다. 강의를 하겠다고 약속은 한 뒤고, 나는 바로 아기를 적응시키려 시간제보육 시설에 방문했다.

선생님도 친절하고, 시설도 잘 되어 있고 모든 건 다 좋았는데 새로 와 본 시설에 아기가 낯설어 하는 것이 큰 문제였다. 아기가 1주일이면 충분히 적응할지도 의문이지만, 한편으로는 나도 아기를 맡길 자신이 없었다. 남들은 아기를 맡기고 자유가 생기면 좋다고 하는데, 자유가 생겨도 마음이 편하지 않을 것 같았다. 그리고 고작 2~3시간 맡기려고 적응에 쓰는 시간이 10, 20시간이 될 것 같았고 하루뿐이지만 아기가 당황하게 될까 봐 결국 나는 아기를 맡기지 못했다. 며칠을 고민하다가 결국 아내가 하루는 반차, 하루는 유연근무를 사용하는 것으로 어찌어찌 해결을 보았다.

가족 아닌 남에게 처음으로 아기를 맡겨 본 것은 아기가 19개월이 되었을 때였다. 아빠는 처음이라 잘 몰랐는데, 어린이집에 보내는 것도 2월에 준비해서 3월에 가는 것이 아니라 전년도 말에 미리 정해지는 것이라 먼저 알아봐야 했다. 동네 어린이집에 대기만 걸어 놓고 아무 생각이 없었는데, 대기가 너무 길어 보낼 수 있

제 커리어에 육아는 없었습니다만

을지도 불확실했다. 그래서 이 사실을 알게 된 후 차를 타고 갈 만한 거리의 어린이집들을 찾아보기 시작했다.

마침 알아보던 어린이집 중 자리가 날 것 같은 어린이집이 있었는데, 그 어린이집은 시간제보육도 시행하고 있었다. 유달리 친구를 좋아하는 아기가 "친구~"를 외칠 때 마다 동네의 육아종합센터 등에 가서 친구를 만나게 해 주려 했지만, 아빠 육아의 한계로 고정적으로 만날 만한 친구를 찾아 주지는 못했기 때문에, 어린이집 적응 차원에서 시간제보육에 잠깐 맡기면 좋겠다고 생각했다. 그렇게 아기에게 친구를 만나러 간다 하고 시간제보육에 아기를 1시간만 맡겨 보았다.

아기는 처음에는 친구들이 있고 새로운 놀잇감이 있으니 아빠가 가는지 신경도 쓰지 않고 잘 놀아서 앞으로 이렇게 자유시간이 생기는 줄 알았다. 하지만 초보 아빠의 착각이었으니, 선생님께서 아기가 처음에는 멋모르고 잘 있지만 곧 부모를 찾게 되리라고 말씀하셨다. 그렇게 꿈과 희망(?)을 가지고 다음 달의 시간제보육 스케줄을 예약해 놨는데 결국 사나흘 보내도 아기가 아빠를 찾으며 엉엉 울길래 마음이 약해져서 맡기는 것을 포기했다. 마침 동네의 어린이집에 대기입소가 가능하다고 연락을 받아 굳이 그 어린이집에 억지로 적응을 시켜야 할 필요성이 없어지기도 했다. 이렇게 수많은 시도 끝에 24개월이 되어서야 아기를 어린이집에 보낼 수 있었다.

이렇게 할 수 있었던 건 내가 어느 정도 포기했기 때문이다. 일에 대한 욕심을 버리지 못했다면 아기는 더 빨리 어딘가에 맡겨졌을 것이다. 물론 그게 아기에게 더 좋았을 수도 있다. 그런데 그게 내키지 않았다. 아직 말 못하는 우리 아기의 마음은 알 수 없지만 어린이날 설문을 보면 그래도 내 생각이 맞을 것 같다. 충남교육청에서 어린이날을 맞아 설문조사를 한 결과 어린이날 가장 하고 싶은 일은 '가족과 함께 나들이'였고, 어린이날이 아니더라도 가장 행복하다고 느끼는 순간으로는 가족과 함께 있을 때를 택했다.[15] 이렇게 아이들이 원하는 것은 부모가 일만 하는 것이 아니라 함께 시간을 보내주는 것이다. 그런데 정작 부모에게 시간을 주지 않으면서 많이 낳으라고 말할 수 있을까?

앞으로 늘봄학교라는 장시간 돌봄제도가 시작된다. 우리나라가 후진국이었다면 고육지책일 수 있다. 하지만 우리는 지금 앞으로는 G5를 말하는데, 뒤로는 장시간 노동을 이야기하는 모순 속에 있다. 단기적으로 돌봄을 확대하는 것은 물론 필요하지만, 장기적으로는 아이들에게 부모가 필요하다. 사람을 단순히 노동력으로만 보는 것이 아니라면, 아이들에게 부모를 돌려주자.

제 커리어에 육아는 없었습니다만

통계로 톺아보기 맞벌이는 개인의 욕심일까?

우리 사회가 모순적이라 생각하는 것 중 하나는, 육아의 고단함을 말할 때는 맞벌이를 선택으로 취급하면서 사회적으로는 일하는 여성에 더 의미를 부여한다는 것이다. 과연 맞벌이는 욕심 많은 부모들의 문제일까?

여성가족부에서 발간한 《2023 통계로 본 남녀의 삶》에 따르면 맞벌이 가구의 비율은 2015년 44.2%에서 2022년 46.1%로 증가폭이 크지 않아 보인다. 그러나 구체적인 통계로 들어가면 이야기가 달라진다. 18세 미만 자녀가 있는 경우, 맞벌이 비율은 2015년 47.2%에서 2022년 53.3%까지 증가하였으며 특히 6세 이하 자녀를 둔 경우의 맞벌이 비율은 2015년의 38.1%에서 2022년 47.5%로 크게 증가하였다.

어린 자녀를 낳아 키우는 시기인 20~30대의 맞벌이 비율도 크게 상승하고 있다. 20대는 2015년 36.6%에서 2022년 50.1%로, 30대는 2015년 43.5%에서 2022년 54.2%로 증가하는 등, 결혼 초기에 어린 자녀를 키우는 연령대 부모의 맞벌이 비중이 크게 높아지고 있다. 기존의 외벌이 환경이 점차 맞벌이로 변해 가고 있다 보니 전체적인 통계 수치의 변화는 낮아 보이지만 출산과 육아가 주요 과업인 세대에서는 맞벌이가 급격히 늘고 있는 것이다. 여기에 출산 전후의 경력단절까지 고려하면 맞벌이를 하고 싶은 비율은 더 높을 수 있다. 결국 맞벌이는 특정 개인의 욕심으로 치부할 것이 아니라 사회적인 분위기나 상황이 맞벌이로 가지 않을 수 없도록 만들고 있는 셈이다.

　세계적으로 유명한 여성 경제학자 엘리자베스 워런은 그녀의 책《맞벌이의 함정》에서 맞벌이 가정의 경제적 위기에는 사회 구조적 모순이 있음을 밝히고 있는데 맞벌이가 확대되어도 개인은 살기가 어려운 것이 비단 우리 사회의 문제만도 아닌 듯하다.

　그럼에도 불구하고 맞벌이를 하는 데는 여러 이유가 있을 수 있다. 경제적으로 꼭 필요해서일 수도 있고, 개인의 자아실현을 위해서일 수도 있다. 맞벌이로 인한 효익이 오롯이 부모에게 간다면 부모가 양육의 부담을 전부 지는 게 공정하다. 그렇지 않다면 맞벌이로 인한 이익을 크게 누리는 집단이 그에 따르는 비용을 함께 부담해야 할 것이다. 현재의 상황을 돌아보면 개인은 비용을 초과해서 지출하고 있다. 저출산인 현 상황이 이를 대변한다. 그렇다면 맞벌이로 이익을 보는 다른 집단은 누구일까? 노동의 공급이 증가해 이익을 보는 것은 좁게는 기업, 넓게는 사회다. 이들은 충분한 비용을 지불하고 있는지 의심할 수밖에 없다. 결국 수혜자인 기업과 사회가 적절한 비용을 부담하도록 설계하는 것이, 즉 부모의 부담을 나누어 지는 것이 저출산 문제 해결의 첫걸음이다.

국가가 키워 준다고요?
맡기면 다 되나요?
―아이의 중이염

우습게도, 아기 키우는 걸 약간 군대같이 생각했다. 2년은 내가 열심히 양육을 하고 어린이집에 보내면 나는 다시 사회로 돌아갈 수 있을 것 같았다. 심지어 군대와 달리 아기는 매우 사랑스러운 존재였다. 오래도록 아기와 시간을 보내고 친해지다 보니 아기를 맡기는 게 더 내키지 않는 마음이 있었다. 육아 선배들이 말하길 아기가 어린이집에 가는 순간부터 많이 아플 것이라고 했다. 아기가 아프면 어린이집에 가지 못하고, 누군가는 아기를 돌봐야 하니 복직을 빨리하는 게 좋은 것이 아니라고 말해 주었다. 다시 일을 하며 정신없는데 거기에 아기가 아프면, 복귀하자마자 휴가를 쓴다고 하기도 눈치 보이지 않겠는가. 그래서 아기를 어린이집에 보내고 천천히 일자리를 찾아 복귀하는 쪽으로 계획을 바꾸었다.

그렇게 아기는 어린이집에 갔고, 적응기간을 보냈다. 첫 주는 부모와 함께 한 시간씩 있다 왔기에 아주 신나는 한 주였다. 다음 주는 부모 없이, 아기만 2~3시간 있다가 돌아오는 일정이었다. 부모와 떨어지니 당연히 아기는 울었지만, 그래도 우리가 없을 때 친구들과 잘 놀았다고 한다. 양육하는 동안 잔병치레가 잦지는 않았던지라, 아기가 특별히 아프지는 않을 거라 생각했다. 우리 아기는 또래에 비해 키도 덩치도 큰 편이기도 했다. 그렇게 적응 2주 차부터는 아기를 맡기고 근처 카페에서 두 시간 정도 업무를 하며 여유를 즐겼다.

그런데 부모 없이 어린이집에 간 3일차에 바로 연락이 왔다. 아기가 열이 나서 데려가야 한다는 것이었다. 열은 37.6도 정도였고 이 정도면 그냥 있을 수 있는 미열이 아닌가 싶었지만 데려올 수 있었기에 주저 없이 아이를 데려왔다. 바로 복직하지 않은 게 다행이었다. 어쩌면 내가 회사에 있었다면 그 정도는 문제 없는 거 아니냐고 항의했을지도 모른다. 아니면 회사로부터 입사하자마자 휴가를 쓰는 진상으로 찍혔거나.

집에 돌아온 아기는 열이 없었고 나와 신나게 잘 놀았다. 그래서 하루의 해프닝이라고 생각했다. 다만, 아기의 컨디션과는 달리 계속 콧물이 났다. 어린이집에 콧물을 달고 다니는 아기들이 몇 있었는데, 아마 이 친구들에게 옮았겠거니 싶었다. 이때 병원에 빨리 데려갔어야 했는데 심하지 않길래 금방 낫겠지 하고 기다리는 어리석은 판단을 하고 말았다.

어린이집 적응 3주차는 어린이집에서 낮잠까지 자고 하원하는 것이라, 이제부터는 하루에 5~6시간의 자유시간이 생길 거라 기대했다. 고대하던 자유에 대한 마음도 조금 있었고, 3월은 회계사에게 바쁜 시기라 일도 제법 있었다. 등원시키고 여유시간에 일을 하면 될 거라 생각했다. 그런데 아기는 첫날에는 낮잠을 잘 자지 못해서 조금 일찍 하원했는데, 이때까진 괜찮았다. 둘째 날은 아침에 자는 아기를 토닥이는데 너무 뜨거웠다. 체온계로 온도를 재어 보니 39도가 넘었다. 어린이집에 아기를 보낼 수 없다고 이야기하고 바로 아기를 병원에 데려갔다. 병원에서 아기가 중이염이라며 2주에서 최대 4주까지 약을 먹어야 한다고 했다. 심지어 의사 선생님은 아기를 어린이집에 보내지 않는 쪽을 '권고'했다. 안 보내야 빨리 낫지만, 상황이 어쩔 수 없으면 보낼 수밖에 없는 것 아니냐고 말이다.

나는 어쩔 수 없는 상황인가? 다행히 복직을 미뤄 두었기에 내가 보려면 볼 수는 있었다. 열이 내릴 때까지는 아기를 맡아서 보고 괜찮아진 다음에는 오전에만 어린이집에 보냈다. 적응기간이라 완전히 빠지는 것도 좀 곤란할 것 같아 고민 끝에 타협한 셈이었다. 그렇게 낮잠 적응 중간에 결석했던 우리 아기는 어린이집에서 쉽게 낮잠에 적응하지 못했고, 한 달 반이 걸려 겨우 적응할 수 있었다.

나는 운 좋게도 아기를 데리러 갈 수 있는 부모였지만 대부분의 부모는 그렇지 못하다. 만약 어딘가에 다시 취업해서 출근하고 있었다면, 나도 아기를 찾아올 수 있었을까? 전전긍긍하다 아내와 서로 네가 가라며 다퉜을지도 모를 일이다. 아기가 수족구에 걸렸을 때는 원래대로였다면 내가 강의가 있을 때였다. 강의가 있는 와중에 아팠더라면 아내도 바쁜 상황이라 난감했을 것이다. 다행히도 수강생이 모이지 않아 강의가 하반기로 연기되었다. 수족구로 아기는 1주일 넘게 결석했는데 아기가 예고하고 아픈 게 아니니 앞으로도 이럴 수 있겠구나 싶었다. 보육제도를 확대하며 국가가 아이를 키워 준다고 이야기하는데, 이런 상황에 맞닥뜨리니 근본적인 의문이 들었다.

첫 번째는 "왜요?"라는 생각이다. 사람들은 아이에 대해 부모의 책임을 이야기하는데, 왜 갑자기 국가가 키워 준다고 하는지 모르겠다. 백번 양보해서 국가가 키워 준다고 하자. 그러면 국가가 잘 키워 줄 수 있을까? 국가가 키워 준다는 말은 왜인지 앞에 "대충", "막" 이런 글자가 빠져 있는 느낌이다. "그냥 두고 가, 애들은 그냥 커." 이런 인식의 수준으로 국가가 키워 준다고 하는 것 아닐까? 지금 아이를 양육하는 부모들은 달라진 세상의 기준에 맞추기 위해 공부도 하고 신경 쓸 것도 많고 온 마음을 다해 아이를 키우는데 국가에서도 그만큼의 정성을 들일지 모르겠다.

결정적으로 국가가 키우다가 애가 아프면 결국 내가 키워야 할

텐데 이게 무슨 국가가 키워 주냐는 것이다. 아픈 아이는 시설에 둘 수 없다. 이것은 단체생활에서 어쩔 수 없는 부분이다. 아픈 아이를 시설에 두었다가 다른 아이에게도 옮으면 안 되니 아플 때 데려가라고 하는 건 당연하다. 그런데 과연 그때 바로 아이를 데려가고, 대응할 수 있는 부모가 얼마나 될까? 출산휴가/육아휴직으로 끝나는 게 아니라 이게 더 큰 문제다. 회사는 회사의 스케줄에 따라 돌아가는데, 갑자기 아이가 아프다고 일주일씩 쉬겠다고 하면 회사에서, 동료들이 좋아할까? 우리 사회는 예측 가능한 것을 좋아하지만 아이를 키우는 것은 계속된 돌발상황의 연속이었다. 결국 부모가 되면 한동안은, 어쩌면 영원히 돌봄이라는 굴레에서 벗어날 수 없는데 일과 가정의 양립이 정말 가능한 것일까? 아무리 생각해도 기만이라는 인상을 지울 수 없다.

　가장 쉬운 방법은 아이를 양육하는 사람들에게 휴가를 더 주는 것이다. 아이를 키우면 손이 가는 경우가 한둘이 아닐 것이다. 그런데 법적으로 부여된 1년에 15일의 연차휴가 내에서 이것을 해결하려고 하니 쉽지 않다. 아이가 한 달에 한 번만, 하루씩 아픈 것도 아니지 않는가. 가족돌봄휴가가 있지만 열흘에 불과하고 이마저도 무급이다. 게다가 육아를 하는 부모들은 자신의 휴식시간을 온전히 아이의 양육에 투입해야 한다. 결국 휴식은 부족해지고, 더 힘들다고 느낀다. 아이는 네가 낳았으니 이게 당연한 것이라고 생각할 수도 있다. 이렇게 양육을 개인의 책임하에 가둬 버리니 점점 더 사람들은 자신의 책임을 가볍게 하고 싶어서라도 아이를 낳지 않는다. 아기를 낳으니 정부에서 돈도 주고, 회사에서 휴가도 주고, 승진도 시켜 주고, 이렇게 많은 혜택을 준다 해도 출산이 늘어날지 모르겠지만 심리적 장벽은 조금이라도 낮출 수 있지 않을까. 지금의 분위기에서 아이를 낳는 것은 환영받지 못한다는 느낌이 든다.

나처럼 다른 부모들도 아이를 맡기며 마음이 마냥 편하지는 않을 것이다. 작은 손해에도 민감한 우리 사회는 가만히 보면 아이에 대해서만은 대범해지라고 한다. 그만큼 우리가 아이를 경시하는 것이다. 아이를 경시하면서 많이 낳으라는 것은 앞뒤가 맞지 않는다. 부모의 입장에서 돈이야 없어도 다시 벌면 되지만 아이가 잘못되면 그건 돌이킬 수 없다. 부모들이 아이를 과하게 키우는 것만 문제가 아니라 우리 사회가 아이를 너무 거저 키우려고 하는 것도 문제다. 일에 아이를 맞추지 말고, 아이에게 일을 맞추려는 패러다임의 전환 없이 저출산 해결은 어려워 보인다.

제 커리어에 육아는 없었습니다만

주위에서 외주를 주면 아이를 키울 만하다고 한다. 나 역시 아기를 어린이집에 보내고 나서 육아가 조금은 수월해졌다고 느낀다. 보육통계를 보면 0세반(세는 나이로 2살까지) 아동의 어린이집 취원율은 약 20%이다. 뒤집어 말하면 80%의 아동은 누군가가 가정에서 보고 있다는 것이다. 취원율은 1세반(세는 나이 3세), 2세반(세는 나이 4세)에 급격히 상승하여 각각 79.3%, 88.4%를 나타내고 3~5세는 모두 88.x%를 보이고 있다.[16] 이렇게 많은 부모들이 아이가 어느 정도 성장한 후에야 아이를 기관에 맡긴다.

보육실태조사에 따르면 취업모 가정의 어린이집 영아 비율은 34.3%라고 한다. 이는 코로나19로 인해 이전 조사에 비해 20% 가량 감소한 수치로 2015년과 2018년 조사에서는 각각 53.2%와 55%였다.[17] 일과 가정을 양립해야 하니 어린이집에 맡기는 경우가 절반을 넘는다. 그런데 아이를 직접 키우기도 어려운데, 맡기기도 어렵다. 게다가 맡기자니 불안하다. 그러면 힘들게 아이를 낳아서 어떻게 하란 말인가? 빨리빨리, 대충대충, 적당히는 아이 키우기 좋은 사회와는 맞지 않다.

어린이집 현황을 보면 정원은 약 140만 명인데 현원은 약 100만 명으로 넉넉한 것처럼 보인다. 게다가 만 3세부터는 유치원도 보낼 수 있으니 실제 정원은 더 여유 있다고 생각할 수도 있다. 그러나 사람들이 서로 보내고 싶어 하는 국공립 어린이집은 전체 어린이집의 21%에 불과하다(전체 28,954개 중 국공립 6,187개). 민간이 8,886개, 가정형이 10,692개로 여전히 어린이집은 공공보다 민간 비중이 높다. 그나마 2014년에는 5%대에 불과하던 것에서 많이 증가한 것이다. 2014년에는 어린이집이 43,742개였지만 국공립은 2,489개로 국공립은 10년간 많이 증가했지만 민간 어린이집은 계속해서 감소해 왔다. 저출산의 여파로 어린이집이 문을 닫고 노인시설이 증가한다는 기사가 통계로도 드러난다.

단순히 국공립을 선호해서 어린이집에 보내기 어려운 것만도 아니다. 지역별/연령별 미스매치가 있다. 3세부터는 유치원에 갈 수 있으니 어린이집의 정원이 남을 수 있지만, 2세 이하에서는 어린이집 외에는 선택지가 없다. 2023년 주민등록 인구통계를 연령별로 보면 0세가 22.6만, 1세가 25.4만, 2세가 26.7만이다. 그런데 어린이집의 연령별 보육아동 현황을 보면 0세가 12.3만, 1세가 23.8만, 2세가 26.3만 명이다. 연령별 정원 통계는 찾을 수 없어 정원과 매칭해 볼 수는 없지만, 1, 2세의 경우 해당 연령 인구와 어린이집 보육현황의 차이가 크지 않은 것으로 보아 정원을 채우고 있는 것으로 보인다. 결국 영아기에는 보육수요가 있어도 정원이 거의 꽉 차 있어 어린이집에 보내기 힘들 가능성이 높다. 게다가 지역별로 보육아동비율과 인구를 비교해 보면 어느 지역에서는 인구보다 보육아동의 비율이 높게 나타나기도 한다.

주민등록인구와 보육통계 모두 12월 기준이긴 하나 통계 목적이 다른

제 커리어에 육아는 없었습니다만

연령별 인구와 보육아동 현황 (단위: 명, %)

	인구			보육아동			비율		
	0세	1세	2세	0세	1세	2세	0세	1세	2세
전국	225,958	253,595	266,619	123,453	237,848	263,162	55	94	99
서울	37,771	41,087	43,013	19,456	37,044	39,384	52	90	92
부산	12,620	14,371	15,046	5,702	13,114	14,472	45	91	96
대구	9,288	10,675	11,476	4,867	10,524	11,751	52	99	102
인천	13,892	15,920	16,423	7,474	14,592	16,342	54	92	100
광주	6,065	7,459	8,038	3,954	7,591	8,206	65	102	102
대전	7,161	7,920	7,984	3,753	7,122	7,607	52	90	95
울산	4,959	5,392	6,090	2,425	5,569	6,154	49	103	101
세종	2,639	3,184	3,612	1,603	3,267	3,505	61	103	97
경기	68,030	77,729	80,214	38,280	71,136	78,901	56	9%	98
강원	6,637	7,442	7,592	3,473	6,635	7,486	52	89	99
충북	7,487	7,638	8,380	3,900	7,802	8,520	52	102	102
충남	9,312	10,541	11,393	5,384	10,572	12,027	58	100	106
전북	6,478	7,165	7,677	4,250	6,986	8,022	66	98	104
전남	7,663	7,997	8,542	4,045	7,583	8,495	53	95	99
경북	9,967	11,247	11,752	5,414	10,498	11,937	54	93	102
경남	12,805	14,184	15,477	7,304	14,071	16,293	57	99	105
제주	3,184	3,644	3,910	2,169	3,742	4,060	68	103	104

탓에 숫자가 정확히 맞지는 않는다. 다만 서울의 경우 아동의 숫자가 급격히 감소하고 있기 때문에 어린이집이 아이 숫자에 비해 많은 것으로 보이지만, 다른 광역시의 경우 부족한 경우도 많다. 강원도와 같이 지역이 넓은 곳은 실제로는 어린이집을 이용하기 어려움에도 통계상으로는 문제가 잡히지 않을 것이다.

어린이집 미설치 지역(행정동 기준)

시도별	2021	2022	2023
전국	554	560	597
서울	4	4	4
부산	6	8	11
대구	3	2	7
인천	9	8	8
광주	6	4	4
대전	1	1	1
울산	3	3	3
세종	2	2	4
경기	17	15	17
강원	30	31	35
충북	38	37	39
충남	52	53	59
전북	75	76	81
전남	96	97	101
경북	107	111	112
경남	103	106	109
제주	2	2	2

어린이집 통계 중 미설치 지역 통계가 있다. 전남, 경북, 경남의 경우 미설치 지역이 100곳이 넘는다. 어린이가 사라져서 지역에 문제가 발생한 것인지, 지역의 문제로 인해 어린이가 사라진 것인지 무엇이 먼저인지는 알 수 없다. 그러나 이렇게 어린이집에 보내기도 어려운 상황에서 지역의 출산율이 나아지기를 기대하는 것은 어렵다.

제 커리어에 육아는 없었습니다만

사라지는 어린이들보다 소아과가 더 많이 사라지고 어린이집이 더 많이 사라지면, 아이 키우기는 더 힘들어질 것이고 저출산은 더 가속화될 것이다. 지역소멸과 저출산은 서로가 역시너지를 내고 있는지도 모를 일이다. 악순환의 고리를 끊을 수 있게 너무 효율성에 치우치지 않는 적극적인 투자가 필요하다. 진짜 일·가정의 양립이 가능하도록 근로시간을 조정하거나 보육여건을 획기적으로 개선해야 한다.

처음엔 누구나 그럴듯한
계획을 가지고 있다

일과 육아를 양립하기 위해서는 삶이 예측 가능해야 한다. 아기를 키우면서 일상이 반복될 때마다 계획을 세워 무언가를 하려고 노력했다. 하지만 일상을 찾아보려 노력하는 나의 기대는 여지없이 무너지는 경우가 많았다. 그래서 포기는 배신하지 않는다는 생각을 한 것이다. 포기는 배신하지 않는다는 말 못지않게 아이를 키우며 가장 많이 떠올린 말 중 하나가, 타이슨의 "처음엔 누구나 그럴듯한 계획을 가지고 있다. 두드려 맞기 전까지는."일 거라고 상상이나 했을까? 우리 사회를 살아가며 정신없이 두드려 맞다 보면 아기를 키우는 건 계획에서 뒤로 밀릴 수밖에 없었다. 이것을 개인의 문제라 생각해 많이 자책했었는데, 어느 날 문득 상황을 달리 보게 됐다.

제 커리어에 육아는 없었습니다만

아내의 직장은 재택근무가 가능한 대신에 바빴다. 재택근무의 장점은 언제든 아기를 볼 수 있다는 것이지만, 단점은 언제든 회사에 불려 갈 수도 있다는 것이다. 나도 직장생활을 했기에 급히 부르면 달려가는 것을 이해는 하지만, 기다림의 시간이 유쾌할 수는 없었다. 하루는 아내가 유연근무를 하기로 하고, 퇴근 후에 아기와 함께 근처로 나가기로 했다. 아기와 함께 외출 준비를 마치고 기다리는데 아내의 회의시간이 길어졌다. 그렇게 아기와 함께 하는 외출일정이 꼬이고 말았다. 엄마를 찾는 아기의 짜증을 받아 줘야 하는 것도 모두 내 몫이었다. 이런 경우가 한두 번이 아니다 보니 아내에게 화가 나기도 했다. 육아를 맡아서 하는 것은 그렇다 치는데, 나와 아기 모두 아내를 중심으로 움직여야 하는 건 아닌가 싶었다.

그러나 한발 물러서서 상황을 바라보면 우리는 아내를 중심으로 움직인 게 아니었다. 회사를 중심으로 움직인 것이다. 아내가 표시해 둔 근로일정은 회사의 상황 앞에 아무런 소용이 없었다. 회사는 급하다는 이유로 개인과의 약속을 무시하는 경우가 비일비재하다. 반대로 개인에게 보육이라는 긴급한 사정이 있어도 회사는 이해해 주지 않는다. 휴가 같은 당연한 권리조차도 그렇다. 힘없는 개인은 그렇게 두드려 맞을 수밖에 없다.

나는 어린 나이에 사회생활을 시작한 탓에 육아 때문에 먼저 가는 직원을 본 경험 자체가 많지 않고, 그런 사람들에게 짜증을 내

본 경험도 없다. 그러나 사람들이 아이 키우는 부모가 갑자기 회사에 나오지 못하면 비난하는 것도 이해는 됐다. 나 역시 일 중심으로 사고하고 살았다. 근데 육아를 하는 입장이 되어 보니 왜 회사는 불쑥불쑥 예고 없이 사람을 부릴 수 있는데 직원은 육아라는 시급한 상황의 이해를 구하기 어려운 것인지, 회사의 스케줄에 회사와 무관한 가족까지 매여 피해를 봐야 하는 것인지 의문이 들었다.

물론 회사는 돈을 주고 근로자의 시간을 샀다. 그러나 사회는 유기적으로 돌아간다. 돈은 엄마에게 준 것이지 내게 준 것이 아닌데 계약을 어김으로써 가족 모두에게 피해를 주는 것은 문제다. 내가 회사를 갑자기 빠져서 동료나 회사에 피해를 줄 수 있는 것처럼 회사 역시 직원에게 급하게 일을 시키면 그 가족과 아이에게 피해를 주게 된다. 서울시와 경기도는 그래서 긴급돌봄, 24시간 돌봄과 같은 제도를 운영하고 있다. 숫자가 충분하지 않아 이용도 어렵지만, 아이를 쉽게 맡겨도 괜찮다고 하는 전제부터가 문제다. 물론 업무 때문만이 아니라 엄마가 아플 때도 이용할 수 있으니 없는 것보다야 당연히 낫겠지만 회사의 시간은 중요하고 개인과 아이와의 약속은 중요하지 않은 우리 사회의 모습이 투영된다. 아이는 말을 못하니 그래도 된다고 생각하는 것일까? 〈금쪽이〉 같은 TV 프로그램을 보고 부모가 아이를 잘못 키웠다고 손가락질하지만, 사실은 우리 사회가 아이를 잘못 키우게끔 만들고 있다.

제 커리어에 육아는 없었습니다만

아기를 키우며, 우리 사회는 아이를 낳기 힘든 사회이기에 저출산에 이른 것이라는 생각을 많이 했다. 나의 의지만으로 되는 것이 아니라, 사회의 공기가 중요한데 그 공기가 아이를 낳고 키우기에 부정적이라는 느낌을 받는다. 《트렌드코리아 2024》에 분초사회라는 용어가 나온다. 효율적으로 시간을 사용하며 분초를 다투며 살아가는 세상을 의미하는 것이 아닐까 싶다. 분초사회가 될 정도로 세상은 발달했지만, 발달한 세상은 우리가 살기에는 피곤하다. 분초에 쫓겨 가면서 사는 사회가 과연 편안할까. 게다가 그 사회에서 부모로 사는 것은 더 어렵지 않을까. 당장 나만 해도 아기를 맡기고 회의에 다녀오려다 보니 짧은 회의임에도 맡기고 찾아오는 데 두 시간을 더 써야 하는 경우가 부지기수였다. '효율'은 아이가 자라나는 데 어울리지 않는 단어다.

우리 사회는 톱니바퀴 같은, 효율성을 극대화한 사회이기 때문에 얻은 이익도 많지만 무언가 하나가 맞지 않으면 줄줄이 엮여서 손해를 보게 된다. 이런 상황에서 출산은 비효율적이다. 아이를 키운다는 건 예측 불허의 순간들이 많기 때문에 정확히 맞물려 돌아가기가 어렵다. 그런데 톱니바퀴처럼 잘 맞물려야만 돌아가는 사회에서 무언가 어긋나면 안 되는 상황은 큰 스트레스가 된다. 나 역시 아기를 보면서 일하는 동안 스트레스를 많이 받았다. 조금만 더 하면 일이 끝날 것 같은데 아기가 갑자기 깨서 일을 멈춰야 하면, 빨리 달려가면 일 때문에 스트레스고, 머뭇거리면 나쁜 아빠라는 생각에 스트레스였다. 멈춘 일을 다시 돌아와서 이어 하려면 시간이 더 걸릴 수밖에 없다. 어린이집에 다니는 지금도 정신없이 일을 하다 시계를 보고 부랴부랴 아기를 데리러 뛰어가기도 한다. 아기를 좀 늦게 데려간다고 큰일 나는 것도 아니지만, 일은 조금 늦으면 큰일 나는 것일까?

우리 사회의 무게 추는 일에 더 기울어져 있고, 계약관계가 있으니 당연히 늦어서는 안 되겠지만 부모의 입장에서 아이와의 약속도 하찮게 여겨서는 안 된다. 결국 무언가를 포기하며 여유를 가져야 하는데 좋아진 세상에서 나만 포기하기 어려운 것은 둘째치고, 어려워진 세상에서 무언가 포기하고 살아가다가는 낙오자가 될 지도 모른다. 쥐어 짜내는 사회에서 혼자만 짜내지 않은 수건으로 남아 있으면, 덜 말랐다고 쓰임이 없어질 것 아닌가. 어쩌면 마른 수건이 되어 버린 사람들도 자녀에게 같은 세상을 물려주고 싶지 않으니 출산을 포기한 것 아닐까.

계획을 세우기 어려운 것이 2년간의 전업육아의 문제만도 아닐 것이다. 세상이 너무 빨리 변해서 예전처럼 미래를 예측하기 어렵다. 모든 주기가 짧아지는데 아기를 키우는 것은 여전히 장기적인 과제다. 대학에 가며 독립한다고 해도 최소 20년은 잡아야 하고, 점점 독립이 어려워지니 그 기간은 길어진다. 그러니 젊은이들에게는 엄두가 나지 않는 과업이 되고 말았다. 나 또한 하루살이처럼 아기를 보지만 가끔씩 아기와 함께하는 먼 미래를 그려 보면 까마득하다. 직장을 10년 다니는 경우도 많지 않은 세상에서, 어떻게 먼 미래를 바라보며 계획을 세우겠는가. 입사해서 바로 출산 휴가에 가면 이상한 사람이니 회사에 적응하고 자리를 잡고 아이를 갖고, 육아휴직을 다녀와서도 바로 퇴직하면 회사에 민폐가 되는 것을 생각해 몇 년을 다니고. 짧게 잡아 각각 2년씩만 잡아도 6년이다. 그런데 지금 회사를 옮기는 주기를 생각하면 6년은 결코 짧지 않다.

옛날을 살아 본 것은 아니니 그때는 미래에 대한 희망이 있었다고 함부로 말하긴 어렵지만, 과거에 비해 변화의 속도가 빠른 것은 맞다. 10년이면 강산이 변하던 게 이제 1, 2년만에 강산이 변한다. 그러니 2년의 육아휴직을 준다고 해도 복직이 쉽지 않다. 계획을 세워 접근하는 것 자체가 어려운 세상이다.

《미생》의 윤태호 작가는 "나는 우리 가정이란 회사의 악성 채무자다"라는 대사가 인터뷰를 통해 나왔다고 했다. 아마 많은 부모가 그런 상황이기에 저런 대사가 나왔을 것이다. 언제 갚을지도 모르는 '악성' 채무자가 되어 버린 건 계획을 자꾸 바꿔 버리는 회사 때문은 아니었을까. 회사가 바쁘면 가정이 이해하는 만큼, 가정에 무슨 일이 있다면 회사도 이해해 주는 세상이었으면 좋겠다. 계획할 수 없는, 계획대로 살기 어려운 세상은 좋아졌지만 도리어 살기는 어려워진 것 같다. 이 공기 속에서 우리는 과연 아이를 낳을 수 있을까?

우리 아기는 건강한 편이라 생각했다. 어린이집에 가기 전 2년간 심하게 아픈 적은 코로나19를 제외하고는 딱히 없었다. 그런데 아기가 어린이집에 가고 두 달, 적응기가 끝나고 한 달 보름만에 내가 병원에 데리고 간 것만 15번이 넘었다. 병원에서 사나흘에 한 번 오라 하니 사실상 계속 약을 달고 산 셈이다. 어린이집에 등원 후 처음 맞이한 어린이날 연휴에도 체했는지 갑자기 토하고 고열이 올라서, 고향에 갔다가 급히 해열제와 체온계를 사느라 폭우를 뚫고 돌아다녔다. 그래도 다행히 좀 나아지는 것 같아 집으로 돌아왔는데 잠이 들 즈음 다시 열이 39도까지 올랐다. 해열제를 써도 쉽게 열이 떨어지지 않길래 교차복용을 하고 중이염 때문인지, 혹시 폐렴이 되거나 한 건 아닌지 인터넷으로 이것저것 찾아보며 다음 날 병원에 가려고 했다.

아침이 되니 열이 내려서 37.5도 정도가 되긴 했다. 이럴 때 어린이집에 보내도 괜찮을지 가장 고민이 된다. 엄마는 출근해야 하고, 아기가 어린이집에 가지 않으면 결국 내가 아기를 봐야 하는데 우리 아기는 엄마가 일하러 가지 말라고 하고 아빠더러 나가라고 한다. 아빠도 바라던 바이니 효녀라고 해야 할지, 바라지만 할 수 없어 스트레스만 받으니 불효인지 알 수 없다. 그렇게 아기는 엄마랑 놀지 못할 바에야 어린이집에 가겠다고 했고 아기를 어린이집에 맡기고 나는 열이 오르면 언제든 찾으러 가야 하니 출동대기 상태여야 해서 무엇도 마음 편히 하지 못했다.

아빠 육아는 비교군이 없다는 것도 어려움 중 하나인데, 우리 아기만 자주 아픈 것인가 싶어 통계를 뒤져 본다. 건강보험심사평가원에서 《생활 속 질병·진료행위 통계》라는 통계책자가 나온다. 우리 아이를 가장 괴롭혀 온 중이염 통계를 보면, 2019년까지 200만 명에 가까운 중이염 환자가 있었는데 코로나19를 거치며 많이 감소했다. 그러나 바뀌지 않는 사실은 감염자의 절반가량이 9세 이하의 아이들이라는 것이다(2022년 기준 45.47%). 연령 통계가 매년 제공되지는 않지만, 2018년 자료를 보면 9세 이하의 아이들이 50%를 넘기기도 한다(2016년, 55.9%). 혹시나 폐렴은 아닐까 하고 철렁했던 적이 있어 폐렴에 대한 통계도 찾아보니 폐렴 환자도 9세 이하의 아이들이 45.26%에 달한다(2022년). 더 구체적인 연령별 통계가 나온다면 아이들의 보육연령을 결정하는 데 도움이 되지 않았을까 싶은 아쉬움도 생긴다.

의사 선생님은 가장 좋은 약은 아이를 기관에 보내지 않는 것이라고 말했다. 5, 6세만 되어도 중이염에 잘 걸리지 않는다고 한다. 성급한 일반화일지는 모르지만, 나는 6세가 되어서야 유치원에 처음 가 보았고 그래서 어릴 때 딱히 잔병치레를 한 기억이 없다. 중이염 같은 건 왜 걸리는지도 모르고 살아왔다.

그럼에도 적응 때문에, 일 때문에 아기를 기관에 맡기며 죄책감과 미안함 등등이 엉켜 마음이 많이 힘들었다. 그런데 문득 그런 생각이 들었

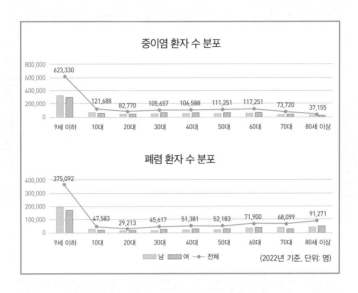

중이염 환자 수 분포

800,000
600,000 623,330
400,000
200,000   121,688 82,770 105,657 106,588 111,251 117,251 73,720 37,155
0
9세 이하 10대 20대 30대 40대 50대 60대 70대 80세 이상

폐렴 환자 수 분포

400,000 375,092
300,000
200,000
100,000   47,583 29,213 45,617 51,381 52,183 71,900 68,099 91,271
0
9세 이하 10대 20대 30대 40대 50대 60대 70대 80세 이상

남 여 전체   (2022년 기준, 단위: 명)

다. 가장 좋은 약은 기관에 보내지 않는 것인데, 우리 사회는 왜 아이들을 기관에 몰아넣고 부모를 일터로 내모는 것인가. 결국 아이를 병들게 하는 것은 우리 사회가 아닌가. 부모의 근로시간이 줄어들기는커녕 점점 연장보육만 강화하고 있는 이 사회의 분위기에서, 대체 어떻게 아이를 낳고 키우라는 걸까.

나는 하정훈 선생님의 《삐뽀삐뽀 119》의 신봉자(?)였다. 누군가는 그가 너무 무리한 것을 요구한다고 싫어하지만 선택은 우리 사회의 몫이고 의사라면 당위적으로 해야 하는 상황도 충분히 설명해 줘야 한다고 생각한다. 책에는 아이가 36개월이 지나서 기관에 다니는 게 좋다고 쓰여 있다. 물론 그 전에도 사회성을 기르기 위해 또래 친구들을 만나서 놀 수 있어야 한다고 하는데, 이 어려운 조건 두 가지를 다 달성하기 어려우니 나는 24개월에 아이를 어린이집에 보냈다. 부모가 어쩔 수 없는 상황이라면 최소한 두 돌은 지나 보내라고 하기에 그렇게 결정한 것도 있다. 만약 이게 과학적으로 근거가 충분한 주장이라면 우리 사회의 육아 관련 제도는 이렇게 설계되어야 하는 것 아닐까. 최소한 3살까지는 부모가 마음 편히 육아휴직을 쓸 수 있고 그로 인한 불이익을 최소화해야 한다.

나도 자책하고 있지만 아기를 기관에 보내서 아픈 게 부모의 탓만은 아니다. 부모가 그렇게 할 수밖에 없다면 그것은 사회의 문제이다. 사회는 부모에게만 가혹한 것도 아니고 아기에게도 가혹하다. 고작 2살부터 집단생활을 해야 하는 셈이니, 어른들도 사회생활로 스트레스를 받는데 아이들은 오죽하겠는가. 하정훈 선생님의 책이 당위를 이야기하다 보니 책을 보며 죄책감이 들어 싫어하는 사람도 많은데, 그렇다는 건 그만큼 우리 사회가 부모들을 죄책감이 드는 환경으로 몰아넣고 있기 때문이다.

아기를 키우면서 가장 힘들다고 느낄 때가 아기가 아플 때다. 아기도 울지만 나도 울고 싶다. 아기는 보통 어린이집에서 질병이 옮아 올테니, 누군가가 아픈 아기를 등원시켜서 그런 것 같다는 생각이 들면 원망도 생겨난다. 하지만 그 부모도 어쩔 수 없었을 것이다. 아픈지, 아닌지 애매한 상황에서 애매하다고 직장을 빠지지는 못할테니. 별일 없겠거니 하고 아이를 맡길 것이다. 나는 그래서 그 상황이 더 괴로웠다. 복직을 한 상황이 아니었으니 아이를 맡기지 않아도 된다. 그냥 내가 뒤로 한발 더 물러서고, 복귀를 더 늦추면 된다. 그런데 그것도 쉽지 않으니 죄책감이 들었다. 아이는 취약한 존재이기에 아플 확률이 높다면 아이가 면역을 가지고 조금 더 괜찮아질 나이까지 기다려 준다면 어떨까 싶다. 과학적으로도 나이와 무관하다면 어쩔 수 없겠지만 중이염의 경우는 이관이 발달하지 않은 아이들이 더 잘 걸린다고 들었다. 그런 걸 보면 아이들을 단체생활에 몰아넣기 전에 기다려 줘야 하는 최소한의 시기라는 것이 있지 않을까.

어린이날 아팠던 까닭은 수족구였다. 이것 역시 어린이집에 가기 전에 만나 보지 못한 질병이라, 아니 아기가 태어나기 전에는 들어 보지도 못했던 질병이라 생각도 못하고 있었는데 어린이집에서 수족구가 유행이라는 공지가 올라온 그날, 우리 아기도 수족구 판정을 받았다. 수족구도 만 4세 이하에서 잘 걸린다고 한다. 중이염이 걸린 와중에 수족구라니. 어린이집에 가고 2개월 만에 아기가 종합병동이 되었다. 주변에 물어보면 6개월 정도는 계속 아플 것이라는데 이게 맞는 것인지 모르겠다.

어쩔 수 없는 통과의례라고 생각하고 싶지만 그건 또 너무 어른의 입장 같다. 아이에게는 불필요한 고통만 더하는 것은 아닌지 모르겠다. 백 번 양보해서 아니라고 하자. 그러면 이 기간 부모가 아이를 돌볼 수 있는 제도는 잘 되어 있는가? 효과적인가? 돌봄휴가가 있지만 갑작스레 쓰기는 쉽지 않다. 아이를 놓고 저울질하게 만드는 이런 사회 분위기에서 출산율 상승을 기대하고 있다는 것이 미스터리다.

제4장

~~~~~

어려워진
육아

잘 키울 자신이 없다

세상은 절대평가일까? 상대평가일까? 하루하루 살아가는 입장에서는 아마 후자가 아닐까 싶다. 그런데 우리는 곤란한 문제에 대해서만 절대값을 들이민다. 예전보다는 애 키우기 좋아지지 않았냐고. 어른들은 아이들이 자기 밥그릇은 가지고 태어난다고 했다. 나 역시 1인분은 하고 살고 있는 걸 보면 예전에는 그게 맞았을 수도 있다. 그러나 지금도 그럴까? 사람들은 젊은 부모들이 아이를 어렵게 키운다고 하지만 우리가 어렵게 아이를 키우는 게 아니라 세상이 어려워졌기에 아이를 어렵게 키우게 된 것이다. 세상은 절대평가의 잣대로 아이를 거저 키우려 하면서 부모에게는 계속 상대평가를 적용한다. 경쟁사회를 살아온 부모들은 경쟁에 지쳐 있지만 본능적으로 또 경쟁에 나서야 한다.

아이는 정말 저절로 크는가?
—육아의 노동 강도

육아는 일인가? 이제는 의식이 많이 바뀌어서 그렇다고 대답하는 사람도 많을 것 같다. 그렇다면 육아는 힘든 일인가? 이것은 경우에 따라 다르기에 확답하기 어려운 문제다. 같은 일이어도 누군가에겐 힘들고, 누군가에겐 그렇지 않을 것이다. 육아를 하며 육아가 군대와 비슷하다는 생각을 많이 했다. 일정한 시간을 메어 있어야 하는 것도 그렇고, 개인별로 상황마다 느끼는 감정이 천차만별인 것도 그렇다. 누구나 겪어 보니 폄하되는 면이 큰 것 또한 그렇다. 여전히 누구는 애 안 키워 봤냐고 하는 사람도 많다.

육아 초기는 중노동이 맞다고 생각한다. 일단 수면이 절대적으로 부족하니 야근의 연속인 느낌이다. 초기에는 긴장도 많이 된다. 나도 아빠가 처음이다. 그리고 오늘날에는 대다수가 공동주택에 살고 있으니 아기가 새벽에 울면 민폐가 되지 않을까 스트레스를 받기도 했다. 야근과 함께 스트레스와 긴장의 연속이니 업무 강도가 높다. 사람들은 공공장소에서 아기가 잠깐 우는 것에도 스트레스를 받으면서 왜 육아는 어렵지 않을 거라 생각하는지 모르겠다.

어느 정도 마음을 내려놓고 난 후의 나는 감시·단속적 근로자의 모습이다. 누군가가 보기에는 하는 게 없다고 할 수 있지만, 하는 게 없다고 해서 다른 일을 할 수 있는 것도 아니다. 군대에서도 자기계발이 가능하다고 홍보하지만 실제로 할 수 있는 사람은 얼마나 되겠는가. 마치 회사가 월급을 주는 것이 매일 회사에 와서 시간을 보내는 보상인 성격이 있는 것과 같은 이치다. 회사에서 일이 없다고 책을 보고 쉴 수 있는 것도 아니다. 편한 직장에 다니면 놀면서 돈 번다는 소리가 듣기 좋은 것이 아니고, 편한 군대에 갔다고 해서 군대가 좋은 것은 아니지 않는가? 어쩌면 효율을 중시하는 사회이기에 육아가 더 힘든 것일지도 모른다. 자투리 시간도 효과적으로 사용하면 무언가 할 수 있을 것 같은 느낌을 우리에게 계속 주입하고 있다.

나 역시 효율성을 중요시하기로는 둘째가면 서러운 사람이었기에 초창기에는 아기가 자면 일하고, 아기가 깨면 포대기에 업고 집안일을 해 보기도 했는데, 아기라고 포대기에 가만히 있는 게 좋겠는가. 곧 울고 보채서 포기하고 말았다. 그렇게 아기를 키우면서 여러 가지 효율적인 방안을 동원해 봤지만 전부 실패했다.

감시 근로자와 노동행태는 비슷하되 정신적 피로도가 더 높은 게 육아 같다. 아기가 나에게 갑질을 하는 것은 아니지만 부모는 당연히 을이 된다. 그런 데다 사회의 따가운 눈총도 견뎌야 한다. 감시적 업무나 잠시도 감시를 소홀히 할 수 없는 고도의 정신적 긴장이 요구되는 경우는 감시적 근로자로 보지 않는다고 하는데[18] 육아가 이에 해당될지도 모르겠다. 지나가면서 경비실에 경비아저씨가 쉬는 모습을 보고 편한 거 아니냐고 성급히 일반화할지 모르겠지만, 고단한 근무 중 아주 잠깐의 휴식일 수 있다. 육아도 마찬가지다. 편해 보이지만 24시간 근무체제다.

아기가 15개월쯤 되었을 때 만들었던 여름철 시간표다. 물론 이상적인 시간표일 뿐이고 아기는 더 늦게 자고 싶어 했고, 아빠의 부스럭거리는 소리에 더 일찍 깨는 일이 다반사였다. 게다가 이것은 아기의 시간표고, 나는 아기를 재운 후에 2, 3시간 정도는 일을 하거나 글을 쓰다 잠들곤 했다. 시간표를 보면 어디에도 쉴 틈은 보이지 않는다. 낮잠시간에 쉴 수 있을 것 같지만 그 시간에는 밀린 집안일이나 이유식 준비를 해야 한다. 그것도 아니라면, 아기가 잘 때 같이 자야 내 체력도 지킬 수 있다. 특히 아기와 함께 나다니기 시작한 시기와 여름이 겹치며 체력에 한계가 오고 있었기에 아기가 잘 때는 나도 어떻게든 자려고 노력했다. 그렇지 않으면 육아하는 시간 내내 너무나 힘들었다. 이렇게 보면 일반적인

	월	화	수	목	금	토	일
~8시	기상						
~9시	아침식사						
~10시	단지 내 놀이터 놀이						
~11시	동네 산책	점심식사	문화센터	낮잠	동네 산책	집에서 놀이	
~12시	점심식사	문화센터	문화센터	점심식사			
~13시	낮잠	문화센터	낮잠	문화센터	낮잠		
~14시	낮잠	낮잠	점심식사	문화센터	낮잠		
~15시	체험학습	낮잠	미술관	과학관	체험학습	온가족 산책?	
~16시	체험학습	육아센터	미술관	과학관	체험학습	온가족 산책?	
~17시	체험학습	육아센터	공원 산책	과학관	체험학습	온가족 체험?	
~18시	체험학습	집에서 놀이	공원 산책	과학관	체험학습	온가족 체험?	
~19시	저녁식사						
~20시	목욕						
~21시	집에서 놀이						
21시~	수면						

직장일에 비해 육아의 노동강도는 결코 낮지 않다. 미술관에 가고 과학관에 가는 게 뭐가 힘드냐고 생각할지 모르지만 부모는 전시 관람을 간 게 아니다. 아이를 수행하러 가는 것이다. 끊임없이 아이를 쫓아다니고 돌봐야 한다. 회장님 수행비서가 편한 직업이 아닌 것과 비슷하다면 지나친 비유일까?

물론 육아가 힘들다고, 밖에서 일하는 게 편하다는 건 아니다. 사람마다 천차만별이기에 직장도 다니기 싫을 수 있고, 육아도 편할 수 있다. 바꿔 생각하면 둘 다 힘든 일이다. 그런데 육아가 더 고되게 느껴지는 이유는 일은 사회적으로 인정을 받고 (+)가 되지만 육아는 인정을 받지 못하고 커리어에 (-)가 된다. 게다가 육아는 잘해야 본전이다. 아이가 무탈하게 큰다고 잘한다고 칭찬받는 게 아니라 아이에게 무슨 일이 생기면 뭐했냐는 핀잔만 듣게된다. 물론 내 딸을 보는 것은 무엇과도 바꿀 수 없는 행복이지만, 아무리 잘해 줘도 못해 준 걸 먼저 떠올리는 게 부모 마음이다. 회계사도 같은 성격의 직업인데 아무 문제가 없어도 잘했다는 이야기는 듣지 못한다. 그런데 회계부정이 발생하면 회계사는 뭐했냐는 비난이 쏟아진다. 사회의 공기는 좋은 게 기본값이고 나빠지면 문제인 것이니, 육아도 그렇고 회계사 업무도 그렇고 어쩔 수 없는 나의 숙명인가 싶다.

육아를 하면서 일을 같이 해 왔다. 이것 역시 나도 육아가 일이 아니라고 생각했기 때문이다. 돌아보면 후회되기도 하고 아기에게 미안하기도 하다. 나의 인생도, 육아도 다 잡겠다고 생각했지만 결국 하나도 완벽하게 해내지 못했다. 육아를 하며 장벽에 부딪힐 때마다 아이의 심리를 이해하기 위해 발달 관련, 심리 관련 책을 읽었는데 그런 책을 읽을 때마다 머리를 한 대 맞는 심정이었다. 아기는 알아서 크는 게 우리 세대가 자랄 때의 육아였는데, 지금은 그래서는 안 된다. 너무 많은 정보가 있는데 이것을 간과하는 것도 문제이다.

어려워진 세상에서 아기를 키우기가 더 힘들어졌다. 아이가 귀한 사회라고 하면서 우리는 일을 잘하기 위해 하는 노력은 당연하다 하고, 좋은 부모가 되기 위해서 노력하는 것은 어리석다고 하는 것일까? 출생아가 감소하며 육아의 양보다 질이 중요해졌고, 육아도 공부가 필요한 하나의 과업이 되어 버렸는데, 우리 사회는 여전히 아이는 알아서 큰다는 환상 속에 빠져 있다. 아이가 저절로 크기 어려울 정도로 세상은 어려워졌다. 옛 생각만 하며 아이가 저절로 크길 기대해서는 아이 울음소리는 결국 끊기고 말 것이다.

통계로 톺아보기 살기 좋아서 살기 어려운 모순
(지역별 합계출산율)

회계사로 전국 각지를 돌아다니며 많은 회사들을 관찰할 기회가 있었다. 물론 내가 본 것은 그 회사의 극히 일부이겠지만, 10년이 넘는 회계사생활 동안 많은 회사와 사람들을 만나며 느낀 것은 확실히 서울의 삶이 팍팍하다는 것이다. 집값 때문일 수도 있고 경쟁적인 분위기, 노동환경, 출퇴근시간 등등 여러 가지 요인이 있을 수 있다.

개인적으로는 지방의 출장에서 보는 야근의 강도와, 서울에서 느끼는 야근의 강도가 가장 달랐다. 지방으로 갈수록 생산직의 비중이 높고, 서울은 사무직의 비중이 많아서 그렇지 않을까 싶은 생각이 든다. 생산직의 경우 초과근무는 수당과 직결되지만 사무직은 대부분 포괄임금으로

제 커리어에 육아는 없었습니다만

공짜야근을 하는 것도 그렇고 추상적인 퍼포먼스에 대한 압력도 크다.

지난 10년간 출생아 수가 가장 많이 줄어든 지역 역시 서울이다. 인구나 출생아 수가 더 많은 경기도보다 더 많은 인원이 감소했다. 출생아 수의 감소율로 보자면 울산, 전북, 경남과 같은 지역이 절반 이하로 하락했

시도별 출생아 수와 합계출산율 변화 (단위: 명)

	2013		2023		증감		
	출생아 수	합계 출산율	출생아 수 (추산)	합계 출산율	출생아 수	출생아 수	합계 출산율
전국	436,455	1.187	230,000	0.720	(206,455)	−47.30%	−39.34%p
서울	84,066	0.968	39,400	0.550	(44,666)	−53.13%	−43.18%p
부산	25,831	1.049	12,900	0.660	(12,931)	−50.06%	−37.08%p
대구	19,340	1.127	9,400	0.700	(9,940)	−51.40%	−37.89%p
인천	25,560	1.195	13,700	0.690	(11,860)	−46.40%	−42.26%p
광주	12,729	1.170	6,200	0.710	(6,529)	−51.29%	−39.32%p
대전	14,099	1.234	7,200	0.790	(6,899)	−48.93%	−35.98%p
울산	11,330	1.391	5,100	0.810	(6,230)	−54.99%	−41.77%p
세종	1,111	1.435	2,800	0.970	1,689	152.03%	−32.40%p
경기	112,129	1.226	68,800	0.770	(43,329)	−38.64%	−37.19%p
강원	10,980	1.249	6,700	0.890	(4,280)	−38.98%	−28.74%p
충북	13,658	1.365	7,600	0.890	(6,058)	−44.35%	−34.80%p
충남	18,628	1.442	9,400	0.840	(9,228)	−49.54%	−41.75%p
전북	14,555	1.320	6,600	0.780	(7,955)	−54.65%	−40.91%p
전남	15,401	1.518	7,800	0.970	(7,601)	−49.35%	−36.10%p
경북	22,206	1.379	10,200	0.860	(12,006)	−54.07%	−37.64%p
경남	29,504	1.367	13,100	0.800	(16,404)	−55.60%	−41.48%p
제주	5,328	1.427	3,200	0.830	(2,128)	−39.94%	−41.84%p

지만 합계출산율의 하락을 보면 서울이 가장 높다. 지역의 경우 인구 감소에 따른 출생아 감소와 저출산이 복합적으로 나타나고 있는 것으로 볼 수 있고, 서울의 경우 인구가 유지되고 있음에도 출산율은 급격히 감소하고 있다. 서울의 출산율이 급격히 하락하는 가운데, 출산율이 두 번째로 낮은 지역이 두 번째 큰 도시인 부산인 것도 시사하는 점이 크다.

대도시에 사는 것은 편리함이 많다. 서울은 우리나라에서 대중교통이 가장 잘 되어 있는 곳이고 소아청소년과의 수도 가장 많으며 대형병원과 같은 의료 인프라도 가장 좋다. 아이를 데려갈 수 있는 문화시설이나 놀이공원 같은 공간도 많다. 대기업 본사도 대부분 서울에 있으니 일자리도 많다. 그런데 왜 서울의 합계출산율은 가장 낮고, 또 가장 급격하게 하락하는 것일까?

살기 좋은 것과 살기 어려운 것은 다른 이야기 같지만 일맥상통할 수도 있다. 살기 좋기에 모두가 살고 싶어 하고, 그만큼 경쟁이 치열해 살기가 어려워지는 것이다. 세상이 좋아졌는데 육아가 왜 어렵냐고 묻는 분들은 살기 좋지만 살기 어려운 서울을 한번 생각해 보면 좋을 것 같다.

노오력이 부족한
극성 부모들

어찌어찌 24개월까지 아기를 직접 보고, 어린이집에 보낼 수 있었다. 얼마나 잘했는지는 알 수 없지만, 스스로 24개월의 시간 동안 부족하다는 한계를 많이 느꼈다. 아빠도 처음이기에 완벽할 수 없고, 모든 일을 잘해야 한다는 생각 자체가 문제일 수 있지만, 아기를 보는 데 완벽했어도 죄책감이 들었을 것 같다. 놀이공원에서 신나게 노는 아기를 우두커니 지켜보다가 육아의 본질은 죄책감이 아닐까? 라는 생각까지 했었다.

전업육아자일 때는 아기랑 거의 붙어 있었고, 계속 아기를 관찰하고 있었기에 아기가 다치거나 할 일이 잘 없었다. 그러나 잠깐의 부주의에도 아기는 다칠 수 있다. 한 번은 통화를 하다가 화장실 문을 닫는데, 분명히 아기의 손이 거기 없었음을 확인했는데도 아기가 문틈에 손을 넣어서 다친 적이 있다. 통화로 주의가 분산되어 아기가 손을 움직이는 것을 제대로 보지 못한 것일텐데, 아기는 손이 까져서 피가 흘렀고 나는 계속 그 순간을 자책했다. 하긴, 육아를 하다가 강의가 있어 나갔다 왔는데, 그 사이에 아기의 이마가 다친 것도 내 책임 같았다. 왜 하필 그때 강의가 잡혔을까 싶은 생각마저 들었다. 때로는 불가항력인 순간이 있고 아무리 노력해도 막을 수 없는 것이 있다는 것을 살면서 체득해서 알고 있지만, 아기의 일에는 그렇게 받아들이기가 쉽지 않다.

한번은 저녁약속에 나갔다가 아기의 접종열로 1시간 만에 돌아온 적이 있다. 예방접종일에는 아무 일 없이 예후를 지켜봤고, 3차에 걸친 돌 접종 중 두 번째까지도 아기가 접종 후에 이상반응이 없었기 때문에 세 번째 접종에서도 그럴 줄 알았다. 그런데 세 번째 접종에서는 접종 다음 날에, 그것도 낮에는 계속 괜찮다가 밤에 잠들고 나서야 아기가 갑자기 열이 크게 오르고 아프기 시작했다. 낮에 내가 놀아 줄 때까지 별문제가 없어서 편하게 약속장소로 향했다. 아내의 연락을 받고 부랴부랴 택시를 타고 돌아오는데, 이렇게 틈만 나면 내 삶을 찾으려는 게 부모로서 모자란 것인가 싶은 생각도 들었다.

많은 것을 포기하고 아기를 보는 데도 이렇게 죄책감에 시달려야 할 일인가? 그런데 정말 그렇다. 아기가 어린이집에 가고 나서는 더했다. 어린이집에 가고 2주 만에 아기가 열이 올라서 병원에 갔더니 중이염 판정을 받았다. 중이염이라고 하는 순간, 누군가 뒤통수를 때리는 것 같은 느낌이 들었다. 아이가 콧물이 심하면 중이염에 걸릴 수 있다고 어디선가 읽어서 알고 있었는데 어린이집에 가며 콧물이 나던 아기를 금방 낫겠지 하고 약도 먹이지 않고 데리고 있었다. 정보가 많아진 덕분에 아이를 키우기 쉬워졌다고 생각하는데, 살아 있지 않은 지식은 도움이 되지 않았다. 알면서도 못했다고 자책만 늘렸을 뿐이다.

중이염이 시작되고는 자책과 번뇌의 연속이었다. 의사 선생님은 중이염이 다른 아이에게 전염되지는 않겠지만, 빨리 나으려면 어린이집에 가지 않는 게 나을 것이라고 했다. 하지만 아기는 어린이집 적응기간이었다. 적응기에 장기간 결석하면 적응이 어렵지 않을까 싶은 걱정이 들었다. 또 기관은 단체생활을 하는 곳이라 선생님들도 정해진 스케줄을 따라오기를 원하는 느낌을 받았다. 어린이집에 아예 보내지 않을 것이라면 모르지만, 가긴 가야 하니 어쩔 수가 없었다. 병이 낫는 최선은 어린이집에 보내지 않는 것이겠지만, 장기적으로 내 상황과 아기의 어린이집 적응 등을 생각하면 어린이집에 보내지 않을 수 없었다. 우리는 타협책으로 오전에만 아기를 보내고 데려왔다. 아기가 어린이집에 가지 않겠다고 하는데 어린이집에 보내면 마음이 편치는 않았다. 대부분의 아이들이 그렇겠지만, 등원 초기에 우리 아기는 막상 어린이집에 가서는 잘 놀아도 오며가며는 어린이집에 가기 싫다고 말했다.

중간에 더 큰 위기도 있었다. 아기가 어린이집에서 낮잠 자는 것에 도통 적응을 못했다. 이미 우리 집에서 낮잠을 재우는 것부터 쉽지 않았던 터라 그럴 거라 예상하긴 했다. 문제는 어린이집에서 낮잠을 재우려고 했더니 아기의 어린이집 거부가 더 심해진 것 같았다. 어린이집에서 부모와 헤어지면서만 우는 게 아니라, 오전에도 계속, 자주 울었다고 한다. 데리러 가서도 나를 보면 갑자기 참았던 울음이 터지듯 엉엉 우는데 어린이집에 계속 보내야 하는지 심각하게 고민됐다. 이렇게까지 아기를 기관에 보내야 하는지 자책은 더 커졌다.

기관에 보내서였을까? 중이염은 나을 듯 나을 듯 낫지 않았다. 나았다고 해서 항생제를 끊으면 금방 재발했다. 한 달 사이에 두 번은 나았다고 판정을 받았으나 사나흘 항생제를 먹지 않으면 금방 재발해 버렸다. 한 달 동안 1주일에 두 번씩 병원을 오가니, 여러 명의 선생님이 교대하는 병원인 데도 우리 아기를 기억하는 선생님이 계셨고, 원무과 직원분도 아기의 이름과 인적사항을 기억할 정도였다. 계속 가는 약국의 약사 선생님도 아기가 출근도장 찍어서 어쩌냐고 걱정하셨다. 모두가 아기를 예뻐해 주었지만, 마음은 편하지 않았다. 아기가 한 달 넘게 아프니 부모의 마음이 아픈 것도 아픈 것이지만, 이것이 내 탓인가 싶은 생각이 계속 나를 괴롭혔다.

하루는 아침 일찍 병원에 갔다가 어린이집에 아기를 맡기고 오는데 스스로의 마음조차 믿을 수가 없다는 생각이 들었다. 이건 내가 자유를 빨리 찾고 싶어서 그런 것은 아닐까. 기관 적응은 핑계는 아닐까. 아기가 어린이집에 가면 내 삶을 찾을 것이라 생각했기에, 희망이 닿을 듯 닿을 듯 닿지 않는 걸 더 못 견디는 것인가 싶어 아기에게 미안해졌다. 나는 나인데 자아를 찾는 것이 죄가 되는 상황이다. 여전히 나는 부모로서 부족한 사람일까?

앞으로 살아가며 더한 상황도 오겠지만, 지금까지의 절정은 병원에서 아기의 폐렴 소견을 들은 날이었다. 중이염이 재발하고 아이의 항생제를 받으려 병원에 갔는데 청진을 하던 선생님이 아기가 폐렴일 수도 있다고 했다. 혹시 모르니 X-ray를 찍어 보자고 하셔서 25개월밖에 안 된 우리 아기는 X-ray를 찍으러 갔다. 아기가 혼자 찍을 수 없으니 납복을 입고 아기의 옆에 앉아 있는데 말로 표현할 수 없는 복잡한 마음이 들었다. 중이염이라고 했지만 늘 컨디션이 좋았고, 어느 순간부터는 어린이집에 가서 친구들과 노는 걸 너무 즐거워하며 하원시간이면 또 가자고 말했던 아기이기에 한동안 아무런 생각이 없었는데 그냥 집에서 보았어야 했나 싶은 자책과, 이날 아침에도 어린이집에 지각하지 않으려 아기를 독촉해서 병원 문 여는 시간에 맞춰 오려고 했던 미안함까지. 다행히 아기는 폐렴은 아니었고 의사 선생님과 다음 약속을 잡은 나는 부지런히 어린이집으로 달려 아기를 맡기고 돌아왔다.

집에 오니 재택근무하던 아내가 아기를 어린이집에 보냈냐고 묻는데, 탓하려는 의도는 아니었겠지만 그렇게 들렸다. 말하면 싸움이 될까 봐 서둘러 나왔다. 별 얘기가 아니었지만 아내의 질문이 나의 죄책감을 찔렀을 것이다. 차라리 내가 어쩔 수 없는 상황이었으면 스스로 합리화하기 쉬웠을 것이다. 무서운 상사를 두고 군대처럼 움직이는 직장에 다니고 있었다면 휴가를 낼 수도 없고 일은 마쳐야 하는 시간이 있고, 아기를 어린이집에 맡기고 오는 게 당연했을 것이다.

그러나 나는 그런 상황은 아니었다. 복직을 미루고 있었기 때문에 아기를 맡기지 않고 집에서 돌보는 것도 충분히 가능했다. 하지만 그렇게 하지 못했다. 어린이집의 적응 스케줄도 있었고, 나도 복귀를 알아봐야 하니 마음이 급했다. 당장 급한 일이 아닌데, 해야 하는 일을 만들어서 아기에게 최선을 다하지 못한다고 생각하니 마음이 편하지 않았다. 조금 더 포기하면 되는 것인데, 그걸 하지 못하니 자책은 커진다. 반면 마음 한켠에 그런 의문도 들었다. 부모는 사람이 아닌가? 결국 나라는 자아와 아빠라는 자아가 충돌하는 지점이 생기는 것이다. 아기에게도 최선을 다하고 나에게도 최선을 다하려 두 마리 토끼를 잡으려고 하는 것이 적절하지 않은 느낌이다. 최선을 다한다는 것은 나의 모든 것을 불살라야만 하는 것일까.

아기가 아픈 것은 누구의 잘못도 아닌데, 누군가의 잘못이라 생각하고 자책하게 만드는 것이 우리 사회의 모습이다. 우리 사회의 무게 추는 일에 기울어져 있다. 부모의 역할이 먼저냐, 일이 먼저냐라고 하면 사람들은 당연히 부모의 역할이 먼저라고 말한다. 그러나 사회에서는 먼저 일을 시키지 못해 안달이고 부모는 자책할 수밖에 없다. 여전히 의문이다. 어린아이에게 참고 견디는 것을 먼저 가르치는 것이 괜찮은 것인지. 내가 극성인 부모라서 너무 과잉보호를 하는 것일까? 고작 두 살인 아기에게 부모와 떨어져야 하는 환경, 아파도 어지간하면 나가서 하루를 보내는 환경을 만드는 것이 괜찮은 것인지 잘 모르겠다.

자책을 하며 내가 이상한 사람인가 싶기도 했다. 아마 나 스스로 남들보다 더 책망했던 건 나의 애매한 위치 때문이었을 것이다. 아기 때문에 직장을 그만두었으면서 돈을 벌겠다고 간간이 일은 하고 있는 상황이었기에, 내가 무언가 선택할 수 있는 위치라 생각했다. 아니 그래 보였다. 선택이 가능하다 생각하니 오롯이 나의 책임이 된다. 그래서 문제가 생기면 계속해서 나 때문이라 자책하게 되었다. 생각해 보면 회사를 다니면 여유가 없을까? 갑자기 아기를 보는 게 불가능한가? 회사에 포획되어 있을 때는 나도 불가능하다고 생각했다. 하지만 내가 없어도 세상은 잘 돌아간다. 회사의 입장에서 대체 불가능한 누군가가 있다는 것은 오히려 위험요인이고 그래서 누구나 대체 가능하게 한다. 오히려 그 상황에서 개인들이 위기의식을 느껴서 자율이라 생각해도 자율이 아닌 경우가 생긴다. 우리는 이렇게 선택을 가장한 외통수에 몰려 있다.

세상에 진짜로 선택 가능한 사람이 몇이나 될까? 주체적인 나로 산다는 건 생각보다 힘든 일이다. 금전적인 욕망, 일이 끊길 것 같은 불안, 계속되는 삶의 단조로움 등 내가 어떤 선택을 하도록 이끌어 가는 요인도 많은데 그것들은 다 제쳐 두고 오롯이 나의 선택, 나의 책임이라 생각하니 아기에게 미안해지는 것이었다. 그런데 기회비용이 커진 지금의 젊은 부모에게는 이 역시 큰 문제일 수 있다. 사람들은 맞벌이가 너희들의 선택이 아니냐고 묻는다. 그러나 당사자의 이야기를 들어 보면 내몰린 경우가 더 많다. 대출이 있는데 맞벌이를 하지 않을 도리가 있을까? 집값 폭등이 저출산의 원인이라는 사람들은 이런 이유에서다. 모두가 모든 것을 예측하고 선택해 살 수는 없다.

곰곰이 생각해 보면 나는 그냥 우리 사회에 잘 적응한 사람이기에 그런 게 아닐까 싶다. 우리는 개인의 '노오력'을 중시하는 사회에 살고 있다. 그래서인지 기준은 늘 높고 그에 미치지 못하면 부족하다고 비난받는다. 채용공고를 보면 꼭 필요한 것만 요구하는 게 아니라 '이왕이면 다홍치마' 식의 공고가 많다. 치열한 경쟁사회의 그늘이겠지만 우리는 완벽강박증사회에 살고 있다.

결국 아기를 키우면서 부족하다고 계속 스스로 자책하는 건, 내가 우리 사회의 가치를 너무나 잘 체득하고 있어서다. 제일 쉬운

제 커리어에 육아는 없었습니다만

게 노력이 부족하다고 하고 개인을 탓하는 것이다. 육아에서 우리 사회의 심각한 모순을 두고 우리는 얼마나 개인을 채찍질하고 있는가. 나 역시 직장생활을 해 봤기에, 나에게도 사회의 폭력적 시선이 내재되어 있고 치열한 경쟁사회에서 그런 상황을 이해하지 못하는 것은 아니다.

그러나 내가 반대의 상황에서 이렇게 괴로워해 보니 이 시야의 차이가 꽤나 크다. 당장 가족 간에도 야근을 시키는 회사를 탓하기보단 늦게 오는 상대를 원망하는데, 회사의 직원 간에는 대체인력을 뽑지 않는 회사를 탓하겠는가, 휴직을 떠난 동료를 탓하겠는가. 회사는 회사대로 회사의 다급함만 생각한다. 아이 잠깐 맡기면 되는 것 아니냐? 봐줄 사람 없냐? 이런 생각을 할 테니 아이가 아파 돌아가겠다는 부모를 이해하지 못한다. 그래서 저출산 문제 해결은 요원해 보인다. 모두가 자기 상황을 벗어나 시야를 넓혀야 하지만 쉽지 않다. 시야가 넓어진다 한들, 수많은 이해관계가 충돌할 것이다.

책을 쓰고 있는 지금도 나는 아이의 하원과 나의 취업을 두고 고민 중에 있다. 출근 전에 아이를 맡기고 퇴근 후에 아이를 찾다 보면 아이가 하루에 12시간씩 어린이집에 있어야 할 것 같아 당분간은 취업에 대한 의지를 접어야 하나 싶다(이렇게 여성들이 경력 단절이 되는 것 같다). 어린이집은 4시에 마치는데, 연장반에 맡기자니 아이가 어린이집에 너무 오래 있어야 하고 내가 찾아오자니 4시에 퇴근시켜 주는 직장을 찾기는 어렵다. 아이가 조금 더 크기 전까지는 지금처럼 불안정한 프리랜서의 삶을 이어 갈 수밖에 없겠지만, 취업도 하고 싶다.

아마 예전 같았으면 80점짜리 회사라도 만족하고 갔을지 모르겠다. 그런데 아이의 등·하원을 포기하고 가야 한다 생각하니 90점짜리 직장도 선뜻 손이 가지 않는다. 계속 무지막지한 회사를 다녔다면 이런 감정을 느끼지도 못했을 것이다. 그런데 지금은 내게 선택권이 있는 것처럼 보이는 까닭에 더 괴로워졌다. 사회 구조적 문제를 개인의 선택 탓으로 전가할수록 개인의 이런 괴로움은 더 커질 것이고, 그것 또한 저출산의 한 원인이지 않을까 싶다.

낳기만 하면 국가가 책임진다는 정치인들의 말에 웃음만 나온다. 그들은 정말 키워는 봤을까? 무슨 수로 자기들이 책임을 진다는 말인가. 책임을 져야 할 사람들은 각자의 인생을 살아야 하고, 각자의 경제활동을 해야 하는데. 책임이라는 말을 무책임하게 뱉어 내는 이들부터 '노오력'을 좀 했으면 좋겠다.

통계로 톺아보기 직장어린이집

내 아이가 아파도 가까이서 볼 수 있는 곳이 직장어린이집이다. 우리나라는 「남녀고용평등과 일·가정 양립 지원에 관한 법률」 제21조에 따라 일정 규모 이상의 회사는 직장어린이집을 설치해야 한다. 「영유아보육법」 제14조는 직장어린이집을 설치해야 하는 사업장의 규모를 「시행령」에 위임하고 있는데, 「시행령」에 따르면 상시 여성근로자 300명 이상 또는 상시근로자 500명 이상을 고용하고 있는 사업장이 이에 해당한다(「영유아보육법 시행령」 제20조). 여기에서 입법자들의 게으름을 살펴볼 수 있는데, 이 기준이 언제 마지막으로 개정되었나 살펴보니 직장어린이집 관련 규정이 2005년에 생겨난 이후로 변화가 없다. 2005년의 출산율이 1.085였으니 그때부터 신경 썼더라면 지금쯤은 조금 나아지지 않았을까.

일단 기준이 상시 여성근로자인 것부터가 시대에 뒤떨어진 규정이다. 듣기로 직장어린이집 중 입소 우선순위를 엄마의 재직으로 두는 경우가 있는데, 이런 규정들은 조속히 바꾸어야 한다. 현실을 반영해 이런 규정이 생긴 것일 수도 있지만, 이런 규정이 다시 현실을 만든다. 엄마가 다니는 회사에 직장어린이집이 없다면, 아빠의 직장이라고 어린이집을 이용하지 못하는 것은 부당한 차별이다. 숫자가 부족하면 어쩔 수 없이 우선순위를 두겠지만, 실은 숫자가 부족한 것 자체부터 문제다.

인원에 대한 이야기도 하지 않을 수 없다. 여성근로자가 300명이라는 기준은 너무 낡았다. 회계사로서 외부감사 관련 기준을 생각하지 않을 수 없는데, 외부감사 기준도 예전에는 근로자 300명이었다. 그러나 「외부감사법」이 변화하면서 근로자 100명으로 낮아졌다. 시대의 변화를 반영한 것이다. 경제규모가 커졌지만 수직계열화 등으로 회사가 분사되기도 하는 만큼, 한 회사의 규모를 줄여서 법을 회피할 수 있는 방법은 무궁무진하다. 게다가 여성근로자로 기준을 세워 두면 그 자체로 여성 취업을 차별할 수 있는 요인이 된다. 저출산을 외친지가 꽤 오래되었는데 어떻게 아직도 이런 규정이 남아 있는지 의아할 따름이다. 그만큼 진지한 고민이 없었다는 방증일지 모르겠다.

통계를 찾지 못했을 수도 있지만, 상시 여성근로자 규모별 통계는 찾을 수도 없다. 이 통계가 정말로 없는 것이라면, 통계로는 우리가 직장어린이집 의무설치 대상을 파악할 수도 없는 것이다. 정부에서는 별도의 방식으로 조사하고 있는 듯하다. E-나라지표에는 보건복지부 〈직장어린이집 설치 등 의무이행 실태조사〉 결과를 제공하고 있다.

2022년 기준 의무사업장은 1,602개이고 미이행 기업은 136개로 채 10%가 되지 않는다. 그러나 의무사업장의 숫자 자체가 전체 기업 기준 0.2% 남짓이다. 물론 이들은 큰 회사이기에, 일하는 근로자는 더 많다. 2024년 3월을 기준으로 300인 이상 종사자 기업에서 일하는 근로자 수는 전체의 11%, 약 300만 명에 불과하니 혜택의 대상은 이보다 적

직장어린이집 설치 현황 (단위: 곳, %)

		의무사업장 (A=B+C)	이행(B)			미이행 (C)
			계	설치	위탁	
2018	시설 수	1,389	1,252	957	295	137
	비율	100.0	90.1	68.9	21.2	9.9
2019	시설 수	1,445	1,303	987	316	142
	비율	100.0	90.2	68.3	21.9	9.8
2020	시설 수	1,432	1,301	980	321	131
	비율	100.0	90.9	68.4	22.4	9.1
2021	시설 수	1,486	1,351	1,016	335	135
	비율	100.0	90.9	68.4	22.5	9.1
2022	시설 수	1,602	1,466	1,088	378	136
	비율	100.0	91.5	67.9	23.6	8.5

을 것이다. 통계청의 직장어린이집 설치 통계에서는 2022년 기준으로 1,291개의 회사가 직장어린이집을 설치하고 있다고 하는데, 보건복지부와 기초적 통계부터 차이가 나니 무엇을 믿어야 할지 모르겠다.

설치 대상인 회사의 경우 설치 비율이 충분히 늘어난 만큼, 설치 대상을 더 확대할 필요가 있다. 또한 미이행 기업의 경우 이행하도록 충분한 혜택과 벌칙을 고려해야 한다. 최근 한 패션플랫폼 임원이 직장어린이집 설치보다 벌금을 내는 게 더 싸다고 발언하여 논란이 됐던 것처럼, 기업 입장에서는 직장어린이집을 설치하는 것보다 미이행 비용이 적게 든다면 설치 유인이 사라진다. 정부는 이행강제금을 강화하여 최대 3억 원의 과징금을 부과할 수 있게 했다고 하지만, 말 그대로 '최대'일 뿐이다.

「영유아보육법 시행령」의 이행강제금 부과 기준을 보면 "이행강제금은 「(사업장 내 보육 대상이 되는 근로자 자녀의 수 × 65/100) × 사업장 내 보육 대상이 되는 근로자 자녀 1명당 사업주의 월평균 부담액 × 6」에 따라 산정된 금액으로 한다."라고 되어 있다. 사업주의 월평균 부담액은 '{(만 0세인 자녀 1명당 정부지원액) + (만 1세인 자녀 1명당 정부지원액) + (만 2세인 자녀 1명당 정부지원액) + (만 3세인 자녀 1명당 정부지원액) + (만 4세인 자녀 1명당 정부지원액) + (만 5세인 자녀 1명당 정부지원액)} × 50/100 ÷ 6'로 계산하는데 부담액에서 6을 나누고, 산정에서 6을 곱하면 결국 동일한 결과다. 이 식을 단순하게 써 보면 「(사업장 내 보육 대상이 되는 근로자 자녀의 수 × 65/100) × 각 연령별 자녀 1명당 정부지원액의 합계 × 50/100」이 되는데 복잡한 식 같지만 결과적으로 정부지원액의 절반과 보육 대상 근로자 자녀 수의 65%를 곱한 값이 이행강제금으로 보인다.

무조건 1억씩의 이행강제금을 부과하는 것이 아니라, 산식에 따른 과징금 부과이기에 실제로 부과되는 이행강제금은 많지 않다. 특히 저출산이 심화될수록 자녀 없는 근로자가 많아져 이행강제금의 규모는 더 작아질 가능성이 크다. 연합뉴스에 따르면 2018년부터 2023년 8월까지 62건에 약 46억 원의 이행강제금이 부과되었다는데 5년이 넘는 기간에 건당 평균 1억 원도 되지 않는 이행강제금은 실효성이 없다. 만약 미이행 기업들의 취원 아동이 적은 것이라면 기준을 더 정교하게 손 보아야 한다. 변화한 시대에 맞게 여성인력이 아닌, 아이를 키우는 부모의 수를 기

제 커리어에 육아는 없었습니다만

준으로 하는 등 기준 개선이 필요하다. 어린이집이 없는 것이 출산의 걸림돌이 될 수 있기 때문에 아동을 기준으로 하는 것이 아니라 기혼자의 숫자도 고려해야 한다. 새로 산정한 방식에 따라 수요가 충분함에도 직장어린이집이 없는 상황이라면 이행강제금 규정을 더 강화해야 할 것이다.

직장어린이집을 확대하는 것에도 걸림돌은 많다. 아이를 어린이집에 보내려고 알아보니 사람들은 직장어린이집이 가능하다면 무조건 직장어린이집에 보내라고 이야기했다. 우리는 아내의 직장에 직장어린이집이 있었고, 당첨도 됐다. 만약 동네의 어린이집에 떨어졌다면 출퇴근시간에 1시간씩 통원하는 것을 감수하고 다녔을지 모르지만, 다행히도 추가합격을 해서 동네 어린이집으로 최종 결정했다. 많은 부모들이 직장어린이집의 혜택을 보려면 직주근접이 가능해야 하는데, 서울과 같은 도시에서 이것은 쉽지 않다. 일극화 해소라는 거창한 의제를 다루어야 한다.

저출산에 대해 생각할수록 개인의 영역이 아닌 사회 저변의 문화나 구조의 문제라는 생각이 든다. 이런 것은 어느 날 갑자기 바뀔 수 있는 게 아니라는 게 우리를 더 답답하게 한다.

대충 잘 키워야 하는 세상
─지금 마을은 어디 있는가

대학교 1학년 때 친구들과 한강에서 삼겹살을 구워 먹어도 되는지를 놓고 논쟁이 일었다. 어릴 적 서울에 놀러 왔을 때 한강에서 수많은 사람들이 고기를 구워 먹는 것을 봤기에 가능할 거라 생각했다. 그래서 친구들과 십시일반 재료와 고기를 모아 한강에 가서 고기를 구워 먹었다. 여의도 직장인으로 보이는 아저씨가 지나가다 맛있겠다며 한 점 얻어먹고 가기도 했으니 별문제는 아니겠지 생각했는데, 나중에 찾아보니 경범죄였다. 예전에는 너도나도 하길래 몰랐던 것이 사회가 발전하니 확실히 문제로 인식되기 시작했다.

대학에 다닐 때 학교 근처에 살았기에 학교 잔디밭에서 술을 많이 마셨다. 우리 학교 잔디는 막걸리를 먹고 자란다는 농담이 있을 정도로 잔디밭에서 술을 마시는 학생들이 많았다. 하지만 강의를 하기 위해 다시 찾은 모교의 모습은 그때와는 좀 달랐다. 나도 나이가 들어서인지 옛날이 좋았다, 그때가 낭만이 있었다는 생각을 한다. 요즘의 시선으로 보면 그 낭만은 무질서였는지도 모른다. 그만큼 사회가 발전한 것이다. 반면 관용이 없어진 사회가 어렵기도 하다. 무질서한 어른을 봐 주자는 건 아니다. 아기를 키우니 아직 질서라는 것을 모르는 아기를 어떻게 해야 할지 참 어렵다.

아기를 키우면서 사회의 싸늘한 시선을 많이 느낀다. 예전엔 무질서한 세상이니 아기가 소리를 질러도, 사고를 쳐도 사람들이 별로 신경 쓰지 않았다. 그런데 지금은 사회가 많이 바뀌었다. 공공장소의 예절도 중요하고 정숙해야 한다. 하지만 아기는 그게 쉽지 않다. 결국 부모는 늘 스트레스를 받고 신경이 곤두선다. KTX를 탔을 때 다른 자리의 아기가 소리를 질렀는데, 예전이면 나도 시끄럽다 생각했을지 모르지만 지금은 다행이라 생각한다. 그러면 우리 아기가 좀 떠들어도 눈치가 덜 보인다.

사람들은 요즘 부모들이 너무 지나치다며 아이를 대충 키우라고 한다. 그러나 대충과 무질서의 경계는 참으로 애매하다. 아이를 키우며 아이는 온 마을이 키운다는 이야기를 많이 들었다. 지금 육아를 하며 보니 마을이 보이지 않는다. 마을이 키운다는 건 단순히 상부상조의 의미를 넘어 서로 조금씩 이해하고 양보하며 넘어갈 수 있어야 하는 모습일텐데, 이제는 그렇지 않다. 그렇게 아이에게 엄격한 시선은 온전히 부모의 책임이 되어 버리니 부모들은 아이를 키우기 더 힘들어진다. 기본적으로 어린아이들은 아직 미숙하고, 세상에 대한 호기심도 많다. 그래서 공공장소에서도 많이 돌아다니고 사고를 치기도 한다. 특히 만 2세 이하의 어린아이들은, 아직 훈육이 어렵다는 의견이 많다(만 3세라고 보는 경우도 있다). 그렇다 보니 아기를 데리고 어딘가에 나가면 참 어렵다.

아기가 막 돌아다니고 싶어 하면, 못하게 해야 하는가? 그럴 거면 아기와 나온 의미가 없다. 보통은 아기를 쫓아다니고 아기가 뭔가 잘못하려고 하면 그때 말린다. 하지만 아기가 딱히 잘못하지도, 잘하지도 않는 애매한 경우도 많다. 예를 들면 다른 테이블에 가서 아기가 누군가를 빤히 쳐다본다. 이것은 잘못된 일일까? 성인이 그렇다면 잘못이겠지만 아기에게는 아직 그만한 사리분별이 없다. 다행히도 대부분은 아기를 예뻐해 주고 배려해 주지만 그렇지 않은 분도 있다. 그리고 아이에게 친절하게 대하면 아기가 계속 기웃거리는데 그럴 때도 부모는 참 민망하고 난감하다.

식당에선 또 어떤가. 아기의자에 아기를 앉혀 두지만 아기의 집중력은 길지 않다. 결국 아기는 내려와 돌아다니고 싶어 하거나 뜻대로 되지 않으면 소리를 지르기도 한다. 그럴 때마다 아기를 데리고 밖으로 나가고는 했고, 그래서 우리 가족은 카페나 식당에 가면 늘 이산가족이 된다. 가장 쉬운 해결책은 아기에게 스마트폰을 쥐여 주는 것이다. 식당에 가서 얌전한 아기를 보면 백이면 백

스마트폰에 빨려 들어가 있다. 의사들은 이것이 아주 위험하다고 경고한다. 결국 어느 공간의 평온은 아기의 미래를 파괴해 가며 이루어지고 있는 것일지도 모른다. 노키즈존은 아기에게 기회 자체를 박탈한다는 데서 더 말할 것도 없고, 키즈존이라고 해도 이런 묵시적인 사회적 압력이 존재한다.

아기가 아파트 놀이터에서 놀 때조차 이런 갈등이 많다. 밖에서 노는 아기가 신나면 소리를 지르기도 하는데 이것도 못하게 해야 할까? 내가 어릴 때는 놀이터에서 소리치며 논다고 시끄럽다 하는 사람은 없었다. 생각해 보면 그때는 인구밀도가 낮았으니 예민한 사람을 만날 가능성도 낮았던 것 같다. 시골에서 살았으니 더 그랬고, 도시의 아파트도 5층 정도이던 시절이었다. 그러나 이제는 도시의 인구밀도가 올라가고 있다. 우리 가족이 사는 아파트도 3개 동이 놀이터를 감싸고 있는데, 규제로 인해 층수가 가장 낮은 동도 10층이니 예전의 두 배다. 그러다 보니 예전과 비교해 놀이터가 시끄럽다고 생각하는 사람이 있을 가능성이 높아졌다. 뉴스에서 놀이터가 시끄럽다며 폐쇄한 아파트도 나오는 상황인데 이런 상황에서 아이를 대충 키울 수 있는지 모르겠다.

아이를 키우며 세상을 인터넷으로 접하다 보면, 세상은 기승전 부모탓이다. 아이가 다친 사건·사고 기사의 댓글을 보면 '부모는 뭐했냐?', '부모 잘못이다'라는 비난이 주를 이룬다. 정말 그럴 수도 있다. 하지만 아이가 다치면 부모의 마음이 가장 아프고, 가장 자책한다. 굳이 그렇게 비난하지 않아도. 게다가 아기를 데리고 다녀 보니, 부모가 슈퍼맨이 아닌 이상 잠시 한눈팔지 않아도 아기는 얼마든지 다칠 수 있다. 우리 사회의 인프라가 아동친화적이지 않기 때문에 부모는 늘 신경이 곤두서 있고 심각하게 자기검열을 하게 된다. 하지만 우리 사회는 또 그런 모습에는 유난이라며 대충 키워도 된다고 한다. 과연 내가 아기를 대충 키워서 아기가 그들에게 피해를 줘도 그렇게 말할 수 있을까?

같은 것을 같게, 다른 것을 다르게 하는 것이 평등이라면 우리 사회가 진짜 평등한 사회가 되기 위해서는 아기가 어른이길 바라서는 안 된다. 아기가 무슨 짓을 해도 용인하라는 것은 아니다. 당연히 과도한 부분은 부모도 아기를 훈육하고 자제시켜야겠지만 일부의 사례를 들어 아기들에게 지나치게 과도한 잣대를 들이대는 것은 아닌지 모르겠다. 술 먹고 사고 치는 사람이 있다고 해서 우리 사회가 술을 못 팔게 하거나, 담뱃불로 산불이 났다고 모든 흡연인을 범죄시하지 않음에도 아이에 관해서는 일부의 사례로 지나치게 엄격한 느낌이다.

이런 엄격함 자체가 저출산의 원인일지 모른다. 아기를 이등시민으로 여기고, 가장 후순위로 여기는 문화 자체가 아기를 낳는 장벽이다. 제로섬의 사회 분위기에서, 사람들은 내가 양보하면 그만큼 손해라고 생각한다. 그래서 더 양보하지 않고 아기에게 엄격한지도 모르겠다. 결국 희생의 대상은 부모에게 집중된다. 그렇게 젊은 부모들은 행복의 파이가 감소하기 때문에 출산을 거부하는 것은 아닐지 생각해 볼 때다. 사회가 가족에게 조금 더 관대하고, 양보해 주어 그들의 행복의 파이가 더 커진다면 달라질 수 있다. 아기가 좀 떠들고, 사고 치고 하는 것을 이해하고 받아들이는 사회가 되어야 마을이 아이를 키우는 것이 될 텐데 과연 그런 날이 올까. 우리 모두 분명 아기였고, 그때 누군가의 관대함으로 이 자리에 서 있을지 모르는데 그 사실을 망각하고 누구도 아기가 아니었고, 누구도 늙지 않을 것이란 생각으로 살아가는 것은 아닌지 돌아보게 된다.

아기가 어릴 때 자장가로 〈섬집아기〉를 불러 주었다. 그런데 동요를 부르다 보면 가끔 이상하다는 생각이 들었다. 가사를 잘 들어 보면 '엄마가 섬 그늘에 굴 따러 가면, 아기가 혼자 남아 집을 보다가'인데 지금의 기준으로는 불가능하다. 최근 본 신문기사 중 하나는 아버지가 초등학생 아이를 두고 돈을 벌러 나가 주말에만 돌아와 아동학대로 처벌을 받았다는 것이었다. 과연 예전에는 이런 일로 처벌을 받았을까? 아이를 방치하고 밖으로 나가면 아동학대인 세상이다. 잘못되었다는 것이 아니다. 예전에 비해 기준이 많이 높아졌다. 많이 늘어난 정보, 교육수준 등으로 아이에게 신경 써야 할 것도 더욱더 많아졌다. 그럼에도 사람들은 아이를 키우는 부모들이 유난스럽다고 한다. 과거와 비교해 높아진 눈높이는 생각하지 않는다.

한국의 육아가 부모들이 지나치게 간섭해서 힘들다고 하는 기사도 봤다. 아기를 키우며 가끔 그런 생각을 한다. 조금 내려놓고 내가 더 편해져도 되는 게 아닌가 하는. 쉬운 일이 아니다. 세상을 못 믿어서 그런 부분도 있지만, 세상의 따가운 시선을 피하기 위해 노력하는 경우도 많다. 부모도 편하고 싶다. 오히려 부모야말로 아이를 기다려 주면 자신도 편하고 아이도 성장한다. 하지만 사회는 그 미숙함을 기다리지 않는다. 사람들은 자신에게 피해가 없는 데서는 쉽게 말하지만, 정작 피해가 오면 예민하다. 좋아진 세상의 기준은 점점 높아지니 아이에겐 점점 더 어려워진 세상이 열리고 있다.

제 커리어에 육아는 없었습니다만

산업화된 육아와
불신비용

세상은 겉보기에는 많이 좋아진 것 같지만, 실상을 들여다보면 그렇지 않은 점도 많다. 어른들은 육아가 예전에 비해 많이 편해지지 않았느냐고 묻는다. 일회용 기저귀 덕분에 기저귀를 삶아야 하는 것도 아니고 의료나 경제적 수준도 비약적으로 발전했다. 이유식도 이제는 배달이나 간편식으로 사 먹을 수 있으니 언뜻 보기에는 아이를 키우는 데 들어가는 노력이 많이 감소할 것 같다. 게다가 이제는 아이를 맡기는 것도 가능하다.

그러나 아이를 키우면서 외형만 그럴듯하다는 점을 느낀다. 외화내빈은 우리 사회의 전반적 문제겠지만, 육아에서도 체감하게 될 줄은 몰랐다. 부모가 일터로 내몰리고, 육아는 산업화되었지만 그 산업이 얼마나 신뢰할 만한지는 물음표다.

모두가 알다시피 우리 사회는 불신비용이 큰 사회다. 이런저런 이유로 회계감사 환경에 문제의식을 가지고 법개정 활동을 해 왔다. 이때 느낀 것도 우리 사회는 법을 지켜야 할 것이 아니라 피해 가야 할 것으로 생각한다는 것이었다. 법이 바뀌어도 지킬 생각보다 피해 갈 생각을 먼저 한다. 위법으로 걸린 사람들은 그냥 재수가 없었다고 받아들인다. 모두가 지키는데 나만 안 지켜야 잘못했다 생각하는데, 모두가 안 지키는데 나만 걸렸다고 생각하면 재수가 없다고 느끼게 마련이다. 이런 세상에 대한 불신으로 나는 가능한 이유식을 만들어서 먹였다. 다행히 내 성격이 식재료까지 무농약, 친환경을 따지는 스타일은 아니다 보니 식재료를 사면서는 그런 의심까지는 하지 않아도 됐다.

　물론 가끔 불가피한 경우에는 이유식을 사 먹이기도 했지만 가능하면 사 먹는 것을 최소화하려고 했다. 시판 이유식을 믿을 수가 없었다. 이건 단순한 나의 불신만은 아니다. 실제로 아기를 키우는 동안 그런 기사가 나왔다. 한번은 이유식의 영양성분표시가 잘못됐다는 기사였고,[19] 다른 한번은 이유식의 원재료 함량을 속였다는 뉴스였다.[20] 하지만 그뿐, 이 사람들이 어떤 처벌을 받았는지, 어떻게 이런 일을 방지해야 하는지 뒷이야기는 전혀 알 수 없다. 이런 문제에 죄의식이 있는지조차 모르겠다. 원재료의 함량을 속였던 기업은, 홈페이지에 들어가 보니 가지고 있는 것은 교환/환불해 주겠다고 올렸을 뿐 지금까지 속여 왔던 것에 대해서는 죄

제 커리어에 육아는 없었습니다만

송하다는 안내문으로 끝이었다. 원재료의 함량을 속인 것은 엄연한 범죄임에도 이들이 얻은 부당이득이 환수되었다는 소식도 찾아보기 힘들다. 아마 과태료 조금 내고 시간이 지나면 잊혀지고, 혹시나 이미지가 나빠져 회사 문을 닫더라도 간판을 바꿔 달아 다시 시작하면 그만 아니겠냐고 생각하지 않을까 싶다.

아기를 직접 보게 된 것도 이런 불신비용 때문이다. 뉴스에 나오는 도우미의 아동 학대, 어린이집의 학대 기사를 보다 보면 말도 못하는 아기를 맡기는 게 불안할 수밖에 없다. 이러한 문제가 있을 때 강력한 제재가 있다면 모르겠지만 그렇지도 않으니 결국 알아서 조심할 수밖에 없다. 확률적으로는 매우 낮은, 어쩌다 일어나는 일이지만 이건 확률의 문제가 아니라 발생하면 돌이킬 수 없는 일이니 위험을 감수하지 않게 된다.

육아서에서 객관적으로 세상은 더 안전해졌는데 부모들만 그렇게 느끼지 못한다는 이야기를 보았다. 안전해진 사회인데 부모들이 너무 과민하다고 이야기하는 경우가 많다. 수치로는 미세먼지가 예전에 비해 나아졌다고 하지만 사람들은 눈에 보이는 미세먼지를 보며 더 불안이 높은 것처럼 눈에 보이는 사건이 많아서일 수도 있다. 부모의 입장에서 느끼는 건 안전의 영향이 모두에게 공평하게 미치지 않을 수 있다는 것이다.

어린 시절 나는 초등학교에서 혼자 하교했다. 지금은 우리 집에서 초등학교 문을 바라보면 하교시간에 아이를 기다리고 있는 부모들로 가득하다. 하원도우미를 구한다는 글도 지역 커뮤니티에 자주 보인다. 이렇게 주변의 눈높이가 올라가니 나만 하지 않기도 어렵다. 하지 않는 사람만 위험을 크게 부담하는 셈이다. 최근 뉴스에서도 엄마가 데리러 오지 않는다는 이유로 범죄의 타깃이 된 경우가 있었다. 그리고 도시화와 정보화로 체감하는 정보도 더 많아졌다. 내가 어릴 때도 유괴 사건이 있었고, 조심하라는 이야기를 들었지만 언론에 나오던 게 시골에서는 큰 체감이 되지 않았다. 그런데 이제는 아이 키우는 대다수가 도시에 모여 살고 있으니 내 주변의 이야기로 느낄 것이다.

부모의 눈높이를 탓할 것이 아니라 예전에는 신경 쓰지 않던 것까지 신경 쓰고 살아야 하는 현실을 바꿔야 한다. 육아가 산업이 되면서 부모들은 기업의 부정 위험까지 생각해야 하는 상황에 몰렸다. 이유식을 사 먹이려면 식재료가 괜찮은지, 함량을 속이지 않는지 신경 써야 하고, 일회용 기저귀가 일상화되면서 화학물질도 걱정해야 한다. 가습기살균제 사건이 발생할 것이라고 그 누가 짐작이나 했겠는가. 그런데 사건은 일어났고, 처벌은 아직도 이뤄지지 않았다. 결국 부모 스스로 이러한 사건을 예방하기 위해 노력해야 하는 상황이 되어 버리는데 예방을 완벽하게 하는 것에 소요되는 비용이 가장 크다. 그만큼 부모들은 많은 시간과 비용을 육아에 쏟아야 한다.

다시 옛날로 돌아가자니 육아가 산업화되면서 부모들은 일터로

제 커리어에 육아는 없었습니다만

내몰렸기 때문에 돌아가는 것도 쉽지 않다. 회계사 선배들에게 들은 우스개로 회계사들은 컴퓨터가 발명됐을 때 직업이 없어질 줄 알았다고 한다. 그런데 오히려 일이 훨씬 더 많아졌다. 그다음으로 엑셀이 발명되었을 때 또 직업이 없어질 줄 알았다고 한다. 하지만 그 이후로 더더욱 일을 많이 하게 되었다. 예전에 T자를 들고 수기로 분개分介를 작성할 때 봐야 할 서류에 비해, 전산으로 일을 하는 지금 검토해야 할 수량이 훨씬 더 많이 늘어난 까닭이다. 분량이 늘어난 만큼 난이도도 높아졌다.

육아도 마찬가지다. 예전에는 그냥 조부모로부터 전승되는 수준의 지식으로 육아를 했지만 지금은 여러 가지 정보가 넘쳐 난다. 교과서는 점점 두꺼워지고 요구되는 상식의 수준도 점점 올라가서 예전처럼 육아를 하다간 잘못하면 학대 소리를 들을 수도 있다. 세상이 발전한 만큼 육아에서 해야 할 일도 더 많이 늘어났다. 육아에도 공부가 필요한 세상이 되었지만 부모에게 공부할 시간은 없다. 그저 별일 없기를 바라는 마음으로 아이를 키우기는 더 미안해진다. 좋은 것만 해 주는 건 불가능하다. 그래서 나쁜 것이라도 피해 가고 싶은데 그것마저 쉽지 않은 세상이다. 아이와 관련한 사건만이라도 강력한 처벌이건, 예방책이건 확실한 조치가 있었으면 좋겠다.

내가 늦둥이 아빠라고?
—체력의 한계

아기가 태어나고 한 회의에 참석했다. 회의 참석자 가운데 내가 제일 어렸는데 어쩌다 보니 주제가 아기에 대한 이야기로 넘어왔다. 그때 회의 주최자께서 나에게 '늦둥이 아빠'라고 말씀하셔서 내가 그렇지 않다고 설명을 했다. 위 세대에서는 30대 후반에 아기를 낳는 게 늦둥이였겠지만, 지금 내 주위에는 나보다 더 늦은 나이에 아기를 낳는 경우도 많다. 《2023 통계로 보는 남녀의 삶》에 따르면 첫째 자녀를 낳는 여성의 평균연령이 32.6세다. 초혼연령에서 남성이 여성보다 2.5세가 더 높다고 하니 남성의 평균연령은 35세 정도가 아닐까 싶다. 내가 아기를 만난 건 36.x세였으니 평균보다 그리 늦은 건 아니었다.

아기를 키우다 보니 늦었다는 생각이 들 때가 있다. 아기가 점점 커 가며 무거워지고, 활동적이 되니 체력의 한계를 실감한다. 건강에 대한 걱정은 별로 하지 않고 살았다. 어릴 때부터 시골에서 뛰어놀며 자랐기 때문에 체력이 크게 나쁘지도 않았고, 중·고교 6년을 왕복 40분~1시간 정도 자전거로 등·하교했기 때문에 그때 저축해 둔 체력을 잘 사용하며 살고 있었다. 회계법인에서 새벽까지 야근하면서도 그런대로 잘 버틸 수 있었고, 아기가 더 어렸을 때는 아기캐리어에 태우고 등산도 했다. 물론 서울살이를 하면서 운동과 거리가 먼 삶을 살았지만 비축해 둔 체력으로 인해 평균 정도의 체력을 가지고, 그럭저럭 살아가고 있다고 생각한다.

그런데 육아를 하면서 생각지도 못한 체력과 정신력의 한계를 느낀다. 아무리 부모의 체력이 저질인들, 아기보다는 훨씬 나을 텐데 왜 힘들까 생각했는데 직접 키워 보니 알 수 있었다. 아기는 힘들면 자면 되지만, 부모는 그 시간에도 바삐 움직여야 한다는 것을. 사람들은 백일의 기적이라고 하는데, 백일이 되기 전의 아기는 통잠을 자지 않고 중간중간 깨서 울기 때문에 잠을 제대로 잘 수 없다. 잠을 안 재우는 게 왜 고문인지, 이때 깨달았다. 당시 수면시간이 체크되는 기기를 팔에 차고 있었는데 하루에 서너 시간 자는 것으로 측정되었다. 그것도 한두 시간 자고, 중간에 잠을 못 자다가 다시 한두 시간을 자는 식이었다. 잠을 못 자고 아기를 보니 긍정적인 효과로 살은 빠졌다. 힘들어서였는지, 취업한 이후로 가장 낮은 몸무게로 내려가기도 했다.

그래도 이 시기만 지나면 아이가 어릴 때는 그런대로 괜찮았다. 움직이지 못하는 아기를 볼 때는 나도 많이 움직이지 않아도 되었다. 그리고 아기들은 잠을 많이 잔다. 아기를 낮잠 재우다가 나도 모르게 같이 잠든 적도 많았다. 그러나 아기가 점점 무거워지고, 또 걷기 시작하면서 새로운 세계가 열렸다. 우리 아기는 태어날 때부터 또래에 비해 무거운 편이었는데, 그래서인지 체력이 좋고 잠은 덜 잤다. 건강한 것이 부모 입장에서 다행인 일이라 잠을 덜 자도 튼튼하게 크는 게 제일이라 생각한다. 하지만 잠을 덜 자니 힘든 면도 없지 않았다.

걸어 다니기 시작하면 야외 활동이 늘어난다. 근데 혼자 다니는 아기와 달리 나는 아기를 안고 다니거나, 아기 짐도 들고 다녀야 한다. 유아차에 아기를 태워 산책을 나갔는데 아기가 안아 달라고 하면 한 손으로 아기를 안고 한 손으로는 유아차를 끌어야 한다. 한 손엔 13kg을 들고, 다른 한 손으론 10kg을 밀면서 다니면 금세 지친다. 또 아기가 무언가 할 때 같이해야 하는 경우도 많다. 미끄럼틀을 타는 게 이렇게 힘든 일인 줄 몰랐다. 아기는 재밌다고 미끄럼틀을 계속 타면서 아빠도 타라고 하는데, 어릴 때처럼 앉아 있으니 미끄러지는 게 아니었다. 미끄럼틀도 삶의 무게를 반영한 것인지, 무거워진 몸만큼이나 내려가는데 힘은 더 들었다. 게다가 나는 힘이 빠져도 누가 날 안아 주지 않는데, 아기는 힘들면 안아 달라고 한다. 아기는 이동하는 차에서 자면 되지만 나는 졸음운전을 하면 안 되고, 평소에도 아기가 잘 때 다른 일을 해야 하지만 아기는 잠만 잘 자면 된다. 때로는 나가서 7, 8시간씩 서서 하루 종일 강의하기도 하는데 그런 날이라고 아기가 나에게 쉬라고 봐주지 않는다. 이렇게 육아를 하는 것만으로도 충분히 힘든데 일도 같이해야 하니 부모의 체력은 바닥날 수밖에 없다.

인터넷에서 왜 20대에는 밤을 새도 쌩쌩한지에 대한 글이 있었다. 원래 아이 키우라고 준 체력이라는 것이다. 웃자고 하는 이야기지만 겪어 보니 정말 그런가 싶다. 육아를 위한 절대적인 시간도 부족하지만, 결혼이 늦어진 만큼 육아를 하는 체력이 더 부족해서 힘이 든다. 지금은 대학을 졸업해도 20대 중반인데 그때 결혼하는 경우는 상상하기 쉽지 않다. 그리고 세상이 너무나 좋아져서 그때 결혼할 사람도 없다. 이런 것을 보면 저출산은 시대의 변화에 따른 자연스러운 모습인가 싶다. 혼인연령이 늦어지며 기회비용은 커지고 체력적으로 힘들고 둘째를 낳기에는 늦어진다.

1주일이 7일인 것은 변함이 없는데 요구되는 과업은 점점 늘어간다. 결국 조금은 덜어 내야 우리가 살아갈 수 있을 것이다. 아기가 돌이 지난 5월에 어린이날로 1주일에 사흘을 쉬었는데 그 주만큼은 그래도 좀 살 만했다. 육아는 계속되었지만, 엄마가 일이 하루 줄어들어 그 시간에 아기를 보니 나도 가사를 더할 수 있고 그러고 나서는 잠시 여유가 생겨 같이 근처에 놀러 갈 수도 있었다. 비로소 조금 온전한 가족이 된 느낌이라고 할까? 이런 날이 자주 있어야 아기를 낳고 키울 수 있을 것이다. 근로시간 단축이 육아 하는 사람에게만 혜택이 되면 다른 동료에게 부담이 되고, 눈치가 보여 있는 제도를 쓰지 못할 수도 있으니 전 사회적으로 이렇게 변화할 수 있다면 좋겠다.

못살던 시기에는 잘사는 것이 지상과제였으니 모두가 잘살기 위해 노력한 것을 이해한다. 그러나 잘살게 된 지금, 더 잘살기 위해서 여전히 모두를 동원하는 것은 어리석은 선택이다. 그 결과가 지금의 저출산 아닐까? 저출산이 정말 당면한 큰 문제라면, 모두가 저출산 문제에 맞춰 동원되어야 하고 그것은 개인이고, 기업이고 다르지 않아야 할 것이다. 아이를 키우기 어려운 상황이라면 근로시간을 단축하고 아이에 맞추도록 해야 제대로 된 저출산 대책이 아닐까? 여전히 경제논리에 아이들을 맡기고 있다는 건 저출산이 그만큼 중요하지 않다는 이야기일 뿐이다.

통계로 톺아보기 결혼연령과 저출산

2023년 혼인통계에 따르면 평균 초혼연령은 남성 34세, 여성 31.5세라고 한다. 이는 10년 전과 비교했을 때 남자는 1.8세, 여자는 1.9세 증가한 결과로 20년 전과 비교해 보면 남성은 3.9세, 여성은 4.2세가 높아졌다.

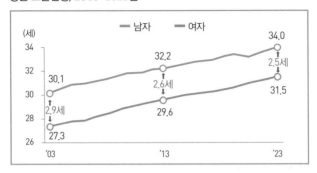
평균 초혼연령, 2003~2023년

대략적으로 10년마다 2년씩 결혼 시기가 늦어지고 있다. 10년 전의 합계출산율도 약 1.2명이고 20년 전의 합계출산율도 약 1.2명이었던 점을 감안하면 혼인연령의 증가가 저출산과 큰 상관관계가 없는 것도 같다. 그러나 아이를 키우며 혼인연령이 늦어지니 아이를 둘 이상 낳기는 어렵겠다는 점을 느낀다.

2023년의 혼인연령을 우리 나이로 생각해 보면 남자는 36세, 여자는 33세경에 결혼을 하게 된다. 신혼부부통계에서 초혼 신혼부부가 첫째 자녀를 출생하는데 소요되는 평균 기간이 17.3개월이라고 했는데, 이를 적용해 보면 남성은 거의 38세에, 여성은 35세가 되어서 아이를 낳는다. 아이를 2년 정도 키우다 보면 남자는 40세가 되는데 이때 둘째를 가지는 것이 쉽지는 않을 것이다. 다른 조건들이 갖춰지더라도, 나이가 걸림돌이 될 것이다. 결국 저출산 문제를 생각하다 보면, 낳고 기르는 어려움도 문제지만 혼인 자체가 줄어들고 늦어지는 것을 생각하지 않을 수 없다. 왜 이렇게 늦어지게 됐을까? 이것도 결국 세상이 살기 팍팍함을 상징하는 통계가 아닐까.

이제는 평생고용이 가능한 회사들이 점점 줄어들고 있다. 정년이 있지만 공공 영역을 제외하면 무의미한 경우가 많다. 그래서 사람들은 계속해서 자기를 계발해 가며 생존을 위해 발버둥 친다. 육아휴직제도가 아무리 잘 되어 있다고 한들, 어떤 회사에서 3, 4년 후에 이직해야 한다면 아이를 낳기가 어려울 것이다. 육아휴직을 쓰고 나서 이직하면 비난받을 것이고 그렇다고 이직 직후에 출산을 하기에도 눈치 보인다. 기업들은 이런 이유로 여성 구직자를 덜 선호한다고 한다. 사실이 아닐지라도, 최소한 우리는 그렇게 인식하고 있다. 결국 기혼인데, 아직 아이가 없는 여성은 구직시장에서 불리해질 가능성이 크니 이직을 통해 안정적인 직장에 안착하기 전까지는 결혼을 미루고, 그렇게 안정적인 직장에 안착하는 연령이 점점 늦어지는 만큼 혼인연령도 늦어진다.

기업은 이윤을 극대화하기 위해, 변화에 유연하게 대응하기 위해 점점 고용을 유연화하고 근로자들의 경쟁을 부채질하지만, 이렇게 불안해진 근로자들은 점점 아이를 낳기 힘들어질 것이다. 기업이 나쁘다는 것이 아니다. 기업도 생존을 위해서 어쩔 수 없는 측면이 있다. 그러나 기업이 전가한 불안은 부모에게 가고, 부모는 그 불안으로 아이를 낳지 못한다. 우리 사회의 불안이 우리를 더 불안하게 몰아가고 있는 것은 아닌지. 한두 가지가 바뀌어 쉽게 해결될 문제는 아닌 것 같다.

백만 원 육아도우미가 있으면
우린 행복해질까

정치권에서 갑자기 외국인 가사도우미가 논란이다. 처음 조정훈 의원이 2023년에 발의한 외국인 가사도우미 관련 법안으로 논란이 촉발되더니 마침내 서울시에서 이를 도입하였다. 뉴스에서는 가사도우미라고 말하지만 실제 업무 영역이나 저출산 해결책임을 감안하면 육아도우미에 가깝다. 최저임금 혹은 백만 원으로 고용할 수 있는 육아도우미가 있다면 우리는 행복해질 수 있을까? 나는 아니라고 생각한다. 육아정책 입안자들이 아이를 직접 키워 보지 않았기에 너무 단순하게 접근한다. 어쩔 수가 없다. 과거에는 제도가 미비하기도 했고 설령 있다고 해도 성공을 위해서는 뒤처지면 안 되었기에 아이를 맡기고 바로 복직하거나 육아에 무관심한 것이 정답이라 생각했을 것이다.

실제로 고위공무원으로 퇴직한 분과 이야기를 나누는데, 내게 애 키우는 엄마들이 얼마나 살기 좋냐고 말했다. 대낮에 나가면 골프장에 엄마들만 가득하다고. 재벌 회장이 친구면 전 국민이 다 부자일까. 이게 일반적인 성공한 사람들의 생각 아닐까. 성공하고 돌아보니 주변에는 다들 성공한 사람들이고, 상류층의 삶의 방식만 보이는데 보통 사람들이 겪는 어려움을 이해하기도, 공감하기도 어려울 것이다. 직접 아이를 키워 보니 과연 육아정책을 내놓는 사람들은 육아에 얼마나 기여했을지 궁금하다. 듣기에 좋아 보이는 정책이지만 현실성은 제로라고 느껴진다. 성공해서 싱가포르에 가 보면 가사도우미가 획기적으로 보일지 모르겠다. 그러나 주재원으로 파견 간 후배는 한국에서는 절대 성공하지 못할 제도라고 평가했다. 직접 육아를 하는 입장에서는 '내' 일이라 쉽지 않은 걸 알 수 있는 것이다.

우리는 코로나19의 한복판에서 아이가 태어났기 때문에 산후조리원에서 집으로 돌아와 둘이서만 아이를 돌봤다. 산후도우미 지원사업이 있는 것을 알고는 있었지만 쓰지 않았다. 코로나19에 대한 걱정이 가장 컸고, 모르는 사람과 2주간 잘 있을 수 있을지 염려되는 부분도 많았다. 온라인에 검색해 보면 별의별 불만에 찬 후기들이 많았다. 물론 간혹 좋다는 후기도 있지만 그런 분은 예약이 꽉 차 있어 우리처럼 갑자기 구하는 사람에게 행운이 오기는 힘들었다. 산후도우미사업의 요금은 3주 기준으로 정부지원금을

제 커리어에 육아는 없었습니다만

제외하고 약 80만 원 정도다(지역, 소득에 따라 차이가 있다). 백만 원 육아도우미와 금액 차이가 크지 않다. 물론 일시적으로만 활용할 수 있어 영구적으로 활용 가능한 제도와 차이가 있겠지만 이미 실시하고 있는 현행 제도에 과연 사람들이 얼마나 만족하고 있는지 살펴보긴 한 것일까. 같은 우리나라 사람이 와도 불편하고 어려운 것이 많고 이로 인한 갈등이 상존하는데 과연 외국인 육아도우미로 해결이 가능할까?

도우미 없이 1주일을 둘이서만 보다가 도저히 안 되겠다 싶어서 결국 신청했다. 아무래도 도우미 선생님은 엄마랑 유대를 형성하려 해서 그랬는지 아내에 비해 나는 크게 불편하지 않았다. 하지만 이런저런 불만사항이 없지는 않았다. 일단 아이를 안고 휴대전화를 보는 경우가 많았다. 좋지는 않았지만 회사에서도 일하다가 휴대전화를 보는 사람이 있으니 그러려니 했다. 아이를 앞으로 안고 뜨거운 요리를 하기도 하는데 불안하기도 했지만 요리하려면 어쩔 수 없다고 생각하니 그냥 그때는 내가 안고 있겠다고 했다. 베테랑이니 잘하시겠지만 불을 쓰는데 아이가 가까이 있으니 무슨 실수라도 있지 않을까 걱정이 됐다.

뭔가 이런저런 걱정을 덜어 놓지 못하니 결국 도우미를 쓰더라도 편하지만은 않았다. 불편은 덜어지지만, 그만큼 신경 쓰이는 다른 것이 생기기 때문에 우리는 그냥 정부지원금이 나오는 선에서만 이용하고 말았다. 보통 육아도우미 분들의 연령대가 높다 보니, 문화 차이에서 오는 갈등도 많다. 코로나19를 겪은 후라 위생에 대한 민감도가 더 올라간 부분도 있을 텐데 이분들은 여전히 예전 방식을 고수하신다. 온라인에서 보면 위생 문제나, 일방적으로 부모를 가르치려 하는 태도 등으로 육아도우미를 교체했다는 이야기를 쉽게 볼 수 있다.

선사시대에는 아이를 많이 낳고 생존하는 아이만 남겼을 테니 육아가 어렵지 않았을 것이다. 그렇지만 저출산시대에 아이를 키운다는 건 한 번의 실수도 돌이킬 수 없는 일이다. 그래서 부모는 노심초사하며 아이를 키운다. 그런데 비용이 저렴하다고 외국인에게 선뜻 맡길 수 있을까. 값싼 것만 찾았다면 우리 사회의 사교육비 같은 육아비용이 이렇게 폭증했을지 의문이다. 최저임금 적용의 유무만 가지고 논란인 것만 봐도 육아하는 부모의 마음을 모르는 것이다. 현실적으로 성공 가능성이 낮아 보인다.

백만 원을 받고 온 그들은 어디서 머물러야 할까? 만약 입주도우미를 생각한 것이라면 가뜩이나 비싼 서울의 집값을 고려할 때 입주도우미에게 내어 줄 공간이 있는 사람이 얼마나 될지 모르겠다. 1~2백만 원의 가격이 문제인 것을 보면 입주를 시켜 이용할 여력이 안 되는 사람이 대부분일 것이다. 외부 숙소에서 출퇴근한다고 하면 백만 원을 받는 근로자들은 서울에 살기가 어렵다. 당장 시범사업으로 입국한 필리핀 가사도우미만 보아도 주거비가 상당하다는 기사가 보인다. 열악한 주거환경에 노출되거나 단체

제 커리어에 육아는 없었습니다만

생활을 하면, 아이들의 감염에 민감한 부모들이 마음 편히 이용할지 의문이다. 게다가 이들을 국가가 소개해 주는 것이 아니라면 민간 소개소가 등장할 것이고 이들이 중간에서 가격을 올리거나 금액의 일부를 가져가게 될 텐데 이런 중개수수료로 백만 원이 백만 원이 아닐 수 있다.

문화와 환경의 차이는 어떻게 할 것인가. 기성세대의 육아도우미만 보고도 위생관념이 부족하다고 생각하는 젊은 사람이 많다. 대학생 때 캄보디아에서 인턴으로 잠깐 머무른 적이 있다. 출장으로 수도인 프놈펜을 벗어나 시골로 갔는데 거기에서 밥을 먹어야 했다. 선택할 수 있는 메뉴도 얼마 없었기에 메뉴 하나를 골랐는데 분명 검은색이라 생각했던 음식이 나오니 노란색이었다. 다시 판매대를 돌아보니 파리가 잔뜩 앉아 있어 색을 착각한 것이었다. 같이 간 직원들이 내 눈치를 보는 것 같아 괜찮은 척 먹었지만 찜찜했다. 아무리 교육한다고 해도 이런 문화 차이는 극복하기 힘든 장벽이다.

아기를 보며 힘들 때마다 사람들은 외주를 주라고 이야기한다. 경제적으로는 합리적인 선택이다. 돈을 많이 벌어서, 그 돈을 주고 누군가를 쓰고. 차액이 남으면 나에게는 이익이다. 하지만 힘들거나 싫은 일은 그만큼 난이도가 있다는 뜻이다. 그럼에도 우리는 낮은 비용으로 사람을 쓴다. 월급이 노동의 대가가 아니라 계급이 된 느낌이다. 노동의 수요와 공급을 이야기하며 아무나 할 수 있는 일이니 노동의 대가가 싸다고 주장하더니, 돌봄노동이 고되기 때문에 공급이 줄어들어 노동의 대가가 오르니 이제 외국에서 사람을 수입하겠다고 한다.

직접 아기를 키워 보니 돌봄노동은 고되고 가치를 인정받아야 하는 일이다. 아기를 기르는 일이 소중하고 신성한 일이라고 주장하면서 왜 그 노동의 대가는 인정하지 않는 것일까? 이런 모순을 간파한 젊은 세대들이 아이를 낳지 않는 것은 모르는 것일까. 누군가에게 아이를 맡기고 일을 하러 나가라는 것인데, 집에서 아이를 보는 것도 노동이라고 인정한다면 이런 대책이 나와서는 안 된다. 기업에 복무하는 노동은 신성한데 아이를 키우는 노동은 그렇지 않은가? 그럼 왜 아이를 낳아야 한다고 하는 것인가?

모든 것을 쉽게 외주화 하기보다는 일단은 부모가 할 수 있게끔 길을 열어 주는 것이 우선 아닐까. 지금 우리나라는 아이를 키우는 비용이 증가하니 비용을 줄이려고 한다. 반대로 아이를 키우는 데 드는 비용을 국가가 부담하는 방안도 있다. 경험해 보니 비싸고 안 좋은 것은 봤어도 싸고 좋은 것은 잘 없다. 아이가 정말 국가에 소중한 존재라면, 국가도 그만한 비용을 들여야 한다.

부모에게 아이를 볼 수 있게 하고 국가가 돈을 지원하면 예산 문제가 생길 수 있다. 그러나 이제 출생아가 25만 명 아래로 떨어졌다. 1인만 육아를 담당한다고 보면 25만 명에게 1년간 매월 300만 원의 급여를 보장한다고 가정할 때 9조 원의 추가비용이 든다. 2년간 보장하면 18조 원이다. 260조에 달한다는 저출산 예산을 고려해 보면 매년 18조 원이 많을까. 심지어 부모가 직접 양육함으로써 보육이나 다른 영역으로 들어가는 돈을 절감할 수 있기 때문에 실제로는 18조 원보다 훨씬 적은 비용이 들 것이다. 저출산의 타개를 위해 아낌없이 쓴다고 하는데 파격적 대책을 기대해 본다.

통계로 돌아보기　얼마나 벌어야 잘사는 것일까?
─ 백만 원 육아도우미가 나타난 저변에는

일을 멈추면 미래소득이 급격히 감소할 수 있으니, 잠깐 일을 쉬고 누군가에게 아이를 맡기는 것이 경제적으로는 이익일 수 있다. 그래도 한 달 월급이 고스란히 돌봄비용으로 들어가는 것이 마음이 편하지는 않을 것이다. 한 달 내내 회사에서 고생했는데 남는 것이 없지 않은가. 백만 원 육아도우미가 나타난 저변에는 다수의 넉넉하지 못한 임금 문제가 자리하고 있다. 임금을 올려 주자고 하면 기업의 부담이 가중되니 도우미에게 줄 비용을 줄이는 안이 나온 셈이다.

통계청의 가구당 월평균 가계수지에 따르면 가구 흑자액은 100만 원 남짓이다. 전체 가구의 평균이기는 하지만 가구주 연령별 통계로 보는 흑자액도 크게 다르지 않다(39세 이하 전체 가구 기준 130만 원 가량). 월

가계수지 항목별 소득 · 소비지출 (단위: 원)

가계수지 항목별	2023년 1분기		
	전체 가구	근로자 가구	근로자 외 가구
가구원 수(명)	2.27	2.39	2.09
가구주 연령(세)	52.73	47.73	60.41
가구 분포(%)	100.00	60.54	39.46
소득	5,053,853	6,055,393	3,517,428
경상소득	4,940,914	5,938,079	3,411,200
근로소득	3,326,425	5,102,737	601,452
사업소득	803,838	238,229	1,671,517
재산소득	37,703	26,895	54,283
이전소득	772,948	570,218	1,083,948
비경상소득	112,939	117,314	106,228
가계지출	3,885,149	4,505,814	2,933,009
소비지출	2,822,336	3,164,066	2,298,102
비소비지출	1,062,813	1,341,749	634,907
처분가능소득	3,991,041	4,713,644	2,882,521
흑자액	1,168,704	1,549,579	584,419
흑자율(%)	29.3	32.9	20.3
평균소비성향(%)	70.7	67.1	79.7

* 자료: 통계청. 〈가계동향조사, 2023 1/4〉(2023. 5. 29.). 가구당 월평균 가계수지(전국, 1인 이상).

100만 원에 육아도우미를 쓰고 나면 사실상 남는 돈이 없다.

근로소득 통계를 살펴봐도 마찬가지다. 신문을 보면 다들 1억 이상 버는 것 같지만, 전체 근로소득자 중 상위 50% 소득이 연 3천만 원이다. 물론 근로소득 통계에는 중도퇴사자도 포함되지만, 1인 가구 기준 중위소득이 207만 원이고 2인 가구가 345만 원인 점을 고려하면 크게 틀리다고 하기도 어렵다. 최저임금 이상의 근로소득자만 놓고 계산하면 상위

제 커리어에 육아는 없었습니다만

50%의 소득이 연 4,200만 원 정도다. 세금과 4대보험을 제외하면 월 실수령액이 3백만 원이 조금 넘는 수준일 것이다. 여기서 주거비와 생활비를 제외하면 당연히 육아도우미를 쓰기 어렵다. 이들에게 백만 원 육아도우미를 제공하는 것이 '효율'을 중시하는 대한민국에 가장 맞는 스타일일지 모른다.

통계상으로 소득 상위층도 다들 살기가 힘들다고 말한다. 눈높이가 높아져서 그렇다는 어른들의 말도 아주 틀린 이야기는 아니겠지만 예전에는 사회에서 해 주던 일이 이제는 모두 비용으로 환산되어서 그런 점도 있다. 지금은 너무나 당연해진 맞벌이도 그리 오래된 문화는 아니다. 모두가 노동시장으로 나가니 노동의 값은 싸지고, 노동시장을 나간 부모를 대신해 돌봄노동이 생기니 사회적으로 일자리는 또 늘어나고. 맞벌이 모델은 수치로는 좋은데 개인은 불행해지는 모델이 아닐까 싶은 생각이 문득문득 든다. 모두가 열심히 살아가고 있는데 모두가 불행해지고 있는 것은 아닌지. 백만 원 육아도우미가 우리를 행복하게 할 수 있을지 잘 모르겠다.

어차피 엄마를 좋아해
─함께 육아할 수 있는 사회를 위해

아빠가 아기를 보니 아기는 아빠를 더 좋아할까? 잠깐 그런 시기
도 있었다. 아기가 16개월이 되었을 때이니 내가 아기를 주로 보
고 나서 반년 정도 지났을 때다. 나와 아내와 장모님이 있을 때 아
기에게 손을 잡게 했더니 아기는 나의 손을 먼저 잡고 그다음에
할머니의 손을 잡아 엄마가 몹시 서운해 했다. 뿌듯한 마음도 있
었지만 엄마의 서운함이 걸리기도 했고, 아기에겐 엄마가 필요하
다고 생각하는 옛날 사람이라 엄마와 아이가 더 친해지기를 바랐
다. 이제와 돌아보니 이게 아기에겐 좋지만 나에겐 좋지 않았다.
오늘 아침도 "아빠 아니야~"라는 소리를 들으며 아침을 맞이했다.
엄마가 일어나서 잠시 자리를 비운 사이에 아기가 깼는데, 옆에
엄마가 없는 것을 보고 아빠는 저리 가라고 한다. 두 돌이 조금 지

제 커리어에 육아는 없었습니다만

난 아기가 "아빠 방에 들어가"라는 말을 다 한다. 엄마가 일하며 아빠와 시간을 보낼 때도 아빠더러 나가라고 한다. 아빠가 일하고 엄마랑 놀겠다고 말이다. 나도, 아기도 원하는 바인데 정작 우리 둘이 시간을 보내고 있다.

2년간 아기와 많은 시간을 보냈다. 공부를 열심히 한다고 누구나 잘하는 것은 아닌 것처럼 아이와 잘 놀아 주는 것은 내가 열심히 해도 잘하지 못하는 영역이었다. 이런 내가 육아를 맡았으니 마치 야구에 재능이 있는 사람이 축구선수가 된 것과 같은 상황이었다. 반대로 아내는 내가 봐도 정말 좋은 엄마다. 아이와 함께하고 있는 모습을 보고 있노라면 아내가 아기에게 주는 온전한 사랑이 느껴진다. 그렇다고 내가 아기를 사랑하지 않는 것은 아니지만 아기를 대하는 방식이나 표현하는 태도 등에서 차이가 나는 건 어쩔 수 없다. 내가 아내에 비해 유일하게 잘하는 건 아기를 데리고 흥미로운 것을 찾아 밖으로 나가는 것뿐이다. 나는 성격이 급하고 목표지향적인 사람이라서, 그런 성격을 억누르고 아기에게 맞춰주려고 해도 가끔씩 불쑥불쑥 튀어나오는 것은 어쩔 수 없다. 이런 성격에 아기가 눈총을 받는 것에 스트레스를 받으니 밖에 나가서도 아이에게 금지시키는 것이 많다. 이러니 아기가 나보다 엄마를 더 좋아할 수밖에 없는 것도 같다.

어쩔 수 없다는 생각도 든다. 일단 아기는 엄마 배 속에서 10개월을 있었고 엄마와 자기를 한몸으로 인식하는 시기도 있었기 때문에 더 그럴 수밖에 없지 않나 싶기도 하다. 그것을 뛰어넘으려면 더 오랜 시간이 필요할 텐데, 그렇다고 엄마 없이 혼자서 아기를 볼 수도 없다. 물론 아기가 아빠랑 더 친하게 지내는 경우도 있다. 아빠 중에도 육아에 재능이 있는 사람이 있겠지만, 대체로는 엄마와 더 친한 것 같다. 낡은 사고일지 모르지만 아기를 키우며 아기의 양육을 엄마가 맡는 게 일반적이었던 것은, 엄마가 실제로 그걸 잘하는 경우가 더 많았기 때문일 것이라고 생각하게 됐다.

여성성, 남성성을 강요하는 것은 문제이지만 여성과 남성이 같은 것은 아니다. 개별적으로는 당연히 남자가 더 아기를 잘 보는 경우도 있겠지만, 환경적으로는 엄마와의 애착이 더 큰 경우가 대부분일 것이다. 그래서인지 아빠가 아기를 보는 것은 더 힘들고 비효율적인 것처럼 느껴진다.

일단 사회적인 목소리로는 아빠의 육아참여를 요구하지만, 막상 아빠가 육아를 하려고 나갔을 때 반기거나 쉽게 어울릴 수 있는 분위기는 아니다. 육아를 하는 것은 같지만, 처해 있는 상황이 다르기에 라포르rapport 형성이 어려운 것 같기도 하다. 엄마들 사이에 아빠가 한 명 있으면 아빠도 불편하지만, 엄마들도 불편할 것이다. 남성 중심의 직장문화에서 여성이 밀려나는 것과 마찬가지로, 여성들이 중심이 된 육아 커뮤니티에 남성이 배제되는 것은 남성의 육아참여를 어렵게 하는 만큼 인식의 변화도 필요하다.

게다가 지금까지 그래 왔기 때문에 사회의 육아 인프라는 대부분 엄마를 중심으로 설계되어 있다. 엄마에 대한 차별이라고 생각할 수도 있겠지만, 아빠가 육아를 해 보니 그래서 아빠도 더 힘들다. 아빠의 육아참여가 많아져야 이런 시설이 늘어나는 것인지 이런 시설이 많아져야 육아참여가 늘어나는 것인지, 닭이 먼저냐 달걀이 먼저냐의 문제 같다. 어쨌든 결론은 우리 사회가 누구나 편히 육아할 수 있게 투자를 더 해야 한다는 것이다.

엄마가 육아를 해도 힘든 점은 있다. 체력적인 측면에서는 내가 육아를 하는 게 분명 더 나았다. 부모 모두 아이가 크는데 나름의 역할이 있는 것이다. 엄마와 아빠가 번갈아 아이를 보는 게 아니라, 엄마 아빠 모두가 함께 육아를 할 수 있도록 육아와 일을 함께할 수 있는 환경을 만들어 가야 한다.

일은 해결이 쉽지 않다. 우리 사회의 지나치게 경쟁적인 문화가 바뀌지 않고서는 일과 육아를 병행할 수 없다. 회사를 쉬기 싫은 건 손해가 크기 때문이다. 누가 쉬어도 손해가 없다면 자연스레 함께 육아가 이루어지지 않을까. 굳이 일·가정을 양립하라고 강요하지 않아도 된다. 최근 논의되는 강제 육아휴직도 대안이 될 수 있다. 물론 유연근무나 재택근무와 같은 다른 방식도 있겠지만, 실효성이 부족할 가능성이 높다. 연말에 연차휴가가 남아 있으면 강제로 휴가를 쓰고 쉬어야 하는데, 일이 많다고 휴가를 쓰고 일을 하는 경우가 있다. 마찬가지로 육아를 한다고 유연근무, 재택근무를 시켜 줘도 일을 줄여 주지 않으면 유연근무나 재택근무는 유명무실해진다. '강제'라는 것에 기업도, 개인도 반감이 생길 수 있다. 그러나 우선순위를 달리 생각한다면 어렵다고 할 것이 아니라 해야 할 일이다.

우리 사회의 우선순위는 항상 기업이다. 먹고살아야 그다음이 있다는 먹고사니즘이 우리 사회를 지배하고 있다. 그래서 일을 하면서 육아를 양립할 수 있도록 하려 한다. 하지만 저출산이 위기이고 해결해야 할 첫 번째 과제라면, 육아를 하면서 일을 병행할 수 있는, 육아 중심으로 일을 배치할 수 있도록 해야 한다.

우리는 저출산 문제를 이야기하며 성인의 관점에서 해결책을 바라보지만 아이의 입장에서 가장 좋은 것은 엄마와 아빠, 모두가 있는 것이다. 아기는 나의 손을 잡고도 잘 걷고 엄마의 손을 잡고도 잘 걷지만, 엄마와 아빠가 양쪽에서 자신을 잡아 줄 때 가장 잘 걷고 가장 활짝 웃는다. 우리가 저출산을 해결하겠다고 엄마나 아빠의 육아휴직을 어떻게 할지 고민하지만 아기의 입장에서 가장 좋은 것은 엄마와 아빠가 모두 함께 있는 것이다. 어차피 영원히 같이 있을 수 있는 것도 아니다. 아이들은 어느 순간이 되면 또래와 노는 것을 더 즐거워한다.

엄마와 아빠가 모두 아이만 보면 누가 일하냐고 할 것이다. 30세에 취업해서 60세까지 일한다고 하면 30년인데, 아이 둘을 낳고 2년씩만 쉬게 해 주면 4년, 13%만 쉬는 것이다. 일자리가 없어 아우성인 우리 사회에서 이 정도의 시간은 배려해 줄 수 있지 않을까. 분업이 효과적이라는 측면에서 보면 일과 육아를 전문화하는 것이 나을 수 있고, 이게 발전한 모델이 아이를 별도의 기관에 맡기고 일만 하는 현실이다. 하지만 아이는 기계가 아니다. 아이에게는 부모와 함께하는 시간이 반드시 필요하다.

누구나 양육을 할 수 있는 환경 그리고 육아를 한다고 해서 뒤처지지 않는 환경을 만들어야 한다. 모든 양육 부부의 업무속도가 동시에 늦어진다면, 이들이 비혼, 비출산 부부에 비해 뒤처지는 문제가 있을 수 있지만 이것은 또 다른 방법으로 해결해야 할 일이다. 제일 좋은 것은 양육의 가치를 인정하는 것이다. 모든 것을 일 중심으로 해결하려고 하니 해결책이 보이지 않는데, 모두가 일을 하고 싶어 하는 건 반대로 우리 사회가 일 이외의 가치를 가벼이 하고 있다는 뜻이다.

말로만 육아가 숭고하다고 할 게 아니라 실제로 그렇게 존중받고, 혜택을 받는다면 사람들이 왜 출산을 선택하지 않겠나. 그러나 정부 정책을 보면 대체로 육아를 하는 사람에게 손해를 준다. 주부가 취업하거나 창업하는 것은 장려하지만 가사를 하는 것은 장려하지 않는다. 저출산시대에도 여전히 양육보다는 노동력으로 바라보기 때문일 것이다. 최근에야 공무원은 아이를 낳으면 고과를 더 잘 받을 수 있다거나, 일부 기업에서 다자녀 가구에 승진을 우대한다는 정책이 나온다. 이렇게 거창한 정책까지 가지 않아도 좋으니 차별만 없었으면 좋겠다.

저출산의 원인을 여러 가지로 진단하고 있다. 누군가는 폭등하는 부동산, 누군가는 치열한 경쟁, 누군가는 성평등 때문이라고 말한다. 언론에서 종종 가사노동 분담시간 통계를 발표하며 출산율과 연관 짓는다.

이런 기사들이 좋은 기사인지 잘 모르겠다. 그렇게 생각은 할 수 있지만 상관관계나 인과관계가 입증되지 않았기 때문이다. 그럴듯한 이야기지만 정말 그런가와는 다른 이야기다. 남편의 가사분담이 출산율과 관련이 깊다면 요즘 세대의 출산율은 올라야 한다. 남편이 육아를 하는 우리 집은 아이를 많이 낳았어야 하거나, 그럴 계획이 있어야 한다. 그런데 우리에게 특별히 그런 계획은 없다.

이런 기사 혹은 주장들의 가장 큰 문제점은 개인에게 책임을 전가한다는 것이다. 개인의 책임으로 전가되니 사회는 할 일을 게을리한다. 문제의 본질은 사회이다. 이렇게 개인의 책임으로 전가될수록 성별갈등만 심해지고 해결은 더 어려워진다. 곳간에서 인심 난다고 여유가 있으면 가사노동을 더 해도 큰 불만이 없다. 그런데 우리는 일이 많으니 가사노동을 더하면 불만이 생길 수밖에 없다. 아마 가사노동을 적게 하는 남성의 다수는 야근이 많고 일이 힘들어서 덜한다고 변명할 것이고, 통계로 보면 실제로도 그럴 가능성이 크다.

남성의 가사노동시간이 적음을 비판하는 예로는 통계청의 생활시간

맞벌이 가구의 생활시간조사 결과 　　　　　　　　　　　(단위: 분)

		맞벌이 가구		
		전체	남편	아내
□ 필수시간		11:12	11:11	11:12
	수면	7:53	7:54	7:53
	식사 및 간식	1:57	1:59	1:55
	기타 개인유지	1:21	1:18	1:24
□ 의무시간		9:04	8:46	9:24
	일(구직활동 포함)	5:15	5:50	4:37
	학습	0:03	0:04	0:03
	가사노동	1:58	0:54	3:07
	이동	1:48	1:58	1:37
□ 여가시간		3:44	4:02	3:25
	교제 및 참여	0:48	0:42	0:54
	문화 및 관광	0:03	0:03	0:03
	미디어 이용	2:02	2:14	1:49
	스포츠 및 레포츠	0:24	0:30	0:18
	기타	0:27	0:34	0:20

조사 결과가 제시되는데, 이 조사에 따르면 남성의 일하는 시간이 더 많은 것으로 나타난다. 일한 사람의 평균으로 남성이 여성보다 평일에는 1시간 9분, 토요일은 56분, 일요일은 22분 더 일한다고 한다.[21] 물론 가사노동시간은 여성이 남성보다 2시간이 더 많기 때문에 여전히 남성들의 노동이 적다. 맞벌이 가구의 시간을 조사한 표로 같이 판단해 보자.[22]

　　의무시간은 여성이 38분이 더 많다. 가사노동의 2시간 차이가 일에서 한 시간, 이동시간에서 20분가량 줄어들기 때문이다. 여가시간이 남성이 더 많은데 미디어 이용이 25분, 스포츠 및 레포츠 시간이 12분 더 많다. 남성의 가사노동이 부족한 본질은 근로문화이다. 야근이 더 많으니 피곤함이 클 수 있고, 이동거리가 멀어짐에 따른 신체적 피로가 있다. 주변에도 보면 양육에 대한 부담 때문에 부인의 직장 근처로 이사하고, 남편이 이동을 더하는 경우가 많다. 남편은 출퇴근이 길어져 육아를 하지 못할 뿐, 게을러서 하지 않는 것은 아니다. 게다가 남성에게 육아를 포기하도록 하는 사회적인 압력 때문에 남편들은 야근을 더 많이 하는 쪽으로 내몰린다. 초과근로가 잣대가 되는 세상에서 남성들은 과로로 내몰리고 자연스레 가정에 소홀하게 되며 이로 인해 여성들도 출산/양육의 책임을 뒤집어쓰게 되는 연쇄작용이 발생한다.

과로문화, 수도권 집중과 높은 집값으로 인한 장시간 출퇴근 등이 아빠에게서 육아를 빼앗아 가고 있다. 이런 상황은 도외시하고 성별의 문제로, 서로를 나쁜 사람이라 손가락질하면 달라지는 것이 있을까? 이미 개인들은 충분히 힘들게 살고 있다. 국민소득 4만 달러, G8을 외치는 우리나라에서 근로시간과 육아 문제만큼은 70, 80년대의 사고에 머물러 있다. 4만 달러의 세상에서 살다가 아이를 낳고 나면 4천 달러 시대로 돌아가야 하는데 누가 아이를 낳으려고 하겠는가? 육아도 사람을 갈아 넣어야 하고 회사도 사람을 갈아 넣어 돌아가야 한다면 갈릴 몸이 하나라서 아이를 낳지 못하는 것인지도 모르겠다.

제 커리어에 육아는 없었습니다만

더 나은 사회를
위한 의문

아이가 먼저인
세상이 될 수 있을까

아이와 함께 뛰어선 따라갈 수 없는 사회,
아이와 함께 걸을 수 있는 사회로 변화가 필요하다

제5장

노동의 변화가
필요하다

저출산의 본질은
노동 문제

저출산이 문제라고 생각한다면, 개인에게 희생을 강요하기보다 개인이 아이를 포기하지 않도록 변해야 한다. 가장 먼저 일 중심 사회를 바꿔야 한다. 아이를 낳으면 경력을 포기하는 것이 아니라, 아이를 낳고도 경력을 이어 갈 수 있는 사회가 되어야 저출산은 해결될 것이다. 근로시간의 단축뿐 아니라 출산/육아로 차별받지 않도록 근로문화가 변해야 한다. 일 중심이 아니라 아이가 중심인 사회가 된다면, 아이가 자라나며 행복할 것이라는 기대를 품지 않을까. 아이의 등원시간마저 부모의 출근시간에 맞추자는 논의가 아무렇지 않게 일어나는 세상에선 좀처럼 아이가 행복할 것이란 기대를 하기 어렵다.

바보야, 문제는 근로시간이야!

근로시간에 대한 논란이 많다. 주 68시간이니 주 52시간이니 열심히 싸우고 있지만, 기본적으로 우리는 주 40시간제의 세상에 살고 있는 것이 아닌가? 근로자로서 야근을 당연시하는 모습부터가 언짢다. 언짢다고 말하지만 나 역시 회계사로 주 100시간도 넘게 일한 적도 있다. 회사에서 아침을 먹고 퇴근해 보기도 했고 택시에서 잠이 든 채로 깨지 않아서 기사님이 119에 신고하려 하신 적도 있었다.

문제는 우리 사회에 야근이 '만성화'되어 있다. 이런 사회에서는 일과 가정의 양립이 불가능하다. 일을 위해 가정을 희생할 뿐이다. 부모를 위해 돌봄시간을 늘린다는 정부의 정책도 있었고, 부모가 아이를 맡기고 편안히 출근하게 하기 위해서 등원시간을 당기자는 제안도 있었다. 이 모든 제안은 일을 중심에 두고 아이를 맞추고 있다. 아이들은 가장 약하고 보호받아야 할 존재인데, 아이들을 성인의 생체시계에 맞추겠다는 생각부터가 폭력적일 뿐 아니라 어릴 때부터 힘들게 고생해야 하는 아이를 보며 아이를 낳고 싶다는 생각을 가지게 될지도 의문이다.

최소한 아이를 키우는 동안은 야근이 아니라 근무시간 단축이 필요하다. 그러나 아이 키우는 부모만 근로시간을 줄인다면 같이 일하는 동료들도 환영하지 않을 것이고, 부모들도 사회적인 압력을 이기지 못해 줄어든 근로시간을 지키지 못할 것이다. 지금은 결혼한 사람들이 아이를 낳지 않는 것뿐 아니라, 결혼하지 않는 것도 문제다. 일찍 퇴근하고 여유가 있어야 사람을 만나고 연애도 하고 결혼도 할 것 아닌가.

몇 시간을 일해야 적절할까? 하루의 자유시간 중 절반은 개인에게 주어져야 할 것 같다. 그래야 그 시간 중에 최소한 절반은 자녀와 함께할 수 있다. 수면준비시간과 수면시간을 합쳐 8시간을 제외한다고 생각하면 16시간이 남는다. 이 중 절반을 업무와 관련된 업무＋출퇴근에 사용한다고 하면, 8시간인데 하루 세 끼 식사시간만 1시간씩 잡아도 5시간밖에 남지 않는다. 가사노동에 1~2시간만 쓰더라도 아이와 놀 수 있는 시간은 3시간 남짓이다. 어린이집마다 편차는 있겠지만 대체로 하원시간이 4시 정도이니 이때부터는 아이와 놀 수 있게 근무시간을 조정해야 한다.

제 커리어에 육아는 없었습니다만

8시에 출근해서 4시에 퇴근한다면, 점심시간 1시간을 제외하고 7시간을 근무하게 된다. 주 35시간이다. 아이를 어린이집에 보내보니, 출근 전에 맡겨야 하고 퇴근 후에 찾아와야 한다. 그러면 아이는 부모의 통근시간까지 추가해서 어린이집에 머문다. 부모가 7시간만 일한다고 해도 부모의 통근시간을 포함하면 아이는 어린이집에 9시간은 있어야 한다. 주 40시간도 52시간이냐 68시간이냐를 놓고 싸우는 사회에서 주 35시간도 언감생심이다. 부부가 같이 일을 하면 한 명은 등원을, 한 명은 하원을 담당하면 되니 9시~5시, 8시~4시로 역할분담을 하여 보육공백을 막을 수 있을 것이다. 물론 현실에서는 근무시간은 내 마음대로 정하는 게 아니라 회사 사정에 연동되는 것이니 이것조차 쉽지 않다.

이것도 이상적인 이야기에 불과하다. 4시에 퇴근해서 4시 반에 아이를 데리러 가려면 집과 일터의 거리가 30분이어야 하는데 평균보다 훨씬 좋은 여건이어야 한다. 결국 여러 사람이 직주근접이 가능하려면 일자리도, 거주도 분산되어야 한다. 이렇게 저출산 문제는 우리 사회의 여러 문제와 연결되어 있다. 수도권으로의 지나친 집중은 서울을 살기 힘든 도시로 만들어서 출산율을 떨어트리고, 지방은 일자리가 사라지고 공동화되어 출산율이 떨어진다. 그렇다고 기업을 강제로 지방으로 분산시킬 수도 없다. 몰려 있는 데는 또 그만한 효율과 장점이 있기 때문이다. 다만, 아이를 낳고 키우는 데는 그 장점이 단점이 될 수 있다.

경영학에는 기업의 사업부가 최대의 이익을 추구하면 전사全社적으로는 오히려 비효율이 발생할 수 있다는 내용이 있다. 현재 우리 사회가 그렇다. 현실을 살아가는 사람들은 자신의 편의를 위해, 혹은 이익을 위해 생활하지만 그런 것들이 우리 사회의 지속 가능성을 갉아먹는다. 기업은 사모펀드나 해외 투기자본이 단기적인 이윤만 추구한다고 비난하지만, 실제로는 우리 기업도 별반 다르지 않다. 저출산을 해결하고 싶다면, 기업은 현재의 비효율을 감내해야 한다. 아이를 키운다는 것은 효율성과는 거리가 먼, 미래를 위한 과업이기 때문이다. 그러나 과연 누가 자신의 손해를 감수하고 미래를 위해 희생할 수 있을까?

주 35시간 근무는 결국 공공이나 대기업만 가능하다는 비판도 있을 수 있다. 여기에서 또 하나의 문제가 드러난다. 대-중소기업 격차다. 중소기업중앙회에 따르면 우리나라 근로자의 80%가 중소기업에서 근무한다. 출산휴가, 육아휴직 같은 제도들이 아무리 잘 만들어져도 사회의 20%만 혜택을 본다면 유명무실한 제도나 다름없다. 근로시간을 줄이는 것도 마찬가지다. 소득이 적어 야근이 만성화된 경우에는 근로시간의 감소가 반갑지 않다. 기업 입장에서도 당장 내일의 생존을 알 수 없는데 먼 미래를 생각해서 저출산을 막아야 하니 참고 견디라고 할 수 없다.

어쩌면 이것을 해결해 가는 방식에서 우리 사회가 약자를 대하는 태도가 드러나는지도 모르겠다. 아이를 낳고 싶어도 낳지 못하는 개개인이 처한 현실은 작은 중소기업의 현실과 비슷하다. 당장 내일의 생존을 알 수 없으니 아이를 낳지 못하는 개인이나, 아이를 낳을 환경을 만들어 주지 못하는 회사나 비슷한 상황인데 현실은 이들끼리 갈등한다. 사람들은 손쉽게 그 정도 능력이 안 되면 아이를 낳지 말라는 말을 던지거나, 인건비를 올려 줄 수 없으면 회사문을 닫아야 한다고 말하는데 선을 그어 놓고 자격을 부여하는 모습이 묘하게 닮아 있다.

아이의 양육이 중요한 과업임을 인정하고, 사회적으로 충분한 유인을 제공해야 한다. 우리 사회가 열심히 일해서 빠르게 발전한 것을 부정하지 않는다. 그러나 이제는 패러다임을 바꾸어야 할 때다. 근로시간 단축을 제외하고는 어떤 제도를 만든다고 해도 돌고 도는 이야기가 될 것이다. 연장보육을 생각해 보자. 일터에서 일하는 부모를 위해 누군가의 부모는 또 그 시간에 아이를 봐야 한다. 돌봄의 공백은 누군가의 노동으로 메울 수밖에 없다. 하지만 그도 누군가의 부모이고, 가족과 시간을 보내고 싶고 연장보육시간에 일하고 싶지 않을 것이다. 그래서 연장반은 교사도 구하기 힘들다고 한다. 이렇게 누군가에게 전가하는 것의 극단값이 이제 외국에서 육아도우미를 불러오자는 생각에 이른 것이다.

성장을 위해서 어쩔 수 없던 시간들이 있었다. 그러나 그렇게 성장해서 누릴 사람이 없어지면 무슨 소용일까? 장기적으로 우리는 모두 죽는다. 저출산 문제는 환경 문제와 비슷하다고 생각하는

데 지금의 편리를 위해 후대에 끼치는 해악이다. 저출산은 그 결과물이다. 발전을 위해 열심히 일해야 하는 것을 모르지 않는다. 하지만 무엇을 놓치고 있을까?

부모의 시간만 멈추지 않으려면 근로시간의 단축은 저출산 해결을 위해 필수적으로 선행되어야 한다. 기업은 효율성을 위해 유연함을 좋아하지만 아이는 유연하게 키울 수 없다. 어느 날은 4시간만 키우고, 어느 날은 16시간을 키울 수 없다. 결국 아이에게 맞추어 근로시간도 일정하게, 적절한 시간만 일할 수 있게 해야 한다. 부모의 근로시간 단축은 아이의 행복을 위한 국가의 당연한 의무이자 가족의 권리다.

통계로 톺아보기 　독박육아란 무엇인가?

남성들이 듣기 싫어하는 소리 중에 하나가 '독박'육아이다. 이건 꼭 남성이라 그런 것이 아니라 상대가 듣기 싫은 소리다. 내가 다 하고, 상대는 하지 않는 것처럼 들린다. 나도 내가 주 양육자가 되는 순간부터 이 용어를 종종 사용했는데 아내는 당연히 듣기 싫어했다. 아내도 직장을 다니며 육아도 하느라 고생하고 있었으니 그랬을 것이다. 아이를 보면서 우리 사회의 이러한 성별갈등의 상당수는 사회가 만든 것이 아닌가 싶었

제 커리어에 육아는 없었습니다만

다. 사실은 성별갈등이 아니라 역할갈등임에도 성역할을 고정해서 보니 성별갈등으로 부각되어 버린다. 남성의 육아휴직을 강제하는 건 그런 의미에서 좋은 제도가 될 수 있다.

재미있는 통계가 있다. 한국보건사회연구원에서 낸 2021년도 가족과 출산조사에 따르면 성별과 무관하게 자신의 가사분담, 육아분담비율을 상대에 비해 높게 평가하고 있다. 여성의 경우 본인의 가사분담비율을 83.2%, 배우자의 분담비율을 20.2%라고 응답했고 남성의 경우 본인의 가사분담률이 40.3%, 배우자를 60%라고 응답했다. 육아분담도 마찬가지로, 여성 응답자가 본인과 배우자의 육아분담비율이 78.1%와 22.7%라고 답한 반면 남성은 본인이 43.5%, 배우자는 56.5%라고 응답했다. 이런 조사 결과를 놓고 보면 독박육아에 대한 체감도 각자의 역할에 따라 다르지 않을까 싶다.

이제는 육아가 익숙해졌기에 며칠간 아기를 혼자 보아도 별다른 감흥이 없지만, 아내가 복직을 하며 내가 주 양육자로 바통 터치를 할 때, 상상속 육아시간표는 이랬다. 아내가 출퇴근을 한다면 대략 8시쯤 출근을 하고, 퇴근할 때까지 육아를 한다면 대략 11~12시간을 내가 보게 될 것이다. 퇴근을 하고 나면 아내에게 육아를 맡기고 나는 내 일을 할 수 있겠지. 수면시간과 식사시간을 빼더라도 하루에 3~4시간 정도는 일을 할 수 있지 않을까. 그리고 나는 주중에 육아를 전담으로 했으니 주말에는 아내에게 아기를 맡기고 하루 정도는 일을 할 수 있지 않을까. 주말의 경우 주중과 반대의 시간표로 움직이면 되지 않을까. 라고 생각했다.

계획대로 할 수 있었을까? 아내가 복직을 한 시점은 회계사에게는 좋지 않은 타이밍이었다. 회계사 업무는 연중 1~3월에 가장 많이 몰린다. 물론 나는 육아가 주업인 회계사라 일이 그렇게 많지는 않았지만, 육아를 하면서 가끔씩 들어오는 일을 맡아서 하는 식으로 효율성의 극대화를 추구하고 있었기 때문에 나 또한 1~3월에는 일이 많았다. 그리고 일이라는 것은 언제나 마감이 있기에 그 시간에 맞춰서 일을 할 수 있도록 열심히 머리를 굴려야 했다. 아기가 낮잠을 자면 조심스레 바닥에 눕혀 놓고 아기 방 앞에서 노트북으로 일을 하다가 아기가 깨면 바로 달려가는 식으로.

혹시나 했지만 역시나 계획은 의미가 없었다. 아내도 복직했기 때문에 회사에 적응해야 했고, 쏟아지는 일로 퇴근이 일정하지 않았다. 복직 초기에는 일이 많지 않아 독박육아를 외치는 나에게 이게 무슨 독박육아냐고 타박을 줬지만, 새해가 시작되자마자 야근으로 아내도 나도 정신이 없었다. 애초에 아내가 야근할지도 모른다고 가정했다면 그렇게 서운하지 않았을 것이다. 하지만 아내가 집에 와서 교대할 것이라고 기대했는데 그렇게 되지 않으니 기대가 무너지는 것에 더해 맡아 둔 일에 대한 부담으로 화도 났다.

게다가 생각하지 못한 변수가 있었으니 바로 가사였다. 둘이서 살며 하던 가사에 비해 아기가 생기니 늘어나는 가사일도 꽤나 많았다. 둘이

제 커리어에 육아는 없었습니다만

살 때는 밖에서 밥을 먹고 오는 경우도 많았기 때문에 요리나 설거지가 과중할 정도는 아니었고 빨래도 일주일에 한 번씩 세탁기를 돌리면 될 일이었다. 청소 역시 마찬가지로 청소기로 해결할 수 있으니 힘든 게 아니었다.

그런데 아기를 키우니 가사가 몇 배로 늘어났다. 아내가 복직했을 때는 이유식을 하고 있었고, 이유식이 세 끼로 늘어나 있었다. 이유식을 만들어서 먹이려고 하니 요리와 설거지 그리고 아기에게 밥 먹이기까지(아기는 성인처럼 혼자 밥을 먹지 못한다!) 할 일이 훨씬 많아졌다. 사람들이 나에게 이유식을 사서 먹이면 되는데 왜 고생하냐고 했지만, 나는 의사의 지침을 따랐다. 소아청소년과 의사들이 쓴 책에서 이유식은 해서 먹이라고 하니, 가능한 그렇게 했다.

이뿐인가. 세탁기도 아기 빨래는 따로 돌려야 하니 더 자주 해야 하고, 집안 청소도 더 많이 해야 한다. 아기는 밥을 얌전히 먹는 게 아니라서 그때마다 바닥도 닦아야 하고 아기 식판도 닦아 줘야 한다. 이렇게 가사가 늘어나는데, 그 생각을 못했으니 주말만 되면 생각대로 풀리지 않는 게 많았다. 밖에 나가 일을 하고 싶은데 아기 이유식을 만들어야지, 그리고 매일 배달만 시켜 먹을 수는 없으니 우리 음식도 만들어서 먹다 보면 오전이 지난다. 겨우겨우 나가서 오후에 잠시 일을 해도 다시 들어와서 이유식을 만들어야 하고, 주말이라고 아예 손 놓을 수는 없으니 아기와도 놀아 줘야 하고. 적응이 된 지금은 아무렇지 않지만 처음에는 이래저래 피곤한 나날들이었다. 일을 하는 아내도 많은 부분을 도와주고 있었지만, 나의 입장에서는 늘 부족하다고 느꼈기 때문에 아내와 다툼도 많아졌다. 이때쯤 '아, 이래서 여성들이 독박육아라고 이야기하는구나'라는 것을 체감할 수 있었다.

아내의 육아참여도 전혀 적지 않았다. 아내는 최상급의 역할을 하고 있었다. 퇴근해서 돌아와서 아기와 열심히 놀아 주었고 아기의 밤잠을 재우는 것도 엄마의 몫이었다. 그리고 주말에는 아내가 아기를 더 많이 보곤 했다. 그러나 야근까지 하는 상황에서 평일의 아내가 아기를 볼 수 있는 시간은 많지 않은 것도 현실이었다. 육아를 아빠가 하건, 엄마가 하건 결국 일하는 사람이 대한민국의 야근지옥에 살고 있다면 육아에 충실하다고 말하기는 어려울 수밖에 없고, 그래서 독박육아라는 이야기가 나오는 것 같다.

결혼식에 가서 육아를 하는 후배(여성)와 이야기를 나눈 적이 있었다. 그 친구의 불만은 남편이 육아참여가 적다는 것이었는데 나는 그냥 시키라고 했다. 남편이 무얼 해야 할지 잘 모를 수도 있으니. 그런데 생각 밖으로 그 후배는 불만과 달리 남편이 너무 힘들어 보여 시키기가 어렵다는 답이 돌아왔다. 대부분의 상황이 이렇지 않을까.

아기를 키우며 느낀 것은 해야 하는 일의 총량에 비해 나와 아내의 여력이 부족하다는 것이었다. 우리가 특별히 유난스러운 부모가 아님에도 (물론 주변에서는 이유식을 만들어 먹이는 것만으로도 유난스럽다고 생각하는 것 같았다), 둘만의 힘으로 아기를 키우는 게 힘겨웠다. '이래서 다들 아기를 키우며 부모님께 손을 벌리는구나'라는 것도 깨달을 수 있었다. 일을 하는 사람은 남은 시간을 육아로 고생하고, 육아를 하는 사람도 육아와 가사로 지치면 서로가 최선을 다하고 있음에도 뭔가 잘 되지 않는다고 느끼게 된다.

이제와 돌아보면 나의 욕심이 문제였다. 육아를 위해서는 깨끗이 일을 포기했어야 했다. 그러나 일은 계약이 되어 있고, 마쳐야 하는 기한이 있으니 나도 예민해질 수밖에 없었다. 육아교대시간을 신경 쓰게 되고, 주말에도 나가서 일을 해야 하니 늘 시간에 쫓겼다. 결국 나는 2월쯤 이렇게는 지속 가능하지 않다는 생각에, 일을 어느 정도 포기하며 숨통이 트였다(숨통이 트였다는 것이지 할 만하다는 것은 아니다).

앞서 설명한 가족과 출산조사에 따르면 가사분담의 경우 남성은 평일 56분, 주말 103분으로 여성의 평일 176분, 주말 207분에 비해 현저히 적은 것으로 나타났다. 다만 이것은 평균이기 때문에 취업여부에 따른 차이를 조정하고 볼 필요는 있어 보인다. 가사분담비율의 조사에서 취업의 경우 응답자가 56.8%, 배우자는 45.5%를 분담한다고 답했으나 비취업의 경우 85.9대 17.9였기 때문에 차이가 클 수 있다. 육아도 마찬가지다. 취업자의 경우는 54.9 : 45.6으로, 비취업자의 경우는 79.6 : 21.2로 비취업자의 육아분담이 당연히 더 높기 때문에 성별에 따른 취업여부가 다른 현실에서 취업여부와 성별을 구분해서 결과를 도출했다면 더 의미 있는 결과가 나오지 않았을까 싶다. 해당 보고서에서도 가사에 비해서 육아는 비취업자의 배우자도 분담비율이 더 높아 육아는 상대적으로 더 평등하게 이루어지는 경향으로 이해하고 있었다.[23]

많이 나아졌다고 하지만 육아에 대한 부담은 여전히 여성에게 부과되는 것이 더 많다는 것을 부인하긴 어렵다. 그것이 아빠의 한계 때문이건, 사회적인 불평등 때문이건. 만족도조사를 보면 남성의 경우 80%가량이 분담에 대해 만족하는 데 비해 여성의 경우 60% 수준에 그쳤다.

결국 모두가 노력하고 모두가 힘든 상황에서 가정 내의 분담으로 해결할 수 있는 일을 넘어섰을지도 모르겠다. 이런 것들을 개인의 책임으로 전가할수록 성별갈등만 심해지고 해결은 더 어려워진다. 일이 많으니 남성들은 회사에서 야근을 하며 여성들은 일찍 퇴근한다고 불만이고, 여성들은 반대로 야근하는 남성들이 집에서 가사를 돕지 않으니 불만이다. 우리 사회가 이 부분을 어떻게 분담할지, 최소한 가정 내에서 분담할 수 있는 환경은 만들어 주고 있는지 돌아봐야 한다.

제 커리어에 육아는 없었습니다만

육아휴직
유감

2024년 4월, 제22대 국회의원 선거 가운데 저출산에 대한 이야기
도 잠깐씩 나왔다. 위기라는 호들갑에 비해 논의는 빈곤하지만 공
약을 찾아보니 여당과 야당 모두 육아휴직을 강화한다고 한다. 여
당(국민의힘)은 아빠의 출산휴가를 1개월로 의무화하고, 육아휴직
은 신청만으로 자동개시하며 육아휴직급여 상한을 인상하는 공약
이 있었고, 야당(더불어민주당)은 출산휴가/육아휴직급여 보장을 추
진하고 육아휴직, 육아기 근로시간 단축, 배우자출산휴가 '사용권'
을 제도화하며 남성육아휴직을 강화하겠다고 했다. 항상 문제가
있으면 제도를 강화하지만, 우리는 먼저 있는 제도는 잘 기능하고
있는지 돌아봐야 한다.

2022년 육아휴직통계[24]에 따르면 전체 육아휴직자 수는 20만

출생아 100명당 부모 중 육아휴직자 수

(단위: 명, %, 출생아 100명당 명)

		2018	2019	2020	2021	2022	증감	증감률
출생아 부모 중 육아휴직자 (A=C+D)	전체	75,227	76,136	74,275	77,391	87,092	9,701	12.5
	부(C)	5,278	6,340	6,871	7,933	12,407	4,474	56.4
	모(D)	69,949	69,796	67,404	69,458	74,685	5,227	7.5
	부&모	2,706	3,644	4,828	5,844	12,888	7,044	120.5
출생아 (B)		326,822	302,676	272,337	260,562	249,186	-11,376	-4.4
출생아 100명당 출생아 부모 중 육아휴직자 (A/B×100)	전체	23.0	25.2	27.3	29.7	35.0	5.2	-
	부	1.6	2.1	2.5	3.0	5.0	1.9	-
	모	21.4	23.1	24.8	26.7	30.0	3.3	-

* '부&모'는 출생아 출생연도에 부와 모 모두 육아휴직을 한 경우임

명에 가까워지고 있다(199,976명). 연간 출생아가 30만이 되지 않는 상황에 20만 명 가까이 육아휴직을 쓰고 있으니 대부분이 육아휴직이 가능한 것처럼 보이지만, 육아휴직은 초등학교 저학년까지 쓸 수 있기 때문에 실제는 그렇지 않다. 2022년 출생아 부모 중 2022년 육아휴직자 수는 8만 7,092명이다. 출생아 100명당 35명의 부모가 육아휴직을 썼다고 하는데 2015년의 17.9명에 비해 두 배가량 상승한 수치다. 많이 좋아졌지만 여전히 부족한 것 또한 사실이다. 주목해 볼 것은 부모가 함께 육아휴직을 하는 경우가 급격히 늘어나고 있다. 동시휴직인지 순차휴직인지 구분이 필요한데 아마도 순차휴직이 아닐까 한다. 장기적으로는 동시휴직이 가능하도록 변화해야 한다.

출생아 부모의 출생연도 육아휴직 사용률

(단위: 명, %, %p)

		2018	2019	2020	2021	2022	증감	증감률
육아휴직 사용률 (A/B×100)	전체	21.7	23.0	24.5	25.8	30.2	4.3	-
	부	2.3	2.9	3.5	4.1	6.8	2.7	-
	모	61.2	62.8	64.4	65.5	70.0	4.6	-
출생아 부모 중 육아휴직자 (A)	전체	75,227	76,136	74,275	77,391	87,092	9,701	12.5
	부	5,278	6,340	6,871	7,933	12,407	4,474	56.4
	모	69,949	69,796	67,404	69,458	74,685	5,227	7.5
출생아 부모 중 육아휴직 대상자 (B)	전체	346,914	331,409	303,693	299,467	288,509	-10,958	-3.7
	부	232,690	220,350	198,971	193,355	181,868	-11,487	-5.9
	모	114,224	111,059	104,722	106,112	106,641	529	0.5

육아휴직만으로 문제가 해결되려면 모든 아이의 부모가 근로자여야 한다. 그러나 근로자가 아닌 부모도 있기에 출생아 부모 중 육아휴직 대상자가 얼마나 되는지도 중요하다. 통계에 따르면 출생아 부모 중 육아휴직 대상자는 약 29만 명으로 나타났다. 부는 약 18.2만 명, 모는 약 10.7만 명이다. 10.7만 명의 엄마 중 7.5만 명이 육아휴직을 사용하고 있으니 육아휴직을 할 수 있는 엄마의 육아휴직 사용률은 70%에 달한다. 여성에 한해서는 육아휴직의 사용률이 꽤나 높아졌음을 확인할 수 있고, 이들에게는 육아휴직의 기간을 늘려 사용을 확대하는 것을 충분히 고려해 볼 만하다. 아울러 혜택을 확대하여 남성들도 자발적으로 육아휴직을 할 수 있도록 유도하는 것도 필요하다.

그러나 여전히 30%의 엄마는 사용하지 못하고 있다. 경쟁압력에 의해 자발적으로 사용하지 않는 경우도 있겠지만 사용하지 못하는 경우도 있을 것이다. 육아휴직통계에서 육아휴직 대상자와 휴직자의 기업규모별 비율을 공개하고 있는데, 일단 육아휴직 대상자가 규모가 큰 기업에 몰려 있다. 종사자가 많기 때문이라고 생각할 수 있지만 종사자규모별 취업자 비중을 보면 300인 이상인 업장은 전체 근로자의 11%, 5~299인인 업장은 54%, 1~4인인 업장은 35%인 것으로 나타난다(2024. 3. 기준). 전체의 11%가 근무하는 300인 이상 사업장에 육아휴직 대상자 절반이 몰려 있다. 규모가 작은 회사일수록 출산에 대한 결심이 어렵기 때문은 아닐까 우려되는 부분이다.

비율을 숫자로 환산하여 각 규모별로 육아휴직을 하는 사람의 비율을 다시 계산해 보면 그러한 개연성이 더 커 보인다. 모의 경우 50인 이상 기업에서 80% 가까이 육아휴직을 사용하고 있었다. 그러나 4명 이하로 가면 사용률이 33%에 불과하다. 결국 영세한 사업장에서는 육아휴직을 사용하기 어렵고 그래서 출산이 지연될 수 있다.

이를 해결하기 위해 육아휴직을 강제하자는 등의 논의도 있었다. 의도는 좋지만 소기업의 경우 부작용이 있을 수 있다. 출생아는 25만이지만 육아휴직 대상인 엄마는 10만 명이다. 결국 나머지 15만 명은 근로자가 아닌데, 일을 하지 않거나 개인사업을 하

제 커리어에 육아는 없었습니다만

기업규모별 육아휴직 사용 현황　　　　　　　　　　　　　　　　(단위: 명)

구분	기업규모	2021		2022	
		부	모	부	모
육아휴직 대상자	300명 이상	93,197	56,664	86,751	55,560
	50~299명	34,030	14,325	30,918	14,823
	5~49명	43,505	23,451	39,283	23,248
	4명 이하	21,849	10,930	20,369	11,624
육아휴직자	300명 이상	5,537	43,272	8,027	43,989
	50~299명	1,134	10,697	1,861	11,875
	5~49명	936	12,641	1,749	14,564
	4명 이하	294	2,639	645	3,809
육아휴직 비율	300명 이상	6%	76%	9%	79%
	50~299명	3%	75%	6%	80%
	5~49명	2%	54%	4%	63%
	4명 이하	1%	24%	3%	33%

는 경우일 것이다. 일을 하지 않는 경우도 원래 일을 하지 않는 경우도 있겠지만 결혼/임신/출산과정에서 회사를 그만둔 경우도 있었을 것이다. 출산 전·후 모의 취업비중을 보면 출산 1년 전과 비교해 약 10% 정도 감소한다. 출산휴가나 육아휴직 같은 제도를 두고도 그만두는 사람이 많다는 것은 시사하는 바가 크다. 자발적인 퇴직도 있겠지만, 비자발적인 퇴직도 충분히 있을 수 있다.

　나 역시 아이가 태어나기 전에는 소기업에 있었는데, 소기업이라 서로 간에 친분이 있고 하니 육아휴직이 더 고민되었다. 육아휴직을 할 수도 있었지만 민폐가 되고 싶지 않다는 생각도 있었고, 다른 선택도 충분히 가능했기 때문에 자발적으로 퇴직하여 회계법인으로 이동했고, 결국 육아휴직을 쓸 수 없었다. 육아휴직 통계에서 육아휴직 대상 엄마의 비율을 보면 300인 이상 업장이 52%이고 4명 이하는 11%다. 영세업장이 차지하는 취업자의 비중에 비해 육아휴직 대상의 비율이 현저히 낮다. 현재도 그런 분위기가 있을 텐데, 육아휴직을 강제할 경우 소기업을 중심으로 출산/육아가 예정된 사람의 채용을 더욱 꺼릴 수도 있다.

대기업에서는 소기업보다는 육아휴직을 강제하는 것이 용이하겠지만 여기에도 여러 논란이 있을 수 있다. 일단 강제로 육아휴직이 되었음에도 육아휴직을 다녀온 부모들이 불이익을 받느냐 여부가 논란이 될 수 있다. 물론 육아휴직자가 다수가 된다면 불이익을 주기 어려울 수 있기에, 강제 육아휴직은 충분히 고려해볼 만한 제도다. 그러나 유자녀와 무자녀의 대립구도가 발생할 수도 있다. 사회에서 성공한 사람들이 자녀가 없는 경우가 많은 것도 시사하는 바가 크다. 결국 그만큼의 에너지를 일과 성공에 더쏟아 유리한 점이 분명히 있을 것이다. 사내에서도 육아휴직을 다녀오지 않은 사람들이 더 성공하는 분위기가 조성된다면 욕심이 있는 부모들은 강제 육아휴직 때문에 또 출산을 늦출 수 있다. 게다가 육아휴직을 다녀오면 직무역량이 일부 떨어지는 것은 불가피하다. 이것이 역량의 하락에 의한 것인지, 불이익인지의 경계는 참으로 애매하다.

제 커리어에 육아는 없었습니다만

제도적으로 부모를 보호하는 게 말처럼 쉽지 않다. 경쟁사회에서 부모라는 것 자체가 핸디캡이다. 아기를 키우는 내내 그랬다. 누군가 일을 부탁하면 나는 한참이나 전제를 두고 일을 맡았다. 아기를 키우고 있기에 일정이 넉넉해야 하고 급하게 요청하면 불가능할 수 있고 어쩌고저쩌고. 그럼에도 나에게 일을 부탁하는 건 친하거나 아니면 다른 사람에게 맡길 수 없어서였을 것이다. 그러나 막상 일을 맡아서 하면 사정을 고려해 주는 경우는 잘 없었다. 일을 맡긴 사람의 입장에선 돈도 주고 너의 입장도 고려해 줘야 하냐고 생각할 수 있다. 그렇게 동상이몽을 깨닫게 되면 다시 연락을 받기가 쉽지 않다.

결국 경쟁이 치열한 사회에서는 아무리 제도를 잘 설계해도 그걸 피해 가며 경쟁에서 앞서려는 사람들이 있고, 그것을 교묘히 이용하는 사람도 있어 실제로 잘 운용되기가 쉽지 않다. 사회의 분위기가 바뀌어야 하는데 이렇게 사람이 많고 치열하게 사는 세상에서 바뀔 것 같지 않으니 어찌 보면 저출산은 당연한 흐름이다. 육아휴직을 보장하는 것은 당연히 필요하지만 그 하나로 모든 게 해결되지는 않을 것이다.

그나마 근로자들은 육아휴직이라는 제도가 있지만, 제도의 사각지대에 놓여 있는 사람도 많다는 것도 생각해 보아야 한다. 출생아 부모 중 육아휴직을 쓰지 못하는 사람들이 다 쉬는 사람은 아닐 것이다. 근로자이면서 자영업자인 상황에 놓인 특수고용직이 있는데, 이들은 쉴 수가 없다. 프리랜서에게 한 번 안 하겠다는 말은 영원히 하지 않겠다는 말과 다르지 않다. 금방 다른 사람으로 대체된다. 개인사업자도 운영 중인 사업장이 있다면 닫고 육아만 할 수는 없다. 임대료 문제는 물론이고, 1년 문을 닫고 다시 열면 손님이 그대로 돌아올까 불안하다. 이들에 대한 지원을 어떻게 할지도 우리가 고려해야 할 숙제다.

소득신고를 투명하게 받고 '신고한' 소득을 기준으로 개인사업자나 프리랜서에게도 육아휴직급여를 주면 어떨까. '신고한' 소득 기준이기에 사전에 탈세를 막을 수 있고 소득이 높지 않다면 정액의 휴직급여를 보장해 주면 차라리 육아와 관련한 지원을 받고 쉬는 게 나을 수 있다. 개인사업을 하는 이들에게 제공되는 여러 가지 지원책이 있을 텐데, 육아휴직으로 인해 사업장을 접는다면 그런 지원비용이 감소할 것이니 이를 지원금으로 돌리는 것도 가능하지 않을까 싶다. 그럼에도 장사가 잘 되거나, 일이 끊길 것을 걱정하는 등 육아휴직을 사용하지 못할 이유는 많을 것이다. 이들에게는 보육우선권을 주는 등 제도적 지원이 필요하다.

원하는 것을 다 가질 수는 없다. 그러나 냉정하게 사람들에게 아이와 자신을 두고 선택하라고 하면 점점 더 자신을 선택하는 사람이 늘어나고 있다. 출산으로 손해를 본다고 느끼지 않게끔 노동문화를 바꾸지 않으면 육아휴직이 확대되더라도 빛 좋은 개살구일 수밖에 없다. 지금처럼 급변하는 세상에서는 더더욱 그렇다.

제 커리어에 육아는 없었습니다만

모두가 뛰고 있는데 나만 멈추는 건 회사에게도 쉽지 않겠지만 개인에게도 쉽지 않은 일이다. 다 같이 멈추는 것이 어쩌면 더 나을지도 모른다. 문제는 쉴 수 있는 제도가 없어서가 아니라 지나친 경쟁압력 때문에 쉬고 싶어도 쉬지 못하는 것이다.

경력을 무너트리지 않는
육아휴직이 필요하다

일과 가정이 진정한 양립을 하려면 근로시간 단축도 중요하지만, 이에 못지않게 출산휴가/육아휴직이 실질적으로 작동할 수 있어야 한다. 문제는 제도가 있지만, 실질적으로 기능하지 못하는 데에 있다. 육아휴직을 쓸 수 있지만, 사용한 뒤에 불이익이 많다면 정말 육아휴직을 쓸 수 있을까? 기업은 개인의 의지로 사용하지 않은 것이라 주장하겠지만, 불이익을 뒤에 놓고 사용할 수 없게 만든 것은 사실상 사용을 어렵게 한 것과 다르지 않다. 한국의 기업문화는 이렇게 세련되게 근로자를 제약한다.

육아휴직을 해도 피해가 없다지만, 알게 모르게 불이익이 따르는 경우도 있다. 때로는 이것이 더 공정하다고 여겨지기도 한다. 누구는 1년간 회사에서 열심히 일했는데, 누구는 육아를 하다 왔

제 커리어에 육아는 없었습니다만

육아휴직기간의 승진소요기간 산입여부 (단위: %)

구분		산입	일부 산입	산입하지 않음
전체 비율		41.3	19.7	38.9
종사자 규모별	5~9인	40.8	20.8	38.4
	10~29인	39.6	18.5	41.9
	30~99인	46.8	19.2	34
	100~299인	45.1	18.3	36.6
	300인 이상	49.7	12.1	38.2

* 자료: 고용노동부(2021), 〈일·가정 양립실태조사〉(2023. 6. 28.).

으면 열심히 일한 사람에게 우선순위가 있는 게 당연하다 생각되지 않겠는가. 육아휴직을 다녀온 사람보다 승진에서 뒤처진다면 불이익을 받았다고 생각할 수 있다.

실제로 〈일·가정 양립실태조사〉에 따르면 육아휴직기간을 승진소요기간에 산입하지 않는 경우와 산입하는 경우가 비슷한 수준으로 나타났다. 법을 어긴 것임에도 현실이 그렇다. 그나마 다행인 것은 저출산 문제가 심각해짐에 따라 이를 해결하려는 기업이 나오고 있다는 것이다. 공무원의 경우에도 고과에 유리하게 적용된다고 하고, 일부 회사들도 아이를 출산한 경우 승진을 시켜 주겠다고 한다.[25] 오죽하면 이런 생각까지 했을까 싶으면서도 이런 제도에서 저출산의 문제점과 해결책을 동시에 볼 수 있다는 생각이 든다.

아이를 키우면서 '뒤처짐'을 직접 겪어 보니 생각보다 큰 문제라는 것을 느낄 수 있었다. 직접 겪어 보기 전에는 간과했는데 '상대적'인 박탈감이 어쩌면 절대적인 것보다 더 클 수 있겠다는 생각도 든다. 경쟁이 치열한 우리 사회에서 뒤처진다는 것은 향후에 자녀의 안정적인 성장을 위협할 수 있는 요인도 되기에, 우리는 안정적으로 자녀를 기르기 위해 자녀를 낳지 못하는 모순된 상황에 놓인다. 지금 아이와 함께 보내는 시간이 좋다고 해서 일을 하지 않고 아이와 계속 시간을 보낸다면, 아이와 계속 시간을 보내다가 경제적으로 어려워진다면, 시간이 지나고 나서 그 어려움으로 아이와 보낸 시간의 빛이 바래지 않을까 싶었다. 아이에게 좋은 부모가 되고 싶다면 적당히 시간을 많이 보내면서도, 동시에 또 적당히 뒤처지지 않고 살아가야 하는 어려운 과제를 수행해야 한다.

여전히 이것이 불가능한 이벤트에 지나지 않는 것은, 셋째를 낳아야 승진을 시켜 주겠다는 조건 때문이다. 저출산이 문제라고 외치면서 많이 낳으라고 하는데 그 혜택은 셋 이상 낳아야 생긴다(최근 둘부터 다자녀로 인정해 주겠다고 했지만 매한가지다). 그러나 문제는 하나도 낳지 않거나, 하나만 낳는 것이다. 비출산은 선택의 문제일 수도 있으니 그렇다고 치자. 하지만 하나를 낳은 사람들은 아이를 키울 의사가 있는 사람들이다. 하나를 낳아서 키울 만해야 둘째를 낳고, 둘째를 낳아서 키울 만해야 셋째를 낳을텐데 우리는 하나도 키우기 힘든 사람들에게 셋을 낳으면 무엇을 해 주겠다고 한다. 손에 닿을 수 있는 목표여야 시도해 볼 텐데, 어차피 불가능하다고 생각한다면 추가적으로 무슨 노력을 기울이겠는가.

또 다른 문제는 여전히 '출산'에 머물러 있다는 것이다. 아이는 낳으면 알아서 자라는 것이 아니라 기르는 것이 더 큰 문제다. 경력단절이 오는 지점도 양육이 더 크다. 그럼에도 불구하고 우리는 계속 출산에만 집중하고 있다. 아이를 낳는 여성들의 입장에서는 충분히 존중받지 못한다고 느낄 수 있고, 대책 없이 낳기만 하면 그 후는 어떻게 책임질 것이냐는 비판도 나올 수 있다. 이 문제를 해결하려면 출산, 양육으로 인한 경력단절에 충분한 보상이 있어야 한다. 이를 위해서는 육아휴직기간을 승진 시 산입하는 것부터 필요하다. 아이를 키워 보니 일의 관점에서도 그렇게 무의미한 시간만은 아니었다. 다른 관점에서 세상을 바라보며 세상을 보는 폭이 넓어졌다고 해야 할까.

남성으로서 군대에도 다녀오고 육아도 해 본 입장에서, 두 가지를 모두 경력에 산입하자고 제안하고 싶다. 둘은 다른 듯하지만 겪어 보니 비슷한 성격을 가지고 있다. 일시적으로 인생에 단절을 가져오지만, 그렇다고 해서 사회적으로 무의미한 시간은 아니다. 일단 둘 다 우리 사회를 위해 매우 의미가 큰 과업이다. 그리고 세상을 보는 눈이나 타인에 대한 이해가 늘어난다는 측면에서 조직에도 도움이 된다. 물론 정답은 국가는 젊은 날을 희생한 보상을 제때 해 주는 것이고, 육아에 대한 고생 역시 사회가 제대로 보상하는 것이다. 프리랜서나 자영업자처럼 보상을 받지 못하는 사람들도 있으니. 다만 경제활동을 하는 사람의 상당수가 근로자라는 것도 무시할 수 없는 현실이기에, 우선 상징적인 대책부터가 필요하다.

회사의 직무에 따라 다르겠지만, 능력이라는 것은 한 가지 방향에서만 나오는 것은 아니다. 그런 의미에서도 육아휴직기간을 승진기간에 산입하도록 해야 한다. 육아휴직은 남녀 구분 없이 사용할 수 있어야 하기에 결코 성별에 치우친 정책도 아니다. 오히려 이 제도로 남성들의 육아휴직이 늘어날 수도 있다.

AI시대 기업에서 다양한 경험을 가진 통찰력 있는 인재가 필요하다면, 업무 외 경험이라고 인색해야 할 이유는 없다. 이런 부분을 인정할 수 없다 하더라도 군대나 육아 모두 우리 사회의 존속과 기업의 장기적인 생존을 위해서 꼭 필요한 일이다. 저출산이 위기라는 인식을 공유한다면 이러한 대책에도 동참하는 것이 바람직하다.

제도란 결국 목적의 달성을 위해 설계하는 것이니, 출산을 장려하고 싶다면 계속해서 유인책을 제공해야 한다. 당연히 해야 하는 시절을 살아온 세대의 입장에서는 이해하기 어렵겠지만, 시대가 바뀌었다.

제 커리어에 육아는 없었습니다만

어떤 이상한 회의
― 일하는 문화의 변화

아기를 키우며 사회에 대한 불만이 많았지만, 그래도 아이를 볼 수 있었던 것은 운이 좋았던 덕분이다. 주변에 좋은 사람들이 많아 육아를 하는 사정을 고려해 비상근 직책에 나를 추천해 주는 경우가 종종 있었다. 그렇게 어느 회사의 비상근직에 추천되었고 나를 추천한 자산운용사의 사장님은 추천 결과를 알려 주기 위해 굳이 우리 동네까지 오셔서 잠시 만남을 갖자고 하셨다.

미리 연락을 해서 약속을 잡았다면 아이를 두고 나갔겠지만 사장님은 연락 당일 만나자셨고, 하필 아내가 출근한 날이었다. 혼자 아기를 보고 있었기 때문에 나갈 수는 있지만 아기를 데리고 나가야 한다고 양해를 구했다. 사장님은 흔쾌히 승낙하셨고 나는 만반의 준비를 갖추고 아기띠에 아기를 안고 길을 나섰다.

오래 걸릴 만남은 아니었기에, 만나는 동안 아기에게 열심히 떡뻥(아기 과자)을 주면 한동안 칭얼대지 않고 있을 것이라 생각했다. 사장님은 카페에 아기의자도 미리 가져다 두셨고 우리는 아기를 옆에 앉히고 추천 건에 대해 이야기를 나누다가, 잠시 아기를 보기도 하며 대화를 이어 갔다. 대화의 효율은 좀 떨어졌겠지만 그렇다고 이야기를 못할 정도는 아니었다. 다행인 건, 사장님이 추천한 일이 잘 되지 않았기 때문이었다. 사장님은 추천이 잘 되지 않아 나의 시간을 낭비하게 된 걸 미안하게 생각하셨기에, 내가 아기를 데리고 나온 죄송함이 상쇄될 수 있었다.

한 시간 남짓 이어진 만남에 아기와 함께 나갈 수 있었던 건 가벼운 자리였기에 가능한 일이었다. 만남을 마치고 돌아오며 이런 세상이 되어야 사람들이 아이를 더 낳을 수 있겠다는 생각이 들었다. 우리 사회는 일과 가정의 양립과 같은 불가능한 명제를 동시에 달성하라는 이야기를 자주 한다. 아이는 부모가 보는 게 좋다고 말하는 사람들이 많음과 동시에 일과 육아를 병행하는 것은 업무에 최선을 다하지 않는 것으로 보는 시선이 아울러 존재한다. 아이가 있으면 업무에 방해가 될지도 모른다. 그러나 이것은 어디까지나 일 중심 사고이다. 저출산이 가장 큰 문제라고 생각한다면, 육아에 일이 방해가 된다는 사고의 전환이 필요하다. 생각을 바꾸면 육아에 방해되는 일을 최대한 제거해야 한다.

부모에게 아기를 맡기라고 할 것이 아니라, 아기와 함께할 수

제 커리어에 육아는 없었습니다만

있도록 해 주는 것이 더 중요하다. 근로시간이 단축된다면 가장 좋겠지만, 단축되지 않더라도 근로문화를 바꾼다면 아이를 키우기에 조금은 나아지지 않을까. 아기를 기관에 맡기고 나서는, 아기가 아프거나 갑자기 데려가야 할 일이 생기는 것이 난관이 된다. 이럴 때 북유럽처럼 아기를 직장에 데리고 와도 아무도 이상하게 생각하지 않는 사회가 된다면, 아니면 아기를 데려와 같이 일할 수 있는 공간이 있는 사회라면 어떨까. 어딜 가도 아기와 안전할 수 있다는 믿음이 있다면 사람들이 굳이 낳지 않을 이유가 없다.

한정된 자원 속에, 육아 인프라가 인력 낭비라고 생각하는 시선도 있을 것이다. 하지만 아이를 키운다는 것은 기다림의 연속이다. 당연히 효율적일 수 없다. 효율의 잣대로만 육아를 바라보고 있기에 우리 사회는 인구 감소의 늪에 빠질 수밖에 없는 것이다. 여전히 일을 중심에 두고 부모의 의식을 그에 맞추라고 이야기하는데 그렇게 해서 해결될 문제였다면 문제는 생기지도 않았다. 빠르게 변하는 사회에 발맞춰 부모들은 변해 가는데 기득권을 가지고 있는 이들은 그 변화에 동참하지 않으니 더 이상 아이가 태어나지 않는다.

얼마 전 테슬라의 일론 머스크가 튀르키예 대통령 에르도안을 만나며 아이를 동반한 것이 화제가 되었다. 이슬람 보수주의자인 에르도안 대통령의 입장에서는 당황스러웠겠지만 튀르키예가 투자를 요청하는 상황이라 머스크가 '갑'의 입장이니 어쩔 수 없었을 것이다. 우리 사회는 아이가 벼슬이냐며 아이를 내쫓기 바쁘지만, 아이와 함께하는 사람들이 '을'에서 탈출하지 못한다면 아이를 낳기 어려울 것이다(실제로 머스크는 자녀가 11명이라고 한다).

재미있는 상상을 해 본다. 회사에서 임원 승진 기준으로 직원의 퇴근시간을 설정하면 어떻게 될까? 다자녀 직원이 많을수록 그 부서가 능력 있다고 평가받는다면? 직원이 빨리 퇴근할수록 평가가 좋아진다면 임원은 퇴근시간이 되기 무섭게 직원들에게 집에 가라고 독려할 것이다. 빨리 결혼하고 아이를 낳으라고 잔소리를 하는 꼰대가 늘어나 싫어하는 직원도 있겠다. 집에 가지 않고 야근하는 직원이 있다면 무능하다며 미워할 것이다. 결국 직원들은 일찍 퇴근해서 개인의 여가를 즐길 수도 있고 가족이 있다면 가족과 시간을 보낼 것이다. 아이의 육아를 위해 어디에 맡길 필요가 없고 아이들도 부모와 함께 시간을 보내는 걸 좋아하거나, 부모와 너무 자주 노니 이제는 친구가 더 보고 싶어질지도 모르겠다.

우리는 기업에 그런 것을 요구하지도 않고, 오히려 부담 주는 것을 기피하는 사회에 살고 있다. 기업이 살아야 직원도 살지만, 사회가 유지되지 않는데 기업만 살아남을 수도 없다. 그래서 우리 사회의 근로문화는 바뀌어야 한다. 어딜 가도 아이의 목소리를 들을 수 있고 그것이 어색하지 않은 사회가 되었으면 좋겠다. 마을이 사라진 세상에서 기업이 새로운 마을이 되길 기대해 본다.

제 커리어에 육아는 없었습니다만

기업문화의
변화가 필요하다

지역 커뮤니티에서 논란이 된 글이 있다. 기사화까지 되었는데 아이 넷을 낳은 아버지가 쓴 글이었다. 자신의 아내가 회사에서 아이를 많이 낳은 것은 너의 선택이고, 회사에 폐를 끼치는 것은 생각하지 않냐는 이야기를 들었고 끝내 대기명령을 받았다는 것이다. 대부분의 사람들은 애 넷을 낳은 이들이 애국자라며 회사의 처우가 문제라고 말했지만, 반론도 있었다. 아이를 많이 낳으며 업무공백이 자주 생기면 회사의 입장에서는 손실이 크다. 회사가 이익이 되지 않는 직원을 배려해야 하는가? 결국 이러한 주장은 출산은 네가 좋자고 한 선택인데 왜 배려를 바라는가? 일 것이다.

어찌 보면 합리적이다. 특히 개인 단위에서는 자신에게 오는 피해를 먼저 생각하기 쉽다. 내 일이 더 힘들어지는데 동료의 휴직에 박수칠 수 있는 사람은 흔하지 않다. 주위에 인사팀장을 맡은 선배가 있는데 육아기 단축근무에 불만이 많았다. 대체인력을 뽑기도 어려우니, 차라리 육아휴직을 하는 게 낫다고 했다. 그러나 육아휴직을 하면 또 주변 사람들이 가중된 업무로 불만을 가지기도 한다. 대체인력을 뽑기도 어렵고 뽑아도 적응하는 데 시간이 걸리고, 일을 시킬 만하면 그만둬야 할 때가 온다. 개인사업을 하는 선배는 자신도 아이를 키우기 위해 회사를 몇 년 쉬었고, 그 결과로 현재 개인사업을 하게 되었음에도 출산/육아가 예정된 사람을 뽑기는 어려울 것이라 했다. 당장 한 명이 중요한 소기업의 입장에서는 타격이 너무나 크다고.

이렇게 나아가야 할 방향과 개인의 이익이 충돌하면 우리 사회는 개인의 이익을 우선시한다. 한 스타트업 대표는 정말로 괜찮고 믿을 만한 사람이라면 육아휴직을 시켜 줘서라도 회사에 돌아오기를 바라지만, 현실에서 그만한 인재는 만나기 어렵다고 말했다. 회사 입장에서 비용을 들여서라도 뽑고 싶은 인재라면 휴직이 아까울 리 없다. 그러나 현실 속에 그런 인재는 드물고 평범한 사람이 다수이며, 육아휴직이 뛰어난 몇 명만의 특권이 되어서도 안 될 것이다. 결국 개인에게 전가되는 비용을 누가 부담하고, 어떻게 해결해야 할 것인가에 대한 인식의 전환이 필요하다.

'네가 좋아서 낳았잖아?'라는 주장은 저출산 위기와 별개로 잘못된 주장이다. 당장 저출산이 위기라고 사회적으로 외치는 것 역시

제 커리어에 육아는 없었습니다만

인구가 감소하여 사회가 유지될 수 있을까에 대한 걱정 아닌가. 그러면 개인은 왜 출산과 육아를 병행하며 희생을 해야 할까? 그래야 할 이유가 없기에 지금 0.7이라는 출산율이 나온 것이다. 출산과 육아로 인한 혜택은 부모를 제외하고는 불특정 다수에게 귀속되니 서로 비용을 부담하려 하지 않는다. 모든 비용은 부모에게 전가되고, 다른 이들은 비용을 회피한다. 육아휴직 같은 제도가 있어도 기업은 그에 수반되는 비용을 아까워하고, 기업이 지출을 줄이니 피해를 받는 동료는 휴직자에게 볼멘소리를 하게 된다. 기업이 다소간의 비효율을 감수하고 비용을 더 지출하면 출산과 육아에 우호적인 문화로 바꿀 수 있다.

우리는 일과 가정의 양립을 말하지만 과연 사회는 일과 가정의 양립을 원할까? 이것은 허울뿐인 구호다. 실제로 사람들을 그렇게 유도하지 않기 때문이다. 우리는 저출산이 위기라고 말하며 앞에서는 아이 낳는 이들을 대우해야 한다고 말하지만, 말이 아니라 진짜로 비용을 부담해야 그 진심을 느낄 수 있을 것이다.

정말 양립을 원한다면 기업에서는 양육을 하는 직원들의 단축근무와 육아휴직을 장려해야 한다. 그러나 우리 사회는 일 중심이다. 직원이 회사를 위해 오래 일하는 것을 선호한다. 육아 때문에 집에 일찍 가거나, 육아휴직을 쓰는 직원은 승진에서도 성과평가에서도 후순위로 밀린다. 직원들은 점점 아이를 낳을 수 없다. 예전에는 외벌이＋여성의 전업육아체제였기 때문에 회사의 이런 요구에도 아이를 낳고 키울 수 있었다. 그러나 세상은 바뀌었는데 사회문화는, 기업문화는 바뀌지 않았다. 결국 사회가 책임지지 않고 개인에게 책임을 떠넘기기 위해 일과 가정의 양립이라는 무책임한 구호를 만들고 강요하고 있다는 생각이 들었다. 이러한 사회 분위기는 제도가 있어도 사용하지 못하는 결과를 초래한다. 있는 제도를 활용하는 것조차 권리가 아니라 이기적인 것으로 되어 버리니, 이기적인 사람이라 아이를 낳지 않는 것이 아니라 이기적이지 않아 아이를 낳지 못한다.

개인에게도 그렇듯, 기업에도 무조건적 희생을 요구하기는 어렵다. 저출산 해결이 사회의 장기적인 영속을 위한 것이라고 하지만, 먼 미래까지 생존할 수 있는 기업은 드물 것이다. 특히 중소기업에서는 이런 제도가 정착하기 더 어렵다. 당장 생존이 급급한데 먼 미래까지 생각하며 출산/육아를 장려하기 어려울 것이다. 결국 저출산 문제의 해결을 위한 국가/사회적 지원이 필요하다.

우리는 말로만 저출산 위기라고 외칠 뿐, 기본적인 태도를 바꾸지 않고 있다. 저출산은 엄연한 결과인데 우리는 이것을 원인이라 부른다. 사회가 멈춰 있으며 개인에게 계속 희생을 강요하는 이상 저출산 해결은 불가능하다. 아이를 낳았더니 내 삶이 획기적으로 좋아진다면, 누가 낳지 않겠는가? 자본주의의 결과가 저출산이라면, 해법도 자본주의적으로 생각해 봐야 한다. 기업이 지금 사회의 마을이 되어 주지 못한다면, 저출산 해결은 요원한 일이다.

제 커리어에 육아는 없었습니다만

제6장

육아 인프라는
어디에

돈이 아닌
아이를 아끼는 사회로

아이들이 사라지면 그 자체로 우리나라의 미래가
사라지는 셈인데 여전히 저출산정책은 인색하다.
사회 전반의 변화가 필요한 만큼 아낌없는 투자로
아동친화적인 사회를 구축해야 한다. 육아 인프라
도 대대적으로 확충해야 하고, 교육을 통해 육아에
대한 이해의 폭도 넓혀야 한다. 물론 약자를 배려하
는 사회 분위기로 변화해야 하는 것은 두말할 나위
가 없다. 궁극적으로는 우리 사회의 경쟁압력이 좀
더 낮아져서, 사람들이 살 만한 세상이라고 느껴야
한다. 저출산 문제는 한 가지 처방으로 해결할 수 있
는 게 아니다. 우리 사회의 누적된 모순을 서서히 고
쳐 나가야 한다. 사회의 대전환이 필요하다.

둘째가 없는데
셋째를 어떻게 낳아요?

아기는 늘 예쁘지만, 두 돌이 지난 지금의 아기는 더 예쁘다. 가끔 고집을 부려 힘들게 할 때도 있지만 말을 하고, 대화가 되기 시작하니 아기를 키우는 게 더 행복해졌다. 무언가를 하고 싶다고 하거나, 먹고 싶다고 하는 등 의사표시도 명확해지니 이젠 고민하기보다는 아이에게 물어볼 수도 있다. 이쯤되면 주변에서 많이들 묻는다. "둘째는?" 아이만 생각하면 둘째를 낳고 싶다. 아내도 비슷한 생각일 것이다. 예쁘고 귀엽던 순간이 순식간에 지나가는 건 너무나도 아쉬운 일이다. 게다가 사촌도 없는 아이를 생각하면, 세상에 너무 홀로 선 느낌이라 의지할 사람이 하나 더 있으면 좋지 않을까 하는 생각도 든다. 그러나 하나를 키워 보니 아내도 나도 엄두가 나지 않는다.

초혼 신혼부부의 자녀 현황

(단위: 쌍, 명, %)

		전체	자녀 없음	자녀 있음	1명	2명	3명 이상	평균 자녀 수
2021년 (구성비)		871,428 (100.0)	398,938 (45.8)	472,490 (54.2)	375,757 (43.1)	93,207 (10.7)	3,526 (0.4)	0.66
2022년 (구성비)		815,357 (100.0)	378,491 (46.4)	436,866 (53.6)	350,827 (43.0)	82,930 (10.2)	3,109 (0.4)	0.65
전년 대비	증감	−56,071	−20,447	−35,624	−24,930	−10,277	−417	−0.01
	증감률	(−6.4)	(−5.1)	(−7.5)	(−6.6)	(−11.0)	(−11.8)	

일단 우리 사회가 아이를 환영하는지 잘 모르겠다. 어찌 됐던 아이가 세상으로 나오면 부모는 그에 대한 책임이 있는 셈인데 아이에게 좋은 세상을 물려줄 수 있는지도 부정적이다. 부모 입장도 생각해 보아야 한다. 아내는 임신/출산을 다시 겪어야 하니 더 그렇겠지만, 나도 2년간 직접 보육을 해 보니 여기에서 2년을 더 한다는 게 엄두가 나지 않는다. 4년 넘게 멈추는 셈인데 1, 2년은 어떻게 노력해서 극복할 수 있을 것 같았지만 4년이란 시간은 불가능하다는 생각이 든다. 강산의 반은 변했을테니. 요즘은 세상이 급변하기 때문에 1, 2년만 지나도 강산의 절반은 변한 느낌이다.

통계를 보면 우리만 그런 것도 아니다. 통계에 따르면 초혼 신혼부부[26]의 평균 자녀 수는 0.65명으로 1명이 되지 않는다. 게다가 통계자료가 혼인신고를 기준으로 되어 있는 점을 감안하면, 실제 신혼부부의 자녀 수는 더 낮을 가능성이 높다. 결혼 이후에도 혼인신고를 하지 않고 일정기간 지내는 경우도 많기 때문이다.

제 커리어에 육아는 없었습니다만

		전체	자녀 없음	자녀 있음	1명	2명	3명 이상	평균 자녀 수
전체 (구성비)		815,357 (100.0)	378,491 (46.4)	436,866 (53.6)	350,827 (43.0)	82,930 (10.2)	3,109 (0.4)	0.65
혼인 연차	1년차	144,099 (100.0)	115,062 (79.8)	29,037 (20.2)	28,393 (19.7)	616 (0.4)	28 (0.0)	0.21
	2년차	147,685 (100.0)	88,386 (59.8)	59,299 (40.2)	56,865 (38.5)	2,365 (1.6)	69 (0.0)	0.42
	3년차	162,938 (100.0)	72,022 (44.2)	90,916 (55.8)	79,649 (48.9)	11,001 (6.8)	266 (0.2)	0.63
	4년차	174,802 (100.0)	57,160 (32.7)	117,642 (67.3)	91,319 (52.2)	25,611 (14.7)	712 (0.4)	0.83
	5년차	185,833 (100.0)	45,861 (24.7)	139,972 (75.3)	94,601 (50.9)	43,337 (23.3)	2,034 (1.1)	1.01

　　통계에 따르면 전체 신혼부부 중 46.4%는 자녀가 없는 것으로 나타났는데 전년의 45.8%보다 상승한 수치다. 이는 연차가 지날수록 낮아지긴 하지만 혼인 5년차에도 자녀가 없는 부부가 25% 가까이된다. 이에 반해 자녀가 2명 이상인 신혼부부는 10.6%에 불과하다. 전년도 11.1%에서 낮아진 셈인데 이대로라면 10% 아래로 내려오는 것도 시간문제다.

　　혼인 5년차에야 자녀가 2명 이상인 부부의 비중이 24.4%까지 상승하고, 평균 자녀 수가 겨우 1명을 넘는데 현 상황에서는 이것이 한계로 보인다. 혼인연령이 늦어져 5년차면 평균적으로는 거의 40이 가까워지는 나이인데 둘째를 낳겠다는 게 여러모로 쉽지 않을 것이다.

이런 통계만 봐도 정책의 목표가 세 자녀가 될 수 없음을 알 수 있다. 당장은 한 명이라도 낳을 수 있도록 환경을 개선해 나가야 한다. 자리를 잡는 게 늦어지면서 비자발적으로 혼인연령이 늦어지고 있는 것이라면 일자리 문제 등을 해결해야 하고, 결혼한 이후에 자녀를 갖기 어려운 것이라면 자녀가 없는 부부가 자녀를 가질 수 있게 지원해야 한다. 첫 출산이 지연될수록 둘째를 갖는 것이 어렵다는 점을 고려하면 한 자녀를 갖는 시기를 단축할 수 있도록 많은 지원이 필요하다.

동시에 한 명의 자녀를 키우는 사람들이 둘째를 낳을 수 있도록 환경을 개선해야 한다. 저출산 대책이랍시고 많이 낳으면 그때 해결해 준다고 할 것이 아니라 당장에 가려운 곳을 긁어 줘야 사람들이 그다음을 생각할 수 있다. 나중에 좋아진다고 말하면 사람들은 좋아지는 시기까지 출산을 미룰 것이다.

신혼부부 통계에서 이들의 어려움에 대한 실마리를 찾아볼 수 있다. 일단 맞벌이 부부가 외벌이 부부에 비해 자녀가 적다. 맞벌이 부부는 0.59명, 외벌이 부부는 0.73명이며 맞벌이 부부는 무자녀 비율이 50.2%로 절반을 넘기고 있다. 외벌이 부부는 자녀가 있는 부부의 비중이 59.4%로 맞벌이보다 9.6% 높다. 서울의 경우 맞벌이 부부가 64.3%로 전국에서 두 번째로 비중이 높은데 가장 높은 곳이 세종시로 64.6%라는 것도 주목해 볼 만하다. 시도별 합계출산율이 가장 낮은 곳이 서울이고, 가장 높은 곳이 세종인데

제 커리어에 육아는 없었습니다만

2022년 초혼 신혼부부의 경제활동별 자녀 현황

(단위: 쌍, 명, %)

		전체	자녀 없음	자녀 있음	1명	2명	3명 이상	평균 자녀 수
전체 (구성비)		815,357 (100.0)	378,491 (46.4)	436,866 (53.6)	350,827 (43.0)	82,930 (10.2)	3,109 (0.4)	0.65
부부 경제활동	맞벌이	466,525 (100.0)	234,066 (50.2)	232,459 (49.8)	190,919 (40.9)	40,254 (8.6)	1,286 (0.3)	0.59
	외벌이	311,686 (100.0)	126,531 (40.6)	185,155 (59.4)	144,966 (46.5)	38,643 (12.4)	1,546 (0.5)	0.73
	기타*	37,146 (100.0)	17,894 (48.2)	19,252 (51.8)	14,942 (40.2)	4,033 (10.9)	277 (0.7)	0.64
아내 경제활동	활동	510,937 (100.0)	259,544 (50.8)	251,393 (49.2)	206,340 (40.4)	43,581 (8.5)	1,472 (0.3)	0.58
	비활동	304,420 (100.0)	118,947 (39.1)	185,473 (60.9)	144,487 (47.5)	39,349 (12.9)	1,637 (0.5)	0.75

맞벌이 비율에서 두 지역이 1, 2위를 차지하고 있다. 세종의 경우 공공 비중이 높은데 육아휴직 등을 사용하기 좋은 환경에서는 맞벌이 비중이 높음에도 출산율이 높고, 서울의 경우는 맞벌이 비중은 높으나 출산율이 가장 낮다. 서울, 경기, 인천만 맞벌이 신혼부부의 평균자녀가 0.6 미만이라는 것을 봐도 수도권의 출퇴근, 집값, 치열한 경쟁 등이 저출산 원인과 맞물려 있음을 알 수 있다. 직업별, 근로시간별 출산율과 같이 세부적인 통계를 만들어 가야 정확한 진단과 해결책이 나올 것이다.

신혼부부의 맞벌이 비중은 점차 상승하고 있음에도, 혼인연차가 올라갈수록 맞벌이 비중이 감소하고 있다는 것은, 자녀를 출산하며 직장을 그만두는 경우가 많다는 것을 유추하게 한다. 실제로

초혼 신혼부부의 맞벌이·외벌이 추이

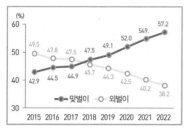

2022년 혼인연차별 맞벌이·외벌이

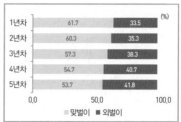

맞벌이임에도 가정양육을 하는 비중은 39.4%로 외벌이 46.1%와 비교해도 상당히 높은 수준이다. 맞벌이를 하고 있음에도 가정양육을 할 수밖에 없는 환경, 그 상황에서 부과되는 돌봄에 대한 부담이 맞벌이를 포기하게 할 수 있으며 이러한 부담이 둘째를 낳지 못하는 원인일 수 있다.

아기를 등원시키다 보면 가끔 유아차를 끌고 다른 아기를 등원시키는 부모를 보게 된다. 하나도 힘든데, 둘을 혼자 돌본다는 것이 쉽지 않아 보인다. 이렇게 둘을 키우는 것도 엄두가 나지 않는데 셋이라니? '하면 된다'로 상징되는 고성장기의 경험이 기성세대의 사고를 그렇게 만들었고, 그래서 지금의 저출산 대책도 자녀가 셋 정도는 되어야 한다는 허황된 목표를 제시하고 있는지 모르겠다. 그러나 지금은 한다고 되는 시대가 아니다. 불가능해 보이는 목표를 본 젊은 세대들은 시도조차 하지 않고 포기하고 있다. 현재의 출산율이 0명대인 것을 생각하면 1명만 낳아도 평균 이상이다. 하나도 낳지 않는 사회에서 목표를 둘, 셋으로 두는 것만큼

제 커리어에 육아는 없었습니다만

비현실적인 것이 어디 있을까.

호랑이를 그리려다 못 그리면 고양이라도 그린다는 말이 있는데, 우리 사회는 이런 분위기 탓인지 항상 목표를 크게 잡는 것을 좋아하는 것 같다. 하지만 출산 문제마저 경쟁적으로 접근한다면 경쟁에 지친 현 세대는 출산을 거부하고 말 것이다. 첫째를 낳은 사람들이 아이 키우는 게 좋고 살 만하다는 것을 느끼게 하는 것이 먼저다. 1인 가구를 홍보하는 TV 프로그램을 탓할 시간에 근로 시간을 어떻게 줄일지, 보육은 어떻게 확대할지 고민하자. TV 때문에 아이를 안 낳는다기엔 TV 볼 시간마저 부족하다.

정답은 한 가지가
아니다

아기를 키우며 저출산을 해결할 요술방망이는 없다는 것을 느낀다. 저출산은 우리 사회의 모순이 응축된 결과이기에 하나의 정답은 없고 여러 대책이 종합적으로 나와야 하는데 사소한 대책을 가지고 다투며 적용은 느리다. 결과적으로 아기 키우는 일상의 불편은 전혀 개선되지 않는 것처럼 느껴진다.

근로 분야에서 보면 재택근무의 확대에 대한 이야기를 많이 본다. 저출산 관점에서 재택근무는 분명 좋은 제도다. 그러나 그것만으로는 해결될 수 없다. 아내는 복직 후 계속해서 재택근무를 했다. 재택근무가 아내의 직장 만족도를 상당히 높여 준 것은 부인할 수 없고, 육아기에 재택근무가 확대되는 것은 좋은 일이라고 생각한다. 아내도 재택근무를 하며 틈틈이 아기를 볼 수 있어 좋

제 커리어에 육아는 없었습니다만

아한다. 그러나 재택근무는 저출산 대책이 아니다. 우리 사회에는 재택근무를 하면 일을 덜하거나 편할 것이라는 편견이 있다. 하지만 옆에서 관찰해 본 결과 재택근무는 줄어드는 출퇴근시간과 거기에 드는 에너지만큼 육아를 더할 수 있는 것이지 업무가 편해지는 것은 아니다. 마치 재택을 하면 일을 하며 동시에 육아를 할 수 있을 것처럼 그려지는데, 그것은 일과 가정의 양립이라는 가스라이팅과 같다. 재택근무를 하더라도 근무시간에는 일에 집중해야 한다. 결국 재택근무를 조건으로 업무가 늘어난다면 양육에는 별다른 도움이 안 된다.

복직 초기에 아내는 일이 많았다. 재택근무를 함에도 야근을 해야 했고 야근이 길어지는 만큼 육아 기여도는 떨어질 수밖에 없었다. 게다가 비싼 서울 집값을 고려하면 재택근무는 더 어려운 일이다. 공간을 분리해서 근무하는데 쓸 정도로 집이 커야 하는데 그만큼 경제적인 여유를 갖추기란 쉽지 않다. 실제로 나도 아내의 업무시간에 회의가 있으면 애를 달래느라 전전긍긍했다. 차라리 아내가 출근했으면 좋겠다고 생각한 적도 있다. 애 보는 것도 힘든데 아내가 일을 하니 내 회사가 아니어도 신경이 쓰이는 건 어쩔 수 없다. 회의시간이면 따로 있어도 아이가 울면 안 될 것 같고, 혼자 있으면 대충 챙겨 먹으면 되는데 아내가 있으면 혼자만 밥 먹는 게 이기적인 일 같다. 아내 회사의 시간에 맞추다 보면 나와 아기는 하릴없이 기다려야 하는 경우도 생긴다.

결국 근로시간에 대한 논의가 있어야 한다. 일이 중심인 이상, 재택근무는 가정의 또 다른 희생이 될 수 있기에 재택근무로는 저출산을 해결할 수 없다.

이제는 비혼출산에 대한 언급도 많아졌다. 대학에서 학생들을 가르치며 농담 반 진담 반으로, 결혼만 할 거면 말리겠지만 아이만 낳을 거라면 말리지 않겠다고 말한다. 우리나라의 저출산은 혼인인구 감소와 혼인한 가정에서의 자녀 수 감소가 동시에 일어나고 있기 때문에 혼인인구 감소에 대한 대안으로 비혼출산이 언급된다.

비혼출산 성공사례로 가장 많이 언급되는 국가가 프랑스다. 교환학생으로 프랑스에 머물렀던 적이 있는데, 사회 분위기가 우리와 너무 다르다는 것을 보았기 때문에 해외사례를 단순하게 도입해서 해결하겠다는 생각에는 회의적이다. 일단 프랑스는 잘 쉰다. 쉬는 게 비혼출산과 무슨 상관이냐고 할 수 있겠지만, 두 사람이 아기를 보기도 어려운 것이 우리 사회다. 잘 쉴 수 없기 때문이다. 우리 사회에서 휴가는 권리가 아니라 배려나 시혜다. 이에 반해 프랑스에서 휴가는 권리다. 이들은 언제나 자신의 권리를 찾는데 거리낌이 없다. 빨리빨리인 한국인의 입장에선 답답함이 이루 말할 수 없지만, 이들은 손님이 있건 없건 자신의 흐름대로 일한다. 그래서 혼자서도 아기를 보는 게 어렵지 않다. 우리나라에서 비혼출산이 확대되어도 엄마가 일을 하고 있는데 아기가 아프면 그 아기는 누가 돌볼 것인가? 낳는다고 끝이 아니기에 실제로 출산이 확대되기는 쉽지 않다.

그리고 프랑스는 보육 인프라가 확실하다. 《프랑스 아이처럼》이라는 책이 있다. 프랑스인이 아니라 프랑스에 간 미국인이 쓴 책으로, 외국인의 시선에서 프랑스의 보육제도에 대해 잘 기재해 두었다. 프랑스는 비혼출산을 하더라도 아이를 믿고 맡길 수 있다. 그런데 우리나라는? 비혼출산을 하면 아기를 보기 위해 직장을 그만둬야 할 판이다. 보육시간은 9시에서 4시인데, 혼자 아이를 키우며 무슨 수로 아이를 맡기고 9시까지 출근하며, 6시에 퇴근해서 어떻게 아이를 찾아오겠는가? 보육 때문에 일을 하지 못한다면 무슨 돈으로 먹고살까? 반대로 아기를 맡기고 일을 하면 야근에 지쳐 아기 볼 시간도 없거나, 전전긍긍하며 아기를 맡겨야 하는데 뭣하러 아기를 낳을까?

이렇게 겉으로 드러나는 문제들로 대책을 세워 봐야 피상적인 부분만 바뀔 뿐, 본질은 그대로이기 때문에 상황이 해결될 리 만무하다. 우리는 객관식에서 주어진 정답을 찾는 교육을 받고 살아왔기에 우리보다 나은 이들이 정답이라 생각하고 그 사례만 편하게 쫓아가려는 경향이 있다. 그러나 국가마다 환경과 문화가 다른데 그들의 제도를 가져온다고 해서 그게 동일하게 작동할지는 알 수 없다. 단순히 해외사례를 도입하는 것만큼 문제에 대한 고민이 빈곤한 경우도 없다. 상황이 다른 것은 생각하지 않고 해외의 좋은 제도만 이식하면 잘될 것이라고 생각하는데, 좋은 것만 가져다 붙여도 결과는 지금과 크게 다르지 않을 것이다. 비혼출산을 장려한다고 야근이 줄어들 것이며, 경력단절이 사라질 것인가. 본질은 그대로 두고 눈에 보이는 사소한 것들만 바꾸어서는 달라질 게 없다. 아니, 오히려 더 악화되기만 할 것이다.

이런 대응 방식 중 최악이 이민이라고 생각한다. 저출산에 대한 초창기 해법은 '낳으라'는 권고 내지는 강요였다. 요즘은 이 방법이 통하지 않으니 갑자기 이민 이야기가 많이 나온다. 경제학적으로는 이민으로 인구를 유지하는 것이 합리적인 대안일지 모르겠지만 대중의 생각과 괴리된 정책에서 나오는 현실적인 부작용을 고려하면 이민이 해결책이 되기는 어렵다. 이미 한국사회는 다문화사회에 접어들었다고 하지만 과연 우리 스스로 '단일민족'이라는 틀을 쉽게 깰 수 있을까. 우리 사회는 혈연에 대한 인식이 매우 강하다. 기업은 법인으로 존재함에도 기업을 빼앗긴다는 사고가 있는 사회다. 우리 사회의 주류가 우리가 생각하는 한韓민족의 한국인이 아니라면 우리는 '국가를 뺏겼다'라고 생각하지 않을까. 사회 문제는 개선하지 않고 이민의 문호만 넓혀서 젊은 세대는 더욱더 아이를 낳지 않는다면 훗날에는 한민족보다 이민자 후손이 더 많은 한국이 될 수도 있다. 과연 우리 사회는 그것을 용납할 준비가 되어 있을까?

통계청에서 발표한 〈이민자 체류실태 및 고용조사 결과〉에 따르면 취업한 외국인의 급여는 51.1%가 200~300만 원이고, 30.1%가 300만 원 이상이다. 근로시간 등을 고려해야겠지만 급여만 놓고 본다면 일반적인 근로소득자의 중위소득과 큰 차이가 없다. 이민을 통해 당장 인구 숫자는 맞출 수 있을지 모르지만, 이민 역시 무한대로 받을 수는 없기에 장기적으로 인구는 계속 감소할 수밖에 없다. 이민자의 증가로 근로조건의 개선이 더뎌진 만큼 출산율은 더 감소할 것이다.

미국은 이민의 모범적인 국가모델이지만, 미국과 우리는 인식도 다르고 상황도 다르다. 미국의 출산율도 인종·계급에 따라서 다르게 나타나 실제로 자료를 보면 백인 인구는 감소 중이고, 출산율은 히스패닉-흑인-백인-아시안 순으로 나타난다고 한다. 이런 미국에서도 백인우선주의가 나타나는 등 여러 문제가 발생하는데 과연 우리는 한민족이 소수인 대한민국을 받아들일 수 있을까?

우리는 계속해서 현재의 문제에만 집중해서 미래를 갉아먹어 왔다. 이민을 통해 저출산을 해결하겠다는 것도 근본 처방이 아니라 단기적인 해결책에 불과하다. 우리 세대가 사는 동안 편하다는 이유로 미래 세대를 도외시한 결과가 지금의 저출산인데 이민이라는 대책을 너무 쉽게 이야기하는 것은 아닌지 모르겠다.

재택근무, 이민, 비혼출산, 성평등 등등 다양한 주장이 나오지만 결국 이것 모두 하나의 정답으로 기능하기는 불가능하다. 중요한 건 개인의 선택권을 보장하는 것이다. 우리 사회가 지금까지 해

온 것처럼, 하나의 길만 제시하고 '이거 해 줬는데 왜 안 돼? 왜 어려워? 그건 너 개인의 문제야'라고 하는 방식으론 해결할 수 없다. 예를 들어 생산직 근로자에게 육아기 재택근무를 하라는 것은 탁상공론에 불과하다. 그러나 재택근무가 가능한 직종에서는 이것이 육아에 도움이 될 수도 있다. 제도를 운영하는 디테일이 중요하다. 업무강도가 낮거나 육아에 대한 배려가 확실하다면 경우에 따라서 재택근무나 원격근무 등을 선택할 수 있을 것이다. 저출산이 국가의 명운을 다루는 위기라고 한다면, 개인을 탓하기에 앞서 하루빨리 상황을 반전시킬 방법을 고민해야 한다.

통계로 톺아보기 저출산 예산

저출산 대책도 마찬가지지만, 저출산 예산에 관한 보도가 나오면 사람들은 곧바로 시행되는 줄 안다. 그에 따라 부모들에게는 눈총이 쏟아진다. 좋아졌는데 왜 투덜대느냐는 것이다. 반대로 부모들은 기대에 미치지 못하는 현실이 더 힘들다고 여긴다. 그 누구도 만족하지 못한다.

2023년 4월에 있었던 《제3회 국가현안 대토론회 정책자료집》을 보면, 2022년 저출산 예산이 50조 원을 넘어섰다. 2023년에는 다시 50조 원 아래로 내려오긴 했지만 많은 돈을 쓴 것처럼 보인다. 누적하여 280

제 커리어에 육아는 없었습니다만

조 원을 투입하였는데도 헛돈을 썼다는 보도도 많다.[27] 그러나 그 예산은 진짜 저출산 예산이 아니다. 2022년 저출산 예산의 절반에 가까운 23.4조 원이 주거 관련 예산이었다. 주택 구입, 전세자금 융자나 청년월세 지원 등이다. 넓게 보면 저출산 예산이라고 볼 수 있지만, 그렇게 생각하면 세상에 저출산 예산이 아닌 것이 어디 있을까?

환경오염 해결도 미래 세대를 위한 것이니 환경오염 예산도 저출산 예산이고 경제가 발전해야 미래 세대가 윤택하게 살 수 있으니 기업에 나가는 보조금도 저출산 예산이다. 구체적인 사업으로 봐도 그린 스마트 스쿨 조성(디지털 기기 인프라, 학교 단열성능 개선, 태양열 설치) 같은 사업이나 군무원, 장교, 부사관 인건비 증액, 창업자 육성 같은 사업까지 저출산 예산에 포함되어 있는데 이런 예산을 저출산 예산에 포함시키고 할 일을 다했다고 생각하니 출산율은 떨어질 수밖에 없다.

예산정책처의 분석[28]에서도 이런 내용이 나온다. 저출산 대응 사업 분석·평가에 따르면 2016년의 저출산 예산 증가는 청년 예산이 6조 원 가량 증가한 것에 기인하고 2019년의 예산 증가도 역시 청년 예산이 6조 가량 증가한 것에 비롯한다고 설명한다. 청년이 살기 좋아지면 결혼을 하고, 결혼을 하면 아이를 낳을 거라 생각하는지 모르겠지만 이제는 그렇게 과업의 순서가 지켜지는 세상이 아니다. 결혼을 해도 아이는 낳지 않을 수 있기 때문에 생애주기와 관련이 있다고 저출산 예산으로 지칭하는 것은 지나친 비약이다.

국비 기준 각 연도 중앙정부 저출산 예산 (단위: 조 원)

	1차	2차	3차(당초)	3차(수정)	4차

42,9
35,7
29,2
20,0 20,2
13,7
1,0 1,5 1,7 2,1 2,6 3,6 4,3 5,6 7,0 7,6

2006 2007 2008 2009 2010 2011 2012 2013 2014 2015 2016 2017 2018 2019 2020 2021

• 각 연도 시행계획에 포함된 사업 목록을 기초로 전 부처에서 저출산 시행계획에 포함된 예산액을 제출받아 작성함
• 자료: 전 부처 취합

과밀한 수도권을 해소한다고 수조 원을 들여 GTX를 만든다. 그런데 아이와 관련한 시설은 이용자가 줄어든다며 투자하지 않는다. 한정된 국가 예산을 보며 우리가 우선하는 것이 무엇인지 돌아볼 필요가 있다. 저출산 예산이 몇백 조 원이라고 말하며 이 문제를 중시하는 것 같지만 그 예산의 상당수는 의미 없는 숫자놀음이다.

저출산고령사회위원회에서 〈저출산 5대 핵심과제에 대한 '2024년 예산안' 톺아보기〉라는 게시글을 올렸는데 저출산 5대 핵심과제에 15.4조 원을 편성했다고 홍보하였다. 그런데 그중 9조 원에 가까운 예산이 주거와 관련한 예산이었다. 진심으로 위기를 극복할 생각도 없이, 구호만 외치고 있는 것은 아닌지 돌아봐야 할 때다.

제 커리어에 육아는 없었습니다만

육아에 대한
인정을

아이를 데리고 이곳저곳 돌아다닐 때마다, 사회 분위기가 아동 친
화적으로 바뀌었으면 좋겠다고 생각한다. 하지만 의식의 변화에
만 기대기는 어려운 것이 현실이다. 결국 사람들은 자신에게 피해
가 오는 것을 싫어한다. 아이가 환영받지 못하는 까닭은 자신들의
평화를 깨트린다 생각하기 때문이다. 직장에서 육아휴직하는 사
람을 싫어하고, 아이를 본다고 일찍 퇴근하는 것을 싫어하는 것은
휴직한 사람의 빈자리를 채워 주지 않는 까닭에 다른 사람의 일까
지 내가 해야 한다고 생각하기 때문이다.

　마음 편하게 휴직을 하고, 마음 편하게 아이를 보러 갈 수 있으
려면 세상의 시선이 바뀌어야 한다. 육아휴직을 썼을 때 다른 직
원들의 업무가 늘어나는 건 대체인력을 배치하지 않는 회사의 잘

못임에도 우리는 손쉽게 개인을 비난의 대상으로 삼는다. 주변인에게도 적절한 보상이 있어야 한다. 일본 미쓰이스미토모해상화재보험은 직원들의 육아휴직 사용을 독려하기 위해 휴직자의 동료에게 응원수당을 지급하는 파격적 제도를 시행한다고 한다.[29] 이러한 제도가 있다면 눈치 보지 않고 휴직을 쓸 수 있지 않을까. 동료가 휴직을 가면 내 월급이 오른다. 서로 휴직을 가라고 독려할 것이다. 대체인력을 고용하기 힘들다면 대체인력에게 소요될 인건비를 동료들에게 지급하고 업무를 분담해도 좋다. 우리나라에서도 이 사업을 시도한다는데, 20만 원 수준으로는 실효성이 낮아 보인다.

세상이 변했기에 더 이상 예전처럼 이해나 양보만을 바랄 수 없다. 같은 관점에서 육아를 위해 자신을 희생하는 부모와 가족에게도 적절한 보상이 필요하다. 저출산이 국가적 문제라고 부르짖으면서도 우리 사회는 육아의 가치를 인정해 주지 않는다. 일과 가정의 양립이 가능하다는 가스라이팅도, 육아휴직을 하면서도 알아서 역량을 유지하라고 생각하는 것도 육아가 별로 힘들지 않다고 생각하기 때문이다. 아이를 양육하는 것이 중요하다고 하지만 그 기간은 경력에 포함되지도, 적절한 급여가 주어지지도 않는다. 이러한 시선은 부모를 일터로 내몬다.

양육의 가치를 인정해 주는 방안으로 양육을 전담하는 부모에게 국가가 실질적인 수당을 지급한다면 어떨까. 출산과 양육이 온

제 커리어에 육아는 없었습니다만

전히 개인의 몫이라면 저출산도 개인의 판단에 따라야 한다. 국가에서 이를 장려하려면 희생을 요구할 게 아니라 충분한 투자를 해야 한다. 간접적 지원도 물론 중요하지만, 육아를 직접 하는 사람이 효능감을 느끼려면 부모에게 직장을 다닐 때의 급여를 보전할 수 있을 만큼의 수당을 지급해야 한다. 일 외의 다른 방식으로 자아실현을 하고 싶어 하는 사람들이 충분히 꿈을 꿀 수 있도록, 자신이 다니던 직장을 포기해도 충분한 보상이 될 정도로 적절한 수준의 급여가 지급되어야 한다. 아이를 양육하고 자녀가 자란 이후로는 다시 공부를 하거나 원하는 것을 할 수 있다면 출산은 기피대상이 아니라 최소한 비슷한 선상에서 고려할 수 있는 선택지가 될 것이다. 매월, 일정 기간의 소득을 보장해 준다고 해도 그 이후에도 우리의 인생은 꽤나 길다. 상당한 기간의 소득을 괜찮은 수준으로 보장하지 않고서는 큰 효과가 없을 것이다.

맞벌이를 유지하는 경우에는 양육비용 공제를 확대해야 한다. 아이를 대신 돌봐 주는 부모님에게 드리는 돈을 소득공제하는 방안과 같이 아이에게 드는 비용은 전부 소득에서 공제해 주는 방식을 도입해 보면 어떨까. 저소득가구에게는 근로장려세제와 같은 형태로 아이에게 지출한 돈에 대해 일정액을 환급해 주는(필요하다면 사전에 지원하는) 방식도 병행해야 할 것이다. 노년 빈곤이 사회적 이슈가 되기도 하니 이를 간접지원하는 효과도 있다. 현재 아이에 대한 공제는 인적공제 150만 원뿐이고 교육비는 사용해야 세액공제가 될 뿐이라 양육에 대한 경제적 부담이 적절히 반영되지 못하고 있을 뿐 아니라 가족을 동원하는 것은 공짜 노동처럼 인식되는 측면이 있다. 양육비용 공제를 확대하는 것은 이를 현실에 맞게 수정하는 정도다.

자본주의사회에서 문제는 결국 돈이다. 저출산이라는 국가적 위기에서 벗어나기 위해서는 어느 정도의 예산은 투입해야 한다. 소득수준이나 평균적인 근로기간 등을 고려해 정교하게 설정해야겠지만, 분명한 건 출산의 당사자들이 포기라 생각하지 않을 만큼 충분히 매력적이어야 한다는 것이다. 국가는 아이를 거저 키우려는 생각을 거두어야 한다.

세대 유감
─교육이 필요하다

나보다 나이가 더 많은 분들과 일을 많이 해서인지 꽤 오랜 시간 젊다는 소리를 들으며 살아왔다. 그래서 젊은 세대의 문제에 관심이 많았고 그들의 어려움에 공감하며 살기 위해 노력했다. 대학에서 강의를 하면서도 학생들의 어려움에 귀를 기울이려 노력한다. 물론 학생들은 터놓고 이야기하지 않는 경우가 대부분일 것이다. 그런데 아기를 키우며 젊은 세대에 부정적인 경험이 점점 늘어난다. 편견이겠지만, 아기를 키우며 경험하기로는 아기에게 더 적대적인 것이 젊은 세대이고, 이들도 스스로 그걸 알기에 아기 키우기가 더 힘들다고 생각해서 아기를 덜 낳는 악순환에 빠진 것은 아닌가 싶다.

부산에 갔을 때 기차역으로 가는 급행버스를 탔다. 버스정류장

앞 카페에서 관찰해 보니 버스에 빈자리가 있는 채로 다니길래 버스를 탔는데 공교롭게 우리가 탄 버스에는 빈자리가 없었다. 아내가 아기를 안고 탔는데, 외국인 관광객이 자리를 양보해 준 덕분에 자리에 앉을 수 있었다. 버스에는 대학생으로 보이는 젊은 친구도 많았는데 조금은 아쉬웠다. 양보는 의무가 아니라 배려이니 강요하면 안 된다. 그러나 나는 젊은 세대도 배려하고, 더 어린아이에 대해서는 더더욱 배려가 필요하다고 본다.

가끔 온라인에서 아이가 있으면 대중교통을 이용하는 것 자체가 잘못이라는 주장이 보인다. 그냥 택시 타면 되는데 왜 버스를 타고 양보를 바라냐는 말이다. 당연히 극히 일부의 생각일 것이다. 아이를 동반하며 택시를 타는 게 편할 때도 있다. 그러나 아이 키우는 부모는 택시만 타야 한다면 대중교통은 특정 세대의 전유물이 된다. 교통약자가 대중교통에서 축출되면 아이 키우는 비용은 더 상승하고 저출산은 더 가속화될 것이다. 능력이 없으면 아이를 낳지 말라는 왜곡된 능력주의가 횡행하고 저성장으로 능력을 갖추기는 더 어려워지고 있는 현실에서 안타까운 목소리다.

인기를 끄는 장소에 가면 꼭 아이에게 눈총을 주는 경우가 있다. 아이가 왔다는 것 자체가 불편한 것이다. 이런 편견 때문에 노키즈존이 생길 수 있으니 그래서 교육이 필요하지 않을까 싶다. 육아를 해 보지 않아서, 해 보았어도 세상이 바뀌었기 때문에 모를 수도 있다. 나도 그랬다. 결국 교육과정에서 출산/육아에 대

제 커리어에 육아는 없었습니다만

한 교육을 해야 한다. 중·고등학생이면 출산과 육아라는 과업과 10~20년 떨어져 있을 가능성이 높다. 혼인연령은 점점 올라가고 있으니 지금의 아이들에게는 더욱더 먼 이야기일 것이다.

그래도 학교에서 공동체와 함께 배운 지식은 아이에 대한 무지에서 오는 비난은 막을 수 있을 것이다. 인터넷에서 자신들은 아이가 아니라 아이를 방치하는 개념 없는 부모를 미워한다는 댓글을 본다. 하지만 아이를 방치하지 않는다는 것은 무엇인지 정확히 알고 있을까. 교육을 하라고 하는데 교육으로 쉽게 해결될 일이었다면 다 큰 성인들의 무질서는 왜 존재하는 것일까? 아이들은 아직 발달과정에 있어 성인과 같을 수 없다. 공공장소 예절은 물론 중요하지만, 돌발상황에 대한 이해 역시 필요하다. 예전에는 체벌이 폭넓게 이해되었기 때문에 폭력을 통해 즉각적인 상황 변화가 가능했지만, 지금은 그런 시대가 아니다. 방관하는 부모가 아니더라도 아이의 행동을 교정하는 데는 시간이 걸린다. 사람들의 생각을 보면 아이가 성인과 같기를 바라는 것 같은데, 아이다움이 상실된 사회가 과연 좋은 사회일까? 아이를 낳지 않더라도 사회 구성원으로서 교육을 통해 아이에 대한 지식은 갖춰야 한다.

아이를 키우면서 왜 이런 것을 가르쳐 주지 않았을까 싶은 생각이 들 때가 많다. 경쟁에 익숙한 삶을 살아왔기 때문에 육아의 표준모델이라도 존재했으면 좋겠다고 생각했다. 당연히 표준이라는 게 존재하기 어렵다는 것은 알고 있지만 아이에게 무엇을 얼마나 해 주어야 하는지 모르기 때문에 아이를 키우며 더 많이 갈등하고 괴로운 상황에 놓인다. 아이를 키우면서 아이의 놀이 때문에 힘들 때가 있었다. 하루 종일 아이와 계속해서 즐겁게 놀아 줄 수는 없을 텐데, 얼마큼 어떻게 놀아 주는 것이 적당한지 알 수 없으니 늘 어려웠다. 아이에 대해 알고 아이와의 놀이에 대해 배웠더라면 괴로운 마음이 조금은 덜하지 않았을까? 라는 생각을 해 보았다.

아이를 낳는다면 배운 지식이 아이 양육에 도움이 될 것이니 더욱 교육이 필요하다. 물론 이런 교육으로 바뀌는 것은 지식이 조금 늘어나는 것에 불과하다. 사회가 경쟁적이니 아무리 교육을 하더라도 양보하고 배려하는 문화가 정착되기란 쉽지 않다. 문화의 변화는 오래 걸리겠지만, 지식의 부족이라도 해결된다면 조금은 나아질 것이다. 회계사시험에 붙고 박사학위를 받았어도 태어난 아이를 품에 안는 순간 내 머릿속에 지식이랄 게 하나도 없었다. 어찌 보면 정말 본능으로 아이를 키웠나 싶기도 한데, 챗GPT의 시대에 아직도 출산과 육아에 무지한 상태로 남아 있다는 것은 부끄러운 일이다. 성인이 되어 대학으로 가는 순간에, 출산과 육아에 대해서도 최소한의 지식은 가지고 갈 수 있게 한다면 우리 사회에 도움이 되리라 생각한다. 우리 사회는 아동의 권리를 어른의 양보와 배려로 격하시키고 있는 것은 아닌지 돌아봤으면 좋겠다.

제 커리어에 육아는 없었습니다만

어린이집 선생님은
천수관음보살이 아니다

우리 아기가 다니는 어린이집은 적응기간이 3주로 긴 편이었다. 물론 부모 입장에서는 그 기간조차 짧다고 생각했지만, 일하는 부모들은 그 기간을 다 채우지 못하고 아기를 맡기기도 했으니 길다고 볼 수도 있겠다. 아직까지 우리 사회는 아이의 호흡에 맞출 수 없고 사회에 맞춰야 한다. 어린이집의 첫 주는 아이와 부모가 함께 1시간 정도 어린이집에서 시간을 보내며 어린이집이라는 공간에 익숙해지는 시간이었다. 덕분에 나는 1주일간 어린이집에 가서 아이가 시간을 보내는 공간에서 함께 지내보았다. 우리 아이는 24개월이 되어서 어린이집에 갔지만, 어린이집에는 이미 0세반부터 다니는 아이들이 있었기에 새로 와서 적응하는 아이들과 이미 적응을 마친 아이들이 섞여 있었다.

만 1세반은 법정보육비율이 1:5라 선생님 한 분이 아기 다섯을 돌봐야 한다. 우리 아기는 통합반이라 선생님 두 분이 아기 열을 돌보는데 어린이집 선생님이 정말 고된 직업이라는 걸 옆에서 직접 관찰할 수 있는 시간이었다. 첫날은 열 명 중 부모가 같이 온 아이가 넷이었는데, 맞벌이 부모들은 바쁜 상황이니 적응프로그램이 끝나기도 전에 아이 둘을 두고 떠나서 하루는 나와 다른 아빠 둘만 있고 나머지 아이들은 다 선생님들이 돌봐야 했다. 법정 비율이 1:5인데 아빠 둘이 자기 아이는 돌보고 있어 1:4인 상황이니 더 편할 것 같지만, 적응기라 더 힘든 상황이 계속되었다. 부모가 떠난 아이 중 하나는 계속 울어서 선생님 한 분이 거의 그 아이에게 붙어 있어야 했다. 그 사이에 다른 한 선생님은 아기 간식 치우랴, 기저귀 갈아 주랴, 교구 꺼내 주랴, 내가 봐도 정신이 없어 보였다.

기관에 맡기니 선생님들을 믿어야 하겠지만, 이런 구조를 보니 사고가 나도 어쩔 수 없는 것인가 싶었다. 우리 아이가 생활하는 2층에는 아이들이 탈 수 있는 버스, 자전거, 미끄럼틀 그리고 책 등이 있었는데 아이들이 노는 사이에 나는 선생님들이 아이들을 탈출하지 못하도록 막아 둔 의자에 앉아 있었다. 그런데 많은 아이들이 놀다가 의자를 지나 탈출하려고 해서 내가 돌려보내고는 했다. 천방지축 뛰어다니는 아이 다섯을 선생님 한 명이 커버하는 것은 쉽지 않을 것 같았다. 누가 넘어져 울기라도 하면 선생님은 그 아이를 집중적으로 돌봐야 하는데 그 사이에 나머지 아이들은 또 제멋대로 돌아다닐 것이다. 그래서 교실에도 잠금장치가 된 문이 있긴 한데 아기들도 나가고 싶은지 자꾸 문밖을 내다보는 게 안타까웠다. 아동당 교사의 비율이 감소하면 아이들도 더 즐겁게 뛰어놀 수 있지 않을까.

어린이집 적응기간 중에 소방대피훈련이 포함되어 있었다. 나도 함께 소방대피훈련을 했는데 2층 계단에서 선생님이 아이 다섯을 데리고 내려가야 했다. 게다가 처음 부모와 떨어진 아이 하나는 계속 선생님에게서 떨어지려 하지 않고, 다른 아이들도 선생님이 좋으니 선생님 손을 잡고 내려가려고 하는데 선생님도 손은 두 개뿐이다. 그래도 선생님이 전문가이니 잘하시리라 생각하지만 괜스레 마음이 조마조마해 다른 아이 하나는 내가 붙잡고 내려갔다. 선생님의 손은 둘인데 아이는 다섯인 게 괜찮은 것일까. 보조교사나 다른 반 선생님들이 와서 도와주기도 하지만 항상 잘 맞아떨어지기도 쉽지 않을 것이다.

보육의 질을 높이려면 교사당 아이 수가 줄어야 한다. 내가 초등학교에 갈 땐 한 학급에 60명이 넘었는데 지금은 저출산으로 그 절반도 안 된다. 그러면 보육의 질이 많이 좋아졌다 생각할 수 있지만, 사회가 발전한 만큼 부모들이 아이에게 쏟는 관심과 육아의 질이 달라졌다. 과거의 우리와 다를 게 아니라 가정과 기관의 차이도 고려해야 한다.

사람들은 교사당 아이 수를 줄이려면 부모가 돈을 더 내면 되는 것 아니냐고 말한다. 보육교사의 급여를 정확히 알 수는 없지만 2021년 보육실태조사에 따르면 국공립 기준 어린이집 교사의 평균임금이 월 300만 원 정도라고 한다. 여기에 직장에서 부담하는 4대보험 직장분을 가산하면 대략 1인당 월 360만 원이 소요될 것이다. 5명으로 나누면 1인당 72만 원을 부담해야 하는데, 4명으로 줄이면 90만 원이 되고, 3명으로 줄이면 120만 원이 된다. 개인에게는 부담되는 비용이다. 심지어 아이가 둘이나 셋일 수도 있다. 그러나 천문학적인 저출산 예산과 비교하면 그렇게 많은 돈도 아니다.

2023년 출생아 수 23만 명을 기준으로, 모든 아동이 기관에 다닌다고 가정하고 선생님 숫자를 계산하면(0세반 기준 교사 1인당 아동 3명) 76,667명이다. 이들에게 월 3백만 원을 지급해야 한다면 2,300억이 필요하다. 이를 1인당 아동 2명으로 줄이면 약 11.5만 명의 교사가 필요하고 1,150억의 예산이 추가로 소요된다. 0세반의 취원율은 20% 정도로, 이 경우 필요한 예산은 230억이고 연간 3천억도 채 되지 않는다. 이들이 만 1세가 되었다고 생각해서 교사 1인당 5명을 보육해야 한다면 4만 6천 명의 교사가 필요하고 이들에게 지급되는 급여는 월간 1,380억이다. 이를 1인당 3명으로 줄이면, 2,300억으로 약 1천억이 증가한다. 마찬가지로 취원율을 고려하면 실제로 드는 비용은 더 적다. 게다가 법정보육비율은 만 2세

제 커리어에 육아는 없었습니다만

는 1:7, 만 3세는 1:15, 만 4세 이상은 1:20으로 급격히 증가하기 때문에 전 연령대에서 비율을 조정한다고 해서 모두가 매월 1천억씩 소요되는 것도 아니다.

0세는 1인당 2명, 1세는 1인당 3명, 2세는 1인당 5명, 3세는 1인당 10명, 4세 이상은 1인당 15명으로 비율을 조정한다고 했을 때 모든 아동이 취원한다고 해도 추가 재원은 월간 3천억에 불과해 연간 3.6조 원이다. 모든 아동이 어린이집을 다니는 것이 아니기에 실제로 필요한 비용은 이보다 훨씬 적을 것이다. 3조 원이 작은 돈은 아니지만, 수십조에 달하는 저출산 예산을 생각하면 충분히 투자 가능한 재원이다. 저출산으로 인해 학생 수가 줄어들기 때문에 필요한 교사의 숫자가 적어진다고 생각할 수 있지만, 관점을 달리해 교사의 수를 유지함으로써 아이들을 계속해서 과밀화된 상황에 두지 않는다면 충분히 달라질 수 있는 부분이다.

부모와 함께 있으며, 친구들도 많으니 우리 딸은 어린이집에서 신나게 놀았다. 어린이집 선배인 친구들은 벌써 혼자 숟가락질도 곧잘 하고 있었고, 부모와 헤어져도 울지도 않고 씩씩하게 잘들 있었다. 하지만 아이들이 나에게 다가와 "아빠"라고 말하거나, 나에게 같이 놀자는 제스처를 보이는 것을 보면 저 아이들도 부모의 품이 그리운 것이 아닐까 싶어 안타깝기도 했다. 우리는 혼자 잘 노는 아이를 보고 의젓하다고 하지만, 아기가 의젓한 게 맞는 것일까? 부모가 바쁘니 아이들도 빠르게 적응해야 하는데, 이게 아

제3부 더 나은 사회를 위한 의문　　　　　　　291

이들이 정말로 원하는 상황인지 잘 모르겠다. 그나마 교사와 아동 비율을 조정한다면 아이들에게 조금 나은 환경이 제공될 것이다.

직장어린이집이 인기가 많은 이유 중 하나는 아이 대비 교사 수가 법정비율보다 높다는 것이다. 직장어린이집이 있는 경우는 대체로 대기업이나 공공의 영역일 텐데, 특정한 곳에서만 혜택을 누리는 것이 아니라 전반적으로 확대하는 차원에서라도 교사당 학생 수를 조정해야 한다. 저출산이 전 국가적 과제라면, 사회 전반적으로 투자를 해야 하는 것이 아닌가. 아이를 맡기지 않고 부모가 키울 수 있는 게 불가능하다면, 아이를 믿고 맡길 수 있도록 아낌없이 투자해 보는 것은 어떨까? 어린아이에게까지 너무 효율의 잣대를 들이대지 말자.

로컬 체인점에서 본 희망
—전북의 빈타이에서

아이가 태어나고 나니 대형마트와 백화점이 달리 보이기 시작했다. 불경기라 해도 부자가 많아 백화점이 붐비는 줄 알았는데 실은 아이와 같이 다니는 부모에게 대형마트와 백화점이 아니고는 마음 편히 있을 공간이 마땅치 않았다. 지역에 갔다가 수유실을 찾지 못하면 대형마트로 향했다. 아이가 어릴 때는 자주 기저귀를 갈아야 하는데 그때마다 차를 돌려 대형마트로 갈 수는 없는 법이다. 그래서 수유실이나 기저귀를 교환할 수 있는 공간이 있는지 검색을 했지만 매번 그런 공간을 찾기는 너무 어려웠다. 육아 인프라가 부족함을 항상 절감했는데 해결을 위한 작은 단서를 전북의 스타벅스라 불리는 카페에서 찾을 수 있었다.

군산 여행 중에 빈타이라는 카페를 찾아갔다. 호수공원 앞에 있는 현대식 건물은 인기 있는 장소인지 젊은 사람들도 많았는데 한 켠에 수유실과 기저귀를 교환할 수 있는 독립된 공간이 자리하고 있었다. 아이를 낳기 전에는 이런 게 있는지도 몰랐는데, 이런 공간이 있는 카페라니 너무나 놀랍고 감사했다. 그래서 카페에 머물면서 해당 카페에 대해 더 찾아보니, 이 카페는 전북지역에 체인을 가지고 있는 전북의 스타벅스 같은 곳이라고 했다. 사장님의 경영철학도 마음에 들었고, 무엇보다 이런 배려가 있는 공간이 있다는 것에 놀라울 수밖에 없었다. 전주에서 다른 지점에도 가 봤는데 마찬가지로 수유실이 있었다. 이런 시설이 어디에나 보편적으로 있다면 출산율이 지금 같지는 않았을 것이다.

왜 다른 곳에는 이런 시설이 없을까? 비용 때문일 것이다. 수유실을 갖추는데 비용이 들어가고, 수유실 공간만큼 영업을 하지 못하니 수익도 감소한다. 시장의 논리대로라면 단기적인 이익에만 치중하게 될 테니 이러한 시설을 갖춰야 할 이유가 없다. 결국 인프라의 확충을 위해서는 공공의 지원과 개입이 필요하다.

사람들이 외치는 시장의 논리대로라면, 출산율이 감소하다가 인구가 줄어들어 경쟁이 덜 치열하고 살 만해지면 다시 인구가 늘어나서 균형을 찾게 될 수도 있다. 그러나 저출산이 위기이고 티핑 포인트를 넘어서 회복이 불가능할 것이라 생각한다면 지금이라도 빨리 우리 사회에 육아 인프라를 늘려야 한다. 일정 규모 이상의 시설에는 영유아를 동반할 수 있는 시설을 의무화해야 한다. 정부의 예산을 지원해서라도. 이것이야말로 진정한 저출산 예산이다. 한 평 남짓한 공간에 수유실을 두게 하고 그 인테리어 비용을 지원해 준다고 해 보자. 300만 원의 비용을 잡고 10만 개를 갖추는 데 3천억이 소요된다. 600조의 예산에서 이게 큰돈일까? 매년 드는 것도 아니다. 5년에 한 번 교체한다고 하면 연간 600억에 불과하다. 자영업자들은 공간을 빼앗겨 불만일 수 있다. 그렇다면 줄어든 공간만큼 세액공제 등을 통해 업주에게 지원해 줄 수 있다.

남해 금산 보리암에는 영유아동반 주차공간이 있다. 한 면뿐이지만 이런 공간도 확대되면 좋겠다. 아이를 데리고 백화점에 갔는데, 주차라인이 좁기도 한 데다 옆 차가 내 차에 바짝 붙어서 아이를 카시트에 태우기가 어려운 경우가 있다. 그뿐인가. 유아차에 아이를 태우고 엘리베이터를 타려고 하면 엘리베이터는 사람들로 꽉 차 있다. 어떤 백화점은 엘리베이터에 유아차, 장애인 우선이라고 크게 써 붙여 놓았지만 양보해 주는 사람을 찾기는 쉽지 않다. 아이 동반 시 저층에 우선주차가 가능하게 하거나, 아이 동반 편의를 개선해야 한다. 소소해 보이는 것이지만, 이런 사소한 불편이 모이고 모여 큰 불편이 된다. 아무리 이런 것이 개선되고, 육아 인프라가 확충되어도 아이를 낳고 키우는 것은, 좋아진 세상에서 여전히 쉽지 않은 일이다.

포털의 협조를 얻는 방법도 있다. 포털에서 식당을 검색하면 여러 가지 정보가 나온다. 영업시간, 제로페이 결제여부, 배달/포장

가능여부, 주차, 인터넷, 화장실 정보까지. 그러나 노키즈존인지, 수유실이 있는지, 아기의자가 있는지 이런 정보들은 모두 먼저 다녀온 부모의 블로그를 통해서 밖에 볼 수 없다(책을 내기 전 다시 확인하니 N포털은 아기의자여부를 필터로 체크할 수 있다). 아기를 키우기가 어려운 것은 모든 정보가 미지의 영역 속에 있기 때문이다. 육아에 대한 정보는 교육을 통해 해결해야 하니 시간이 걸리겠지만 당장 쉽게 공유할 수 있는 정보라도 널리 알려진다면 하루하루 부족한 시간 속에 살아가는 부모들에게 도움이 되지 않을까.

인프라에 투자한다는 생각으로 한 걸음씩 나아가는 작은 변화가 필요하다. 거대 담론으로 순식간에 해결될 문제였다면 이렇게 되지도 않았을 것이다. 카페에 수유실이 있다고 감동할 것이 아니라, 이게 당연한 사회가 되었으면 좋겠다.

시선을 바꿔 보자

쉽지 않지만 역지사지는 정말 중요하다. 저출산에서도 마찬가지다. 사람들은 낳으라고 말하지만, 과연 내 자식이 아이를 낳고 육아만 해도 마음 편한 부모가 얼마나 있을까? 유튜브로 〈사랑이 뭐길래〉를 다시 보았다. 드라마에 담긴 정서는 '내 자식은 나처럼 살지 않았으면'이라는 것이다. 부족함 없이 살기를 바라는 기성세대의 노력으로 잘살게 된 것은 부인할 수 없는 사실이다. 그런데 기성세대는 세상이 바뀌어 사고가 바뀌고 있다는 것을 인정하지 않는다.

같이 일했던 회계사 선배를 만난 적이 있는데, 왜 쉬냐며 걱정해 줬다. 그러면서 지나가는 이야기로 부모님께서 속상하시겠다고 했는데 분명 틀린 이야기는 아니다. 반대로 생각하니 이래서 여성들도 낳기 어렵겠다 싶었다. 남녀 구별 없이 키운 세상에서 여성이 쉬어도 마찬가지로 부모는 속상할 것이다. 바뀐 세상에 맞춰 역지사지해 보면 충분히 이해될 일이다. 간단한 진리이지만 내 자식이 해도 괜찮을 것만 요구하고 살면 사회가 살 만해질 것이다. 자식이 젊어 사서 고생해도 되니 일해도 된다는 사람만 야근을 시키자. 그러면 야근 없고 살 만한 세상이 되지 않을까.

마찬가지로 말 못하는 아이들의 입장에서 생각해 보면 우리 사회가 더 가족 중심으로 바뀌어야 한다는 걸 깨달을 수 있다. 아이를 키우며 내 어린 시절을 많이 돌아보게 된다. 나는 어머니가 육아를 맡아서 하셨기에 어린이집 같은 곳에 다니지 않았다. 그래서 형이 유치원에 다니는 것을 보며 유치원에 가고 싶다고 노래를 불렀다고 한다. 결국 6살에 딱 1년, 유치원을 다녀 본 게 어린 시절 기관 생활의 전부였다. 서울처럼 오밀조밀하게 모여 있는, 효율적인 동네는 아니었던지라 유치원 버스를 타고 다녔다. 언제 하원했는지 기억이 가물가물하지만, 점심을 먹고 오후에 돌아왔던 것 같다. 그러나 유치원이라는 공간이 학습을 하는 공간은 아니니 그렇게 힘들었던 기억은 없다.

초등학생이 되었을 때, 1학년 때는 4교시, 즉 오전 수업만 하고 하교했다. 우리 집에서 학교까지는 어린이 걸음으로 15분 정도 걸렸던 기억이 난다. 지금 포털 지도로 측정해 보니 700m 거리로 성인 걸음으로 9분이 걸린다고 나온다. 3학년이 되어서야 점심 먹고 오후 수업이 있는 날이 있었고, 6학년이 되면 매일 오후 수업이 있었다. 그래 봐야 6교시 수업이면 3시 반이면 끝나고 집에 왔다.

어린이집의 정규보육시간은 9시~4시라고 한다. 정규시간이니 아무 생각 없이 그런가 보다 했는데, 아이가 처음에 적응을 잘하지 못하는 모습을 보다 보니 이 시간이 적정한가에 대한 의문이 들었다. 물론 정규교육과정은 많은 연구와 지식을 기반으로 결정되었을 것이니, 적정한 시간일 테고 아이들은 보육시간 중 2시간 정도를 낮잠시간으로 보내니 실질적으로 아주 긴 시간을 보내는 것은 아니지만, 우리 아이는 한때 낮잠 적응을 잘 못해 마음이 더 불편했다. 만약 연장반까지 이용한다면, 나의 초등학교 시절보다 더 긴 시간을 기관에 있는 것인데 이건 괜찮은 것일까?

시간제보육에 아이를 잠시 맡겼을 때, 남는 시간이 없어 아이를 5시에 맡기고 6시에 찾아간 적이 있다. 몇 안 되는 아이들이지만, 내가 가면 너도나도 나와 본다. 아이들도 엄마 아빠가 오기만을 기다리고 있는 것이다. 아이들은 의사표현을 하기에 아직 부족한 나이다 보니, 우리는 그냥 부모의 삶에 아이를 끼워 맞추면서 살아가고 있다. 부모가 야근하니 연장보육을 해야 하고, 근로시간이 늘어나니 연장보육을 확대한다거나 아이들의 등원시간을 당긴다는 이야기가 나온다. 그런데 아기들은 정말 그것을 원할까? 물론 그 누구도 아기의 마음은 정확히 알 수 없지만, 우리 사회가 역지사지의 자세로 아이들의 마음을 한 번은 생각해 보는 사회가 되었으면 좋겠다.

최근 「세법」 개정으로 혼인에 한해 증여세 공제를 1억 원 늘렸다. '노오력' 하지 않는 청년을 비난할 때는 언제고 내 자식에겐 1억 원을 줘야만 결혼을 한다는데, 반대로 생각해 보면 1억 원을 증여받지 못하는 사람들은 혼인하지 말라는 자조가 나올 수 있다. 2022년의 증여세 결정 현황을 보면 증여세 결정건수는 약 25만 건이다. 수증인(증여를 받는 사람) 연령별로 보면 20대가 4만 명, 30대가 5만 명으로 혼인연령대는 전체 증여건수의 40% 미만이다. 20, 30대가 모두 혼인을 하는 것도 아니라고 생각하면 이들 중 실제 혼인으로 인해 증여받는 경우는 더 적을 것이다. 게다가 증여재산가액 규모별로 살펴보면 약 7만 명이 증여재산가액 5천만 원 이하다. 이들은 현행 「세법」으로도 증여세를 납부하지 않기 때문에 혼인공제 신설의 실익이 없다. 5천만~1억 원의 증여재산가액인 경우가 약 6.5만 명인데 이들이 전부 부모에게 증여를 받는, 혼인한 자녀도 아니다.

결국 이 모든 것을 고려하면 실제로 제도 개선으로 혜택을 보는 이는 채 2만 명도 안 될 테고, 이들이 결혼하고 출산해서 개선되는 출산율이란 미미할 것이다. 특히나 부유층의 경우에는 돈이 부족해서 아이를 낳지 않을 가능성은 극히 희박하다는 점을 생각하면 더욱 그렇다. 차라리 상속세나 증여세를 확실히 징수해서 저출산 예산으로 활용한다면 어땠을까. 2022년의 증여세 총 결정세액은 약 8.4조 원이며 상속세 결정세액은 19.3조 원가량이다. 합치면 28조 원 정도인데 최근의 저조한 출생아 수를 생각하면 출생아 1명당 1억 원이 넘는 돈이다.[30] 앞서 주장한 전업주부에게 양육에 대한 대가를 지급하기에 충분한 돈이다.

　고소득자들이 자신들이 내는 세금을 아까워하는데, 저출산 문제를 해결한다는 명분이라면 그래도 그 아쉬움이 조금 덜하지 않을까. 대부분이 한 목소리로 나라의 미래를 걱정하니. 게다가 저출산이라는 결과는, 그들이 쌓아 올린 부가 어느 정도는 원인이 되기도 했을지 모를 일이다. 자산가들에게 조달한 세금인 만큼 선별지원에 불만이 있다면 고소득 출산 가구까지 지원하는 것도 충분히 고려해 볼 수 있다. 출산율이 가장 하락한 가구가 저소득층과 고소득 가구이니 이들에게 지원하는 것은 충분히 의미가 있는 일이다. 줄어드는 세수에 선별지원을 외치면서 효과도 예측할 수 없는 불특정 다수, 특히 일정액 이상의 증여를 받을 수 있는 계층에게 유리한 정책을 꺼내는 것이 과연 저출산 해소와 무슨 상관이 있는지 모르겠다. '저출산 대책이란 게 이렇지'라는 사람들의 냉소만 커져, 실제 정책을 집행하는 데 오히려 방해만 될 것이다. 경제지에서는 툭하면 상속·증여세가 높아서 문제라고 말하지만, 저출산을 걱정하는 기사와 그런 이야기를 같이 하는 것 자체가 모순이다. 저출산 문제 해결이 미래 세대를 위한 것이고 사회의 지속 가능성을 위한 것이라면, 나의 자녀만 잘살고자 편법으로 상속/증여를 할 것이 아니라 정당하게 세금을 납부하고 그 재원은 사회 공동체를 위해 쓰는 것이 옳다.

0.72는
원인이 아니라 결과다

통계청에서 인구의 날을 맞이해 〈저출산과 우리 사회의 변화〉라는 통계자료를 발표했다. 자료를 유심히 보다가 문득 제목에 생각이 머물렀다. 〈저출산과 우리 사회의 변화〉라고 하는 제목은 저출산에 따른 변화를 말하고 싶었던 것일까? 우리 사회의 변화에 따른 저출산이 맞는 말이 아닐까?

아직 채 40년도 살지 않았지만, 그 사이에도 우리 사회는 정말 많이 변했다. 아이를 키우면서 느낀 것처럼 우리 사회는 너무 좋아졌고, 그래서 아이 키우기는 더 어려워졌다. 부모의 입장에서는 사회가 좋아진 것이 아이를 키우는 기회비용이 상승한 것이 되기도 한다. 예전에는 10년이면 강산도 변한다고 했지만, 이제는 강산이 변하는 데 몇 년 걸리지 않는다. 그만큼 우리 사회가 빨리 발

제 커리어에 육아는 없었습니다만

전하는 셈인데, 아이를 키우는 부모의 시계만은 그대로다. 농업사회에서는 여러 명을 낳고 돌아가도 적응하는데 큰 무리가 없었다면, 이제는 한 명만 낳고 돌아가도 적응이 어려울 수 있다. 이러한 변화는 무시한 채, 막연히 돈을 주면 아이를 낳지 않을까, 방송을 통해 행복한 가정을 보여 주면 아이를 낳지 않을까 생각하는 것은 지나치게 단편적인 접근이다.

우선 위기가 맞는지부터 명확한 진단이 필요하다. 아이를 키우면서 체감하기에는 우리 사회에서 저출산은 전혀 위기가 아니다. 위기라면 이렇게 할 수가 없다. 정책 측면에서도 저출산은 그저 구호에 불과해 보인다. 우리는 저출산과 고령화를 묶어서 이야기한다. 그러나 저출산과 고령화를 묶어서 해결하려니 모순된 정책이 나온다. 스포츠나 방송을 봐도 숙련자들이 가득 찬 세상에 신인이 발을 붙이기는 어렵다. 실력으로 극복하라고 하지만 신인이 수십 년을 한 사람과 같은 선상에서 경쟁해서 이기기란 쉽지 않다. 이렇게 기존 질서의 욕망에 충실해서는 저출산은 해결하기 어렵다.

저출산은 성별 문제에서 세대 문제가 되었고, 세대 문제에서 계급 문제로 진화할 것으로 보인다. 이러한 복잡한 사회 구조와 갈등의 결과를 어떻게 풀어낼 것인지가 숙제인데도, 우리는 오늘도 저출산 자체를 원인이라 생각하는 오류를 범하고 있다. 게다가 저출산은 이미 오랜 문제다. 그런데 넋 놓고 있다가 어느 날 갑자기 벼락처럼 위기라고 떠들어 대니, 사람들이 체감할 수 있을지 모르겠다. 우리나라의 합계출산율은 이미 1998년에 1.5 아래로 내려왔다. 2005년에는 1.096까지 떨어지기도 했다. 이후 다시 상승했다지만 1.3을 넘어서지 못했고, 2017년 1.051을 기록한 이후로 1 아래로 내려와 2023년 현재 0.72에 이른 상황이다. 25년 전과 비교해서는 절반이며, 2005년과 비교했을 때는 30% 정도 하락한 수준이다. 만약 이때부터 위기를 감지하고 대비했더라면 지금과 같이 심각해지진 않았을 것이다.

이러한 문제의식이 반영된 연구가 있었는데, 연구에서는 '유배우출산율'이라는 개념을 도입했다. 즉 결혼한 사람들만의 출산율을 따로 떼어 계산해 본 것이다. 우리나라는 출산장려정책의 영향으로 2005년 이후 10여 년 동안 유배우출산율은 증가했음이 나타난다. 연구에 따르면 결혼하지 않는 사람들이 증가한 것이 출산율을 감소시킨 요인이었다. 연구의 결론에는 "유배우출산율까지 떨어진다면 우리나라의 출산율은 기존에 상상하지 못한 낮은 수준으로 내려갈 수 있다"고 언급하고 있다.[31] 그런데 유배우출산율마저 하락하고 있다는 연구를 찾아볼 수 있었다. 유배우출산율도 2015년 정점을 기록한 이후 지속적으로 하락해 2020년 1.13까지 내려갔다는 것이다.[32] 예전에는 결혼을 하면 그나마 아이를 낳았는데 여러 요인으로 결혼이 늦어지는 게 문제였다면, 지금은 결혼도 하지 않는데 그나마 결혼한 사람조차 아이를 낳지 않는다.

제 커리어에 육아는 없었습니다만

아이를 키우는 입장에서 아이 키우는 어려움만 생각했지만, 이제는 결혼도 하지 않는다니 저출산 해결은 더욱더 어려워 보인다. 한편으로는 이것이 꼭 해결해야 하는 과제인가 싶다. 사람들도 전혀 심각하다 생각하지 않고, 사회적으로도 말뿐인 위기인 것은 정말 중요한 문제가 아닌 것이다. 현재의 출산율은 결국 대한민국이라는 거대한 사회에서 다수가 합리적이라고 판단하여 내린 결론과 다르지 않다. 너무 사람이 많아서 살기가 어렵다거나, 내 한 몸 건사하는 것도 힘들다거나, 앞날이 불투명하고 불안하다거나. 지금의 우리 사회를 보면 자연스러운 흐름을 막을 게 아니라 인정하고 변화하는 것이 먼저라는 생각이 든다.

그나마 지금은 위기의식을 가지고 있는 만큼, 3명이라는 불가능한 수치를 목표로 삼기보다는 현실적인 목표를 설정하고, 모든 것을 저출산 탓을 하지 말고 사회의 변화를 반영하여 정책을 펼친다면 아직은 문제를 해결할 수 있을지도 모른다. 여성의 사회진출이 늘어 저출산이 되었으니 여성의 사회진출을 줄이면 된다는 식의 황당한 논의가 아니라, 이들이 사회로 나오며 느끼는 어려움을 어떻게 수용하고 개선할 것인지를 고민하면 된다.

저출산은 벼락같이 찾아온 게 아니라 수십 년에 걸친 변화의 자연스러운 결과다. 해결이 필요한, 해결이 가능한 문제인지부터 다시 한번 생각해 보아야 한다. MZ 세대를 탓해서, 2030을 탓해서 해결될 것이 아니라 이들까지 내려온 누적적인 변화의 흐름임을 먼저 인정해야 한다. 우리 사회가 개인을 탓하고 개인에게 요구하기 전에 스스로 변화할 수 있는 것이 무엇인지부터 생각하지 않는다면 변화는 요원하다. 당장의 대책 몇 개로 바뀌는 것은 불가능하고 사회 전반의 문화를 바꾸어야 한다. '모두가 위기라고 하니 위기인가 보다' 할 것이 아니라 진짜로 우리의 미래가 어때야 하는지, 무엇을 원하는지부터 차분히 다시 진단해 보아야 한다.

통계로 톺아보기   혼인건수

아이를 키우며 겪은 어려움을 중심으로 이야기했지만, 저출산의 양대 축 중 하나는 혼인 문제도 있을 것이기에 한 번 확인해 보자.

2022년의 혼인건수는 19만 2천 건으로 1970년의 29만 5천 건에 비해 10만 3천 건이 감소했다. 그러나 혼인건수가 1970년부터 꾸준히 감소해 온 것은 아니다. 1971년 일시적으로 감소한 이후 1980년까지는 꾸준히 증가했으며 1980년에 40만에 달한 혼인건수는 한동안 등락을 거듭하다 1996년에는 43만 5천여 건에 이른다. 1980년~1996년 사이에 혼인건수가 가장 적은 해는 1985년인데 이때도 혼인건수가 38만 5천여 건에 달했다. 우연의 일치인지 모르지만 IMF가 있던 1997년을 기점으로 혼인건수는 감소했다.

제 커리어에 육아는 없었습니다만

혼인건수와 조혼인율의 변화   (단위: 건, %)

	2016	2017	2018	2019	2020	2021	2022
혼인건수	281,635	264,455	257,622	239,159	213,502	192,507	191,690
조혼인율	5.5	5.2	5.0	4.7	4.2	3.8	3.7
증감율 (혼인건수)	−7	−6	−3	−7	−10.73	−9.83	0
증감율 (조혼인율)	−7	−5	−4	−6	−11	−10	−3

이후로 혼인건수는 지속적으로 감소해 2003년 30만 2천여 건까지 감소하지만 다시 반등해 2007년에는 34만 4천 건을 기록하기도 했고 2015년 30만 3천여 건을 기록할 때까지 30만 선에서 머무른다. 그 이후로는 모두가 알고 있듯 급격한 감소를 보인다. 2016년 28만 2천여 건으로 감소한 혼인건수는 그 이후로 계속 감소했으며 2020년에는 10% 이상, 2021년에도 10% 가까이 감소해 결국 20만 건 아래까지 내려왔다.

인구 1천 명당 혼인건수를 나타내는 조혼인율은 1980년 10.6으로 최고치를 기록한 이후로 거의 대부분 감소하여 2022년은 3.7이다. 이 기간 중 조혼인율이 증가한 기간은 11년에 불과할 정도로 조혼인율은 지속적으로 감소하고 있다.

우리 사회에 무슨 일이 있던 것일까? 일단 혼인건수가 급격히 감소한 것은 명백한 사실이다. 다만 조혼인율은 인구 전체와 비교하기 때문에 고령화 추세에 따라 감소할 수밖에 없어 보인다. 혼인이 가장 활발

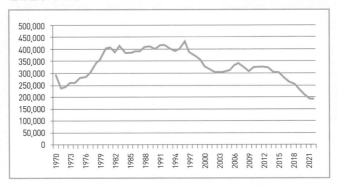

혼인건수의 변화   (단위: 건)

한 20~39세의 인구를 놓고 비교해 보면, 1970년 9백만이던 해당 연령

대 인구는 1995년까지 한 번도 감소한 적이 없다. 혼인건수가 절정이던

1996년, 처음으로 감소하는데 이때도 1,700만 명이 넘는다. 이후로 해

당 연령대 인구는 계속해서 감소한다. 2018년 0.03%가 증가한 것을 제

외하고는 계속해서 결혼 적령기의 인구가 감소하니 혼인건수는 줄어들

수밖에 없다.

물론 인구 감소에 비해 혼인건수가 급격히 감소한 것도 부인할 수 없

다. 혼인건수를 20~39세 인구 1천 명당으로 나눠 계산해 보면 1970년

33이던 수치가 2000년에 19.9를 기록하였으나 이후 다시 상승하기도

해 20 정도의 수치를 유지하다가 2016년 19.4로 다시 20 이하로 내려

간다. 그리고 지속적으로 감소해 2022년에는 14.1이 된다.

이는 혼인연령이 늦어진 결과로 보인다. 통계로 확인할 수 있는 가장

제 커리어에 육아는 없었습니다만

이른 시기인 1990년의 혼인연령은 남성이 27.79세, 여성이 24.78세이다. 이후 점진적으로 상승해서 2003년 남성은 30세를 넘겼고 이때의 여성 혼인연령은 27.27세였다. 2007년 남성 31.11세, 여성 28.09세로, 2011년 남성 31.9세, 여성 29.14세로 상승하던 혼인연령은 2016년 여성의 혼인연령마저 30세를 넘어선다(30.11세, 남성 32.79세). 2022년 남성은 33.72세, 여성은 31.26세로 1990년과 비교했을 때 남성은 약 6세, 여성은 약 6.5세가 늦어진 것이다. 20~39세 인구가 정점이던 때에 비해 2022년에는 350만 명이 감소했는데, 연령으로도 6세 정도 늦게 결혼하게 됐다면 그 효과 역시 350만 명 수준이다(2022년의 25~29세 인구가 362만 명이다).

게다가 혼인문화도 변화하고 있다. 사랑이 결혼의 필수조건이 된 것도 얼마 되지 않았다고 한다. 과거에는 부모가 골라 주는 사람과 결혼했다면, 점점 더 결혼에 요구되는 덕목이 늘어나고 있다. 사회의 눈높이가 높아질수록, 개인의 자유가 확대될수록 결혼을 하기도 어려워질 것이고, 아이를 적게 낳게 될 것이다. 아무나 만나지 않겠다는 요즘 세대의 생각이, 내 자식이 별 볼 일 없는 사람과 결혼하는 게 못마땅한 부모 세대의 생각이 결혼을 더 어렵게 만든다.

그렇게 결혼해도 아이를 낳지 않거나 덜 낳는다. 출생아 수와 신혼부부를 비교해 보면 출생아 비율도 감소하고 있다. 결혼에서 출산까지 시간의 지연, 둘째 이상 출산의 감소를 고려하면 급감하는 출산율은 충분

신혼부부(초혼)와 출생아 수 (단위: 쌍, 명, %)

	2016	2017	2018	2019	2020	2021
신혼부부	1,150,995	1,103,813	1,052,635	998,013	937,530	871,251
출생아 수	406,243	357,771	326,822	302,676	272,337	260,562
출생아/신혼부부	35.29	32.41	31.05	30.33	29.05	29.91

히 설명이 된다. 결국 혼인건수의 감소와 혼인한 부부가 겪는 출산의 어려움 모두가 심각한 상황이다.

인구가 감소하는 것은 과거 가족계획의 결과이므로 어쩔 수 없는 측면이 있다. 또한 혼인연령이 늦어지는 것도 그만큼 여성들의 사회진출이 증가하고 학력수준도 상승하고 있기 때문에 당연한 결과다. 과거에 비해 피임이나 출산에 대한 과학적인 발전이 있었기 때문에 지금은 결혼과 출산의 시기를 조절하는 것이 일정 부분 가능해진 측면도 있다.

그러나 이런 효과로만 설명할 수 없는 부분이 틀림없이 존재한다. 사회의 경쟁이 치열해지고 점점 더 살기 어려워진 부분이 결혼을 미루고, 아이를 적게 낳는데 분명 영향을 끼쳤을 것이다. 사교육 열풍이나 사회의 임금격차 문제 등이 논의될 때마다 나오는 이야기가 우리 사회는 지대추구사회라는 것이다. 이런 사회에서는 많은 것을 먼저 갖추는 것이 유리하기 때문에 경쟁에 매몰될 수밖에 없다. 지금의 세대는 이런 지대추구사회 속에서 자라났고, 그것을 내면화했다. 혹자는 선진국도 잘살고, 격차도 있는데 왜 우리만 저출산이냐고 하겠지만 지대추구사회에서 사다리를 걷어차는 게 우리 사회의 모습이기에 어쩔 수가 없다. 육아휴직이 보장되고, 평생에 걸쳐 동일한 숫자의 아이를 낳으면 육아휴직의 시기는 상관이 없어야 하지만, 지대를 추구하는 사회에서는 먼저 올라간 사람이 사다리를 걷어차 버릴 수 있기 때문에 다들 출산을 미루고 최대한 높이 올라간 후에야 출산을 하게 된다. 또는 아예 포기하기도 한다.

이러한 사회경제적인 변화에 따라 저출산이 나타난 것인데도, 우리는 저출산이 이러한 사회경제적 변화를 촉발했다고 착각하고 있는 것은 아닌지 우려스럽다. 원인과 결과를 혼동하면 잘못된 대책이 나올 수밖에 없다. 저출산 문제를 두고 사람들이 '요즘 것들은 이기적이다'라고 말하는데 이들의 이기심을 비난해서 나아지지도 않을 뿐 아니라 인구의 변화나 혼인연령의 지연이 단순히 이기심 때문만은 아닐 것이다.

0.72라는 수치는 2005년에 비해 감소한 20~39세 인구가 약 3백만 명과, 증가한 혼인연령이 남성 2.9세, 여성 3.5세라는 점을 감안할 때 설명이 불가능하지만도 않다. 인정하고 받아들일 것인가? 아니면 무엇이라도 바꾸어 나갈 것인가? 개인을 바꾸려 하지 말고 우리 사회의 모습을 먼저 바꾸어야 한다.

우리 사회 현실 문제의 축소판,
저출산과 육아

사회가 만들어 둔 길을 따라가던 내 인생이 처음으로 크게 바뀐 것은 내 직업과 관련한 문제점을 개선해 보겠다는 생각을 했을 때였다. 그때는 젊었기에 잘못된 것이 있다면 지적하면 바뀔 줄 알았다. 그러나 잘못된 상태가 꽤나 오래 유지된다는 것은, 그로 인해 이익을 보는 사람들이 많기 때문이라는 걸 그리고 그러한 사람들의 목소리가 크고 권력이 있기 때문이라는 걸 깨닫는 데는 오랜 시간이 걸리지 않았다.

육아를 하면서 나의 어린 시절 못지않게, 그때를 많이 돌아보게 된다. 육아를 하면서 겪는 문제와 현상만 다를 뿐 본질은 동일하기 때문이다. 문제를 아주 단순화시켜 보면 비용과 효익의 문제

제 커리어에 육아는 없었습니다만

이다. 문제를 몰라서 바꾸지 않는 것이 아니라, 알면서도 누군가는 이익을 보기 위해 이 구조를 유지하고 있는 것이다. 하지만 개인들은 바보가 아니다. 이들은 조용히 아이를 낳지 않는 것이 합리적이라는 것을 깨닫고 행동하고 있다. "아이에게도 노예의 삶을 물려주기 싫어 낳지 않을 것이다"라는 댓글을 보며 익명으로 막하는 소리라고 생각했었는데 오늘날의 현실을 보면 그냥 하는 소리가 아닐지도 모르겠다.

　그러나 정책 결정자들은 여전히 헛다리만 짚고 있다. 육아를 직접 해 보지 않은 그들의 상상 속의 모습 그리고 변화한 세상을 반영하지 못하고 옛날에 머물러 있는 사고 때문에 그러리라 생각한다. 정말로 해결을 바란다면 최소한 당사자들의 이야기에 귀를 기울이고 당사자들에게 정책을 결정할 수 있는 권한도 대폭 이양해야 한다. 청년회계사회 활동을 할 때도 그랬다. 법안 설득을 위해 찾아간 국회의원실의 보좌관은 본인의 주변 회계사들의 이야기를 들어 보면 별문제가 없는 것 같다는 이야기를 했다. 성공한 기업인의 이야기를 들으면 육아휴직이 기업활동의 걸림돌로 들리겠지만, 아이를 양육하는 당사자의 이야기를 듣는다면 무엇이 문제인지 바로 보일 것이다. 정치인은 목소리가 큰, 나를 찾아온 사람만 편하게 만나는 직업이 아니라 들리지 않는 목소리까지 찾아 들어야 하는 직업일 텐데 지금의 현실에서 그런 기대는 너무 무리한 것일까.

아이를 키우면서 정치의 영역 못지않게 경제의 영역이 중요하다는 생각이 더 커졌다. 기업하는 사람들의 생각이 바뀌지 않는다면 계속해서 가정은 일을 위해 희생해야 하고, 그렇다면 저출산은 더 가속화될 테니 말이다. 이들이야말로 비용을 체감하는 입장이기 때문에 저출산 해결을 위해 나서는 것이 더욱더 어려울 것이다. 내가 외부감사제도의 문제를 개선하고자 뛰었을 때도 같은 상황에 놓였었다. 회계가 투명해야 한다는 당위에는 모두가 공감하지만, 수반되는 비용은 아무도 지출하고 싶지 않아 했다. 회계투명성이라는 원칙 뒤에 숨은 속내가, 불투명한 현재를 즐기는 게 아닌지 의심하게 했다.

장기적으로는 회계가 투명해지면 기업에 도움이 된다. 하지만 기업의 임원이 '임시직원'의 줄임말이라는 이야기가 있지 않은가. 경영진들은 겉으로는 장기적인 비전을 말하지만, 단기적인 성과에 집착할 수밖에 없다. 이들은 투명성을 다지며 천천히 성장하기보다는, 투명성을 포기하는 대신 빠르게 성장하는 것을 원한다. 사회도 그것이 더 능력 있다고 여긴다. 저출산도 마찬가지다. 저출산이 기업에 위기를 가져오는 것은 좀 더 먼 미래일 것이다. 그러니 경영진들도 말로는 저출산이 큰 위기라고 말하지만, 당장 자신의 임기 중에는 그 비용을 부담하려 하지 않는다. 장기적인 생존을 담보할 수 없는 중소기업의 입장에서는 당장 살기도 힘든데 저출산까지 신경 쓸 여력이 더더욱 없다.

제 커리어에 육아는 없었습니다만

그래서 육아휴직 같은 제도가 있음에도, 모두가 마음 편히 사용할 수 없는 문화가 되어 버렸다. 공식적으로는 육아휴직을 해도 불이익이 없다지만 사람들은 불이익을 체감한다. 한국의 기업은 세련되게 사람들을 제약하는 데 능숙하다. 해고를 하지 않아도 얼마든지 나가라는 압력을 줄 수 있다. 나 역시 제도 개선을 위해 노력했을 때 해고를 당한 것은 아니었지만 회사를 그만두게 되었다. 법과 규정이 있지만 허울뿐이고, 상당 부분은 관행이라는 이름으로 잘못 이루어지고 있는 건 결국 비용을 부담하지 않으려 하기 때문이다.

　기업이 생존이라는 명목으로 개인에게 비용을 전가할 때, 개인 역시 생존을 위해 저출산을 선택한다. 기업의 변화를 기대하는 건 무리한 일일까. 사회에서 일할 때 나는 소액주주의 편에서 기업에 문제제기를 하는 역할을 해 왔었다. 그럴 때마다 기업들은 대주주인 경영진은 장기적인 안목에서 일하지만, 외부 주주들은 시야가 단기적이라는 주장을 많이 폈다. 저출산의 관점에서 보니 기업들이 편의적으로 장/단기를 선택한다는 인상을 지울 수 없다. 외부감사제도를 개선할 때 공적인 성격의 제도가 사적 영역에만 맡겨져 있어 폐해가 발생했다고 주장했었는데, 직접 육아를 해 보니 공적인(장기적) 성격이 있는 육아도 개인의 희생에만 기대어 사적(단기적) 영역에 맡겨져 있다 보니 이런 문제가 발생한 것인가 싶기도 하다.

육아라는 숭고한 일에 너무 세속적 관점을 들이대는 것 같지만 아기를 키우며 느낀 것은 숭고하다는 이유로 현실적인 이야기를 너무 외면한 것이 아닌가 싶은 것이다. 세속적 담론을 외면하는 척하며 실제로는 더 세속적으로 살아갈 게 아니라 모두가 허심탄회하게 논의를 해야 문제를 해결할 수 있지 않을까. 모든 부모들은 부모가 되기 전에도, 된 이후에도 세속적 사회의 구성원인데 숭고한 희생만 강요한 결과가 지금의 모습일지 모르겠다.

기업에 부담을 지우려 하면 기업활동이 위축되고 나라가 망한다는 논리의 비약을 듣게 된다. 그러나 저출산 역시 우리 사회의 지속 가능성이 사라지는 일이니 우리는 선택을 해야 한다. 아이 울음소리가 줄어들수록 사람의 가치는 올라가야 하지만, 참사를 대하는 우리 사회의 태도나 「중대재해처벌법」과 같은 문제를 볼 때마다 아직도 우리는 목숨값이 낮은 사회에 살고 있다는 생각이 든다. 아기가 어린이집에서 처음으로 체험학습을 가려고 할 때 안전규제에 대해 찾아본 적이 있다. 어린이집 통학차량에 아이가 사망하고 법률이 개정된 것이 벌써 10년 전이다. 하지만 여전히 법은 지켜지지 않는다. 통학차량에 2인 1조를 의무화했지만 여전히 운전자 혼자 운행하는 경우가 많다. 스크린도어 수리 시 2인 1조 매뉴얼을 지키지 못해 사고가 났던 모습과 크게 다르지 않다. 6세 이하 어린이에게 카시트를 의무화한다고 하지만, 통학차량은 2점식 안전벨트를 사용하고 있어 유럽이나 미국에서 판매/유통이 금지된 휴대용 카시트가 사용되고 있다는 사실도 알게 되었다.

비용을 줄이기 위해 위험을 감수하는 우리 사회의 모습은 아이와 어른을 가리지 않는다. 그렇게 또 한 명의 아이가 등굣길에 낙하물 사고로 생을 달리했다. 무수한 사람이 희생되어도 우리 사회는 쉽게 달라지지 않는다. 극한의 효율 추구가 아이에게도 요구되는 냉정한 사회에, 아이를 내딛게 해야 할 부모라면 망설여지지 않겠는가.

결국 이런 사회에서는 각자도생이 정답인 것 같다. 교권 붕괴에 내 자식만 특별하기를 바라는 부모의 이기심을 많이들 비난하지만, 상속세를 낮추어야 한다고 힘주어 외치는 이들을 봐도, 내 아파트값만 생각하며 목소리를 높이는 이들을 봐도 자신의 욕망을 위해 공동체는 개의치 않는 사람들인 것은 크게 다르지 않아 보인다. 그냥 우리 사회의 모습이 이곳저곳에 투영되어 있고 그중 하나가 저출산일 뿐이다. 어쩌면 이게 특별한 문제라고 호들갑을 떠는 것 자체가 우리 사회의 이중성을 보여 주는지 모르겠다.

예전에 〈책을 읽읍시다〉라는 TV 프로그램에서 추천했던 《혼자만 잘 살믄 무슨 재민겨》라는 책 제목이 문득 떠오른다. 앞만 보고 혼자 달려갈 것인가, 아니면 천천히 함께 뛰어갈 것인가. 선택의 기로에 서 있는 우리 사회가 점점 줄어들고 있는 미래 세대를 위해서라도 올바른 길로 나아가길 바란다.

1 www.donga.com/news/Society/article/all/20200423/100770160/1

2 kosis.kr/statHtml/statHtml.do?orgId=115&tblId=DT_14217M_241&vw_cd=&list_id=00000060&scrId=&seqNo=&lang_mode=ko&obj_var_id=&itm_id=&conn_path=R1&path=

3 kosis.kr/statHtml/statHtml.do?orgId=101&tblId=DT_1YL15006&conn_path=I2

4 kosis.kr/statHtml/statHtml.do?orgId=101&tblId=DT_1DE7082S&vw_cd=MT_ZTITLE&list_id=101_B1A&scrId=&seqNo=&lang_mode=ko&obj_var_id=&itm_id=&conn_path=MT_ZTITLE&path=%252FstatisticsList%252FstatisticsListIndex.do

5 윤태호,《미생》,〈177수〉.

6 news.seoul.go.kr/traffic/archives/1551

7 www.hankookilbo.com/News/Read/201801211679911300

8 biz.chosun.com/topics/topics_social/2022/06/03/RN34FOT5DJEODBQVYY46ZUFZ2E/

9 sooyusil.com/home

10 entertain.naver.com/read?oid=213&aid=0001289006

11 《2021년 가족과 출산조사》. p.250.

12 n.news.naver.com/mnews/article/081/0003475476?sid=102

13 ki.or.kr/bbs/bbs_view.asp?cate=news&content_id=d0f3e03c-4813-4117-9933-160cf807a170

14 조덕상·한정민.〈여성의 경력단절 우려와 출산율 감소〉.《KDI Focus》Vol.132.

15 www.chosun.com/national/national_general/2023/05/04/WX2OEQ4EJRHR7IOE7AGIOFUJR4/

16 보건복지부.《2021년 보육실태조사: 어린이집 조사 보고》. p.54.

17 보건복지부.《2021년 보육실태조사: 어린이집 조사 보고》. p.326.

18 www.samili.com/labor/content/issue/view.asp?idx=2943

19 www.yonhapnewstv.co.kr/news/MYH20230202018500641

20 news.naver.com/mnews/article/025/0003307943?sid=101

21 2019년 생활시간조사 결과. p.16.

22 2019년 생활시간조사 결과. p.29.

23 박종서 외 9인(2021). 〈2021년도 가족과 출산조사〉.《연구보고서》 2021-50. 한국보건 사회연구원.

24 2023. 12. 19. 통계청 보도자료: 2022년 육아휴직통계 결과(잠정).

25 news.naver.com/mnews/article/057/0001747771?sid=102

26 통계설명자료에 따르면 신혼부부는 2021년 11월 1일 기준 혼인신고한 지 5년이 경과 되지 않은 부부 중에서 혼인관계를 유지 중이며, 부부 중 1명 이상 국내에 거주하고 있 는 부부를 대상으로 한다.

　-대상기간 : '16. 11. 1. ~ '21. 10. 31. 기간 내 혼인신고

　-제외대상 : 이혼, 사별, 국내 미거주 부부 등

27 www.seoulilbo.com/news/articleView.html?idxno=594212

28 김우림. 〈저출산 대응 사업 분석·평가〉. 국회예산정책처. 2021. 8. 23. p.24.

29 news.naver.com/mnews/article/001/0013808266?sid=104

30 상속/증여세의 세수는 매년 편차가 다소 존재한다. 증여세는 2021년 약 9조 원, 2020년 약 5.6조 원이었으며 상속세는 2021년 5조 원, 2020년은 4.2조 원가량이었 다. 다만 고령화가 지속될수록 사망자가 늘어나는 점 등을 고려할 때 상속세는 증가할 가능성이 높은 세목이며 매년 10조 원이라고 해도 출생아 1명당 3천만 원 이상이기에 적은 규모는 아니다.

31 이철희(2018). 〈한국의 출산장려정책은 실패했는가?: 2000년~2016년 출산율 변화 요인 분해〉.《경제학연구》 제66집 제3호.

32 계봉호·유삼현·최슬기(2022). 〈유배우 출산율 변화, 2005~2020: 유배우 출산율 변 화, 2005~2020〉.《한국인구학》 제45권 제4호.